Jürgen Fürkus

In jedem Wagnis eine Chance

Reflexionen eines Lebens

Mauer Verlag

Mauer Verlag
Wilfried Kriese
72108 Rottenburg a/N
Buchgestaltung: Wilfried Kriese
Titelbild: Ronald Fürkus
2007
ISBN 978-3-86812-110-0

www.mauerverlag.de

Für meine Kinder

Inhalt

Zusammenfassung

Der Autor - ein Kind der DDR - ist in Pommern geboren. Er schreibt über seine Kindheit in Mecklenburg, wie er dort hinkam, die Schule besuchte und seine Jugend verbrachte. Er schildert, was er in dieser Zeit erlebte und was ihn bewegte - sein Dorf, sein Zuhause, Sport, die Natur, Ängste, Hoffnungen und Visionen. Er erzählt über die tragische und entbehrungsreiche Zeit seiner Eltern und Großeltern, über schicksalhafte Verstrickungen und alltägliche Begebenheiten des Lebens. Der Verfasser gibt Einblick in seine Oberschulklasse, schreibt über seinen Schritt zur ABF und sein Studium in Moskau. Er lässt seine berufliche Arbeit Revue passieren, seine Soldatenzeit - die diese Arbeit unterbrach - und die Vorbereitung auf einen Auslandseinsatz in der UNO. Das Buch spiegelt den Aufenthalt des Verfassers in Wien, seine Tätigkeit im diplomatischen Dienst und in der UNIDO wider. Er schreibt über seine Tätigkeit in der Technischen Hilfe, über ausgewählte Reisen nach Afrika, Asien und in den Nahen Osten und äußert persönliche Gedanken und Erfahrungen über politische, wirtschaftliche, soziale und religiöse Fragen. Der Autor erzählt über seine Rückkehr nach Berlin, die Wende und die Zeit danach. Die Suche nach seinem leiblichen Vater und Erfahrungen in der freien Wirtschaft schließen das Buch ab. Fachliche Einflechtungen verdeutlichen den ingenieurtechnischen Hintergrund des Autors.

Der Ablauf der Handlung ist eingebettet in persönliche Begebenheiten sowie in Gedanken und Reflexionen des Autors über Gott und die Welt. Sie wird umrahmt von der Geschichte eines Lebensweges, der unverwechselbar sein eigener ist, der aber auch der jedes anderen sein könnte, der unter vergleichbaren Umständen aufwuchs und einen ähnlichen oder anderen Weg gegangen ist.

Der Lebensweg des Autors ist nachvollziehbar, authentisch und wahr, vorbehaltlos teilen muss ihn der Leser jedoch nicht.

Prolog

1 Die Idee

„… Das also soll es gewesen sein", sagte ich zur Sekretärin und zeigte ihr das Schreiben über den Tisch. Mir schien, dass sie allgemein betroffen war von dieser Nachricht. Ähnlich reagierte mein Kollege, dem ich zuvor die Verbindlichkeit meines zur Jahresmitte auslaufenden Jobs mitgeteilt hatte.

Was ging mir auf einmal nicht alles durch den Kopf. War aus realistischer Sicht etwas anderes zu erwarten? Einsparung von Personalkosten war angesagt. Wo, wenn nicht in erster Linie dort, wo kostendeckende Projekte akquiriert werden sollten, jedoch aufgrund der Auftragslage und der Marktsituation nicht realisiert werden konnten. Also, ich. Ich hatte doch die Worte des Managements mehrfach vernommen. Demnach durfte offenbar die Geschäftsführung und die Verwaltung vom operativen Geschäft der Firma leben, die Projektentwicklung nicht. Die sollte sich selbst tragen.

Aber der Markt war weitgehend gesättigt, zumindest auf den Gebieten, wo die Firma ihre vermeintlichen Vorteile und Kompetenz offerierte. Was war also anderes zu erwarten als das, was mich ereilt hatte. Ich hatte es doch gelernt: In der Marktwirtschaft entscheidet letztlich Gewinn über Sein oder Nichtsein. Wachsen oder weichen waren die Alternativen. Hinzu kam, dass ein kritisches Begleiten des Managements am Firmenstandort, wo einer der Geschäftsführer alles dominierte, nicht denkbar war.

Der Markt sei nicht zu überlisten, wie es möglicherweise von mir erwartet wurde, erwähnte ich in dem Gespräch, als ich das bewusste Schreiben erhielt. Doch von einer allgemeinen Zustimmung zu dieser Feststellung hatte ich auch nichts mehr. Es war einfach nicht zu machen und schon gar nicht mit dem Potenzial und Personal, wie vielleicht erhofft, resümierte ich nach dem anschließenden Dialog mit einem meiner Kollegen. Da konnte ich mich strecken wie ich wollte, so war die Konkurrenz wirklich nicht zu schlagen. Was allein zählte, waren Gewinner. Zweite und dritte Sieger wie im Sport gab es nicht. Finanzielle Spielräume oder ernsthafte Kooperationen mit anderen Partnern waren nicht auszumachen. Der Kapitän hatte das Schiff längst verlassen und sich anderswo gebunden. Er redete zwar immer noch von den guten Möglichkeiten des Unternehmens, sich am Markt zu behaupten, doch im Grunde war abzusehen, dass sich die Rahmenbedingungen weiter verschlechtern würden.

Schon lange hatte ich diese Entwicklung kommen sehen. Gedanken des Weggehens gab es mehrfach auch bei mir. Sogar Bewerbungen hatte ich geschrieben, diese jedoch nie abgeschickt. Ich hatte wohl immer noch an eine Wende geglaubt. Vielleicht würde ja auch ein interessierter Partner kommen, der die Firma übernimmt und mit diesem eine neue Chance für solche wie mich.

Jahrelang hatte ich fast täglich zu Hause zweite Schichten eingelegt, um das Aufgabenpensum zu bewältigen. Auch an Wochenenden und Feiertagen hatte ich aus freien Stücken für die Firma gearbeitet, um die Geschäfte voranzubringen. Und nun dieses Aus. Einsparpotenzial gab es aus meiner Sicht eher im Verwaltungsbereich, wo es noch immer genug Redundanz gab. Für den Fall, dass die Akquisition betriebsbedingt eingestellt werden sollte, sah ich für mich andere Einsatzmöglichkeiten in der Firma, wenn es denn gewollt wäre. Nichts aber von alledem. Die Kündigung traf mich, wie befürchtet.

An diesem speziellen Tag also ging ich in mein Arbeitszimmer, um zu sehen, was ich an einem Tag wie diesem noch tun könnte. Sigrid, meiner Frau, der ich am Telefon sagte, was nun Fakt sei, versprach ich, wenigstens heute pünktlich nach Hause zu kommen.

Danach passierte es. Akuten Herzinfarkt diagnostizierten die Ärzte. Im Rettungsauto vernahm ich die sanfte Stimme der Notärztin. Ich solle doch das mit der Arbeit vergessen. Der Herzinfarkt sei ein Schuss vor den Bug, jawohl. Nun aber müsse ich erst einmal gesund werden. Danach solle ich mir ein schönes Leben machen. Ja, dachte ich, die Ärztin hat Recht. Mit dem „schönen Leben“ assoziierte ich das, was schon immer mein Traum war - nämlich einmal das tun zu können, was ich tun möchte. Eine Idee hatte ich - ich würde ein Buch schreiben, dieses Buch.

Kindheit und Jugend

2 Intuition

Was für ein wunderschöner Tag. Ich trat fest in die Pedalen. Der Wind zauste meine Haare und umspielte mein Gesicht. Links und rechts der Straße zeigten sich die Felder in ihrer ganzen Schönheit eines herrlichen Spätsommers. Auf die höhere Schule ging es. Spannend und interessant würde es werden, ich spürte es. Was für eine Chance. Ich hatte immer gewollt, aus dem, was mir gegeben war, etwas zu machen und ich hielt mich für clever genug, es zu schaffen.

Wiederholt hatte ich darüber nachgedacht, was ich wohl mal werden könnte. Konkrete Vorstellungen hatte ich noch nicht. Alles war noch weit weg und würde sich so oder so ergeben. Vielleicht sollte ich Pfarrer werden, wie es unser früherer Dorfpastor wohl gerne gesehen hätte? Vielleicht Schriftsteller oder Wissenschaftler? Ein Goethe oder Einstein musste ich ja nicht unbedingt werden, auch wenn ich Literatur mochte und knifflige Aufgaben oder Tüfteleien mich faszinieren konnten. Ein anspruchsvoller Beruf sollte es sein. Das hoffte ich jedenfalls. Von Ingenieur hatte ich gehört und gelesen. So etwas Ähnliches wollte ich werden. Dabei wusste ich in jungen Jahren gar nicht, was das eigentlich ist. Aber der Begriff hatte etwas Herausforderndes für mich, stand, wie ich bald verstand, für Technik und etwas Technisches sollte es sein. Auf keinen Fall wollte ich in die Landwirtschaft. Zu mühsam erschien mir das Los der Eltern.

Abergläubisch war ich. Ich glaubte an eine schicksalhafte Vorsehung im Sinne einer göttlichen oder naturbedingten Fügung, der das Leben insgesamt und die Entwicklung jedes Einzelnen folgen würde. Allerdings würde es Spielraum geben, diese Vorbestimmung durch eigenes Zutun mitzugestalten. Insofern Vorsehung ja, aber keineswegs losgelöst vom eigenen Tun. Schließlich hat die Schöpfung ja jedem einen eigenen Willen gegeben. Das Potenzial, über das jeder verfügt, ist jedem in die Wiege gelegt. Jeder hat seinen biologischen Bauplan des Lebens, der die Anlagen prägt, den Rahmen für die eigene Entwicklung. Was aus diesen Anlagen wird, das hängt von den konkreten Bedingungen ab, dem tatsächlichen Umfeld und davon, was jeder selbst aus seinen Chancen, Risiken und Grenzen macht. Das Leben ist Chance und Risiko zugleich. Wer das eine nicht nutzt, bleibt auf dem anderen sitzen. Die eigenen Fähigkeiten herausfordern und entwickeln, das veranlagte Potenzial und die vorhandenen Freiräume nutzen oder solche gegebenenfalls schaffen, das wollte ich tun. Glückliche oder widrige Umstände würden diesen Weg begleiten, befördern oder beeinträchtigen, nicht aber völlig verstellen. Wer sich selbst nicht schonen würde, tüchtig sein wollte, an das Gute im Menschen glaubte, sich für Gerechtigkeit und Solidarität einsetzen wollte, der würde doch, wie mir schien, auch auf die Güte des Schicksals hoffen dürfen.

Glück und Pech, Gutes und Böses, Vor- und Nachteile gleichen sich, über das Leben insgesamt gesehen, ohnehin aus. So oder ähnlich hatte ich es von meiner Mutter gehört und daran schien mir einiges wahr zu sein. Gewisse Zweifel blieben, denn das Leben konnte, wie ich wusste, auch sehr ungerecht sein. Deshalb wollte ich für glückliche Fügungen dankbar sein und schwierige Phasen mit ganzer Kraft durchstehen. Zumindest wollte ich es versuchen. Leben ist Kampf und wer nicht kämpft, sagte ich mir, verliert. Aber wer möchte schon verlieren? Niemand! Für mich hieß das, das Machbare mit Energie zu verfolgen, niemals ohne Grund aufzugeben, aber auch nicht wider besseres Wissen zu überziehen oder das Schicksal über Gebühr herauszufordern. Ich ahnte, dass Sünden nicht ungestraft bleiben würden. Irgendwie spürte ich eine höhere Instanz, die mich schützen oder strafen würde, wie es mir zustand. Nicht, dass ich dadurch vor Fehlern gefeit wäre und mir Prüfungen erspart bleiben würden. Nein, ich würde mich nicht beklagen. Prüfungen des Lebens muss jeder bestehen. Erst darin kann sich jeder beweisen. Aber ich würde sie bestehen, wenn ich bescheiden bleiben und immer aus lauteren Motiven heraus denken und handeln würde.

Nun ging es erst einmal auf die höhere Schule. Ich würde allen beweisen, dass ich nicht nur über eine Sportschule meinen Weg finden würde. Was zunächst beabsichtigt war, wurde wieder verworfen. Mein siebter Sinn sagte mir, es aus gesundheitlichen Gründen nicht zu tun, sondern den „normalen“ Bildungsweg zu wählen, auch wenn der Sport meine Kindheit geprägt hatte und - wie sich später zeigte - auch danach noch viele Jahre meinen Werdegang begleiten sollte.

Der Fahrtwind stellte sich jetzt gegen mich. Ich beugte mich tiefer über den Lenker, schaltete in den nächsten Gang und beschleunigte das Tempo.

3 Sportliches

Mit Pingpong fing es an. Als ich in der zweiten Hälfte meiner Grundschulzeit die Schule im Nachbarort besuchte, wurde fast in jeder Pause Tischtennis gespielt. Mit jedem Klingelzeichen spurteten wir wie besessen um einen Platz an der grünen Platte. Hauptakteure waren drei Jungen, darunter ich, und ein Mädchen. Zum Glück gab es chinesisch, so dass viele, die interessiert waren, auch zum Zuge kamen. Dazu spielte ich zur Schulung des „Ballgefühls" zu Hause stundenlang gegen die Wand, vor die ich - je nach gewünschter Schwierigkeit mehr oder weniger entfernt - einen Tisch stellte. So konnte ich hervorragend üben, mit oder ohne Tischtennisnetz. Dabei musste der Ball mit dem Schläger so über das vorhandene oder gedachte Netz auf den Tisch gebracht werden, dass er von dort gegen die Wand sprang, von dieser auf meine Tischhälfte zurückkehrte, um nach einmaliger Tischberührung erneut mit dem Schläger in Richtung Tisch und Wand befördert zu werden. Auf diese Weise hatte ich zu Hause einen geeigneten „Spielpartner", wann immer ich wollte. Die Schwierigkeit des Tisch-Wand-Tennis konnte ich beliebig erhöhen, indem ich nicht nur die Entfernung zwischen Tisch und Wand variierte, sondern mir auch Sektoren auf Wand und Tisch vorgab, in die der Ball treffen musste. Diese Art von Spiel war sozusagen eine Mischung aus Tischtennis, Billard und Squash.

Meinen Eltern wurde bei dieser Art des Trainings viel Geduld abverlangt. Auf diese Art des Übens kam ich, als Heiligabend ein neuer Schläger unter dem Weihnachtsbaum lag. Ein schönes Geschenk von unserem Helmut, der inzwischen beim Schmiedemeister Hans Peters und seiner Ehefrau in *Schleswig-Holstein* in die Lehre ging. Bis die Schule anfing, konnte ich nicht warten. Ich musste den Schläger gleich ausprobieren. Also musste eine Lösung her und so „erfand" ich das Tisch-Wand-Tennis.

An ausgewählten Tagen trainierten wir abends im Dorfsaal. Unser Lehrer, der später tragisch zu Tode kam, hat sich sehr für uns engagiert. Auch für diese Trainingsmöglichkeit hatte er sich nachdrücklich eingesetzt. Er spielte selbst gerne mit. Es war aber auch die Gaststätte gleich neben der Saaltür, die einlud und so weiß ich nicht, was mehr zog - das Bier oder unser Sport. Es ist auch egal, wir konnten jedenfalls ausgezeichnet trainieren.

Mir machte Tischtennis großen Spaß und weckte neben anderen sportlichen Betätigungen ersten Ehrgeiz auf Erfolg. Bei den Meisterschaften im Kreis und im Bezirk, wo unsere Dorfschule über Jahre ein starkes Team stellte, waren wir ausgesprochen erfolgreich. In der 8. Klasse meldete ich mich im stärksten Club der Bezirksstadt an. Dort trainierte ich ein- oder zweimal in der Woche. An diesen Tagen durfte ich bei meiner Tante in der Stadt übernachten. Dann freute ich mich immer auch auf das etwas andere Essen. Für jemanden, der so wie ich vom Lande in dieser Zeit vornehmlich hausgeschlachtete Wurst zu essen bekam, wenn überhaupt, war Stadtwurst eine willkommene Abwechslung im Speiseplan. Außerdem hatte ich nach dem Training sowieso immer großen Hunger und mächtigen Appetit.

Meine sportlichen Anstrengungen im Tischtennis führten jedenfalls dazu, dass ich im Sommer 1957 auf der Spartakiade in *Berlin* eine Bronzemedaille gewann. Ein dritter Platz im Lande, in meiner Altersklasse sicherlich eher bescheiden zu bewerten, war für mich trotzdem ein schöner Erfolg, auf den ich stolz war. Das „Pionier Echo“ vom August des besagten Jahres, eine Beilage der Bezirkszeitung, das darüber schrieb, und die Medaille habe ich heute noch.

Eine andere Marotte war Rad fahren. Es gab wohl kaum eine Fahrt, die ohne Raserei endete. Insbesondere schien der Schulweg dafür geeignet. Oft entwickelten sich so Radrennen zur Schule und zurück. Von meinen Eltern wurde ich in der 7. Klasse für mein gutes Zeugnis mit einem Rennrad belohnt. Ein profimäßiges Rennrad mit Schlauchreifen, Felgenbremsen und Gangschaltung, wie bei den Großen der Friedensfahrt, die jährlich stattfand und mich faszinierte. Mehrmals führte dieses Rennen auch durch unser Dorf. Dieses Ereignis und Täve, die Radsportlegende der DDR, stachelten meinen Ehrgeiz an.

Bei einer Fahrt von der Schule nach Hause raste ich einmal mit hoher Geschwindigkeit in der Niederung vor der Scheide zum Heimatort in eine vom Regen ausgespülte Bodendelle. Scheide nannten wir die Hecke, die sich zwischen unseren Dörfern hinzog. Durch den Schlag der Querrinne sprang der Reifen ab. Kopfüber flog ich, der Fliehkraft folgend, etliche Meter durch die Luft, um dann mit einer Bauchlandung im Sandweg wieder gebremst zu werden.

Wochenlang war ich mit Abschürfungen und Prellungen geschädigt. Möglicherweise hatte ich mir dabei das Brustbein angebrochen. Wie kurios, später hat dies fast die Nutzung meiner linken Brustarterie, der *Arteria mammaria sinistra*, wie es im Doktorlatein heißt, als Bypass-Anschluss verhindert. Mit Verbesserung der Straßen reduzierte sich später das Risiko solcher Saltos. Ich achtete fortan auch strikt darauf, dass die Schlauchreifen gut auf den Felgen aufgeklebt waren.

Rad fahren war mir ein sehr geliebtes Hobby. Ich konnte per Rad überall hin, Bummelfahrten unternehmen, Bekannte und Verwandte besuchen, je nach Bedarf auch größere Entfernungen überbrücken und mich dabei sportlich betätigen. Beim Radfahren konnte ich ausgezeichnet meine Fitness bis zur Schmerzgrenze testen. Besonders bei Gegenwind musste man sich quälen können, wenn es zügig vorangehen sollte.

Nein, Bequemlichkeit war nicht mein Ding. Als andere schon Mopeds und ähnliche Fahrzeuge fuhren, galt für mich noch lange der Vorsatz: „Rad fahren ist gesund, motorisiert fortbewegen kann ich mich in späteren Jahren noch immer!“ So fuhr ich Rad, wann immer ich Lust und Zeit hatte. Am häufigsten in unsere Bezirksstadt, oft zu Tante und Onkel nach *Rosenow*, manchmal bis *Teterow*, *Fürstenberg* und weiter. Richtige Rennen fuhr ich aber nie.

Und dann Fußball. Wir kickten, was Bälle und Freizeit hergaben. Oft bis in die Dunkelheit hinein. In der regulären Saison auf dem Sportplatz oder auf Flächen, die wir dazu bestimmten. Im Winter, wenn das Eis hielt, spielten wir auch auf den Teichen. Meine angestammte Position war Stürmer, meistens Mittelstürmer. Ich war ein gefragter Spieler. Wenn sich Mannschaften bildeten, war ich immer unter den ersten, die gewählt wurden. Das kannte ich sonst nur noch vom Völkerball, wo meine Fang- und Wurfqualitäten geschätzt wurden.

Wie auch immer, wir versuchten mit aller Energie, den Großen des Fußballs nachzueifern. Die Fußballweltmeisterschaft 1954 in der *Schweiz*, bei der Helmut Rahn das viel umjubelte Tor für *Deutschland* schoss, spornte uns ebenso an wie andere anderswo. Ich hörte die Spiele bei einem meiner Schulfreunde, dessen Eltern ein viel leistungsstärkeres Radio hatten als wir. *Ungarn* der große Favorit und nun *Deutschland* Weltmeister - welch ein Erfolg. Plötzlich schmückten wir uns, wenn wir nun Fußball spielten, mit Namen der Fußballhelden Rahn, Walter oder Schäfer…

Nach dieser großen Euphorie von *Bern* sind jedoch Puskas, Hidegkutti und Kocsis, die die damalige legendäre ungarische Fußballschule begründeten, noch lange meine eigentlichen Fußballidole geblieben.

Der Sportplatz, auf dem wir Fußball spielten, bevor später dann „richtige“ Plätze kamen, lag zwischen der Dorfschule und einer Straße. Beim Spielen flogen Bälle ab und an auch auf diese vorbeiführende Chaussee und störten dann den Autoverkehr. Auf diese Weise verunsicherten wir einmal ein Polizeiauto. Wir nahmen Reißaus durch die *Griese* - so hieß ein Teilstück unseres Dorfes - und versteckten uns in einer Senke auf einem Hügel in Nähe der Gärtnerei im nahegelegenen Park. Die Polizei nahm die Verfolgung auf. Erst als die Ordnungshüter lange außer Sicht waren, fühlten wir uns sicher und gingen nach Hause. Umso größer war mein Erschrecken, als ich im Dorf bei meinen Eltern ankam und feststellen musste, dass unsere Fluchtstrategie nicht aufgegangen war - die Polizisten warteten dort nämlich schon auf mich…

In der Oberschul- und Studienzeit wurde Fußball schließlich zu meiner sportlichen Hauptbeschäftigung. Zunächst beim *Armeesportklub Neubrandenburg*, dann bei *Turbine*, dem damaligen Spitzenklub des Bezirkes. So oft es ging, war ich Gastspieler bei *Traktor Chemnitz*, dem heimatlichen Dorfverein, den es seit 1950 gibt und der sich heute *SV Chemnitz* nennt. Keine Statistik gibt her, wie oft ich dort gespielt, wie viel Tore ich geschossen habe und wann. Es ist auch nicht wichtig, Spaß gemacht hat es allemal.

Viele Pokale, die jahrzehntelang in der Dorfgaststätte im Schloss ihren Platz hatten, erinnerten mich, wenn ich aus irgendeinem Grunde wieder mal dort war, an schöne sportliche Begebenheiten und die Stunden danach. Auf dem 50-jährigen Vereinsjubiläum sagte mir jemand, ich sei der beste Fußballer gewesen, der je für diesen Verein gespielt hätte. Ich gebe zu, dass ich das gerne gehört habe. Ob das nun zutrifft oder nicht, sei dahingestellt. Ich habe es zumindest so zur Kenntnis genommen, denn der das sagte, musste es wissen.

Viel wurde in den Anfangsjahren improvisiert. Die Wand als Ballwurfmaschine im Tischtennis. Abgeschnittene Igelitstiefel mit angeschweißten Stollen unter den Sohlen als Fußballtöppen. Neben den Kaninchenställen im Garten eine Hoch- und Weitsprunggrube zum Üben, im Schuppen Eisenräder von einer schmalspurigen Feldbahn zum Gewichtheben …

Möglicherweise haben all diese sportlichen Aktivitäten die späteren gesundheitlichen Beschwerden in meinen Gelenken und der Wirbelsäule befördert. Erstaunlich, dass ich trotz meiner damals schon belastenden Knie- und Fußbeschwerden sportlich so gut drauf war. Das war gut für mein Selbstbewusstsein und hat den erfolgreichen Abschluss der höheren Schule, wo ich jetzt hinfuhr, außerordentlich unterstützt.

4 Oberschule und die B2

Auf die Oberschule freute ich mich. Ich empfand dies als einen richtigen Entschluss. Ich war der dritte Schüler aus unserem Dorf, der es nach dem Krieg auf die *Erweiterte Oberschule* schaffte. Irgendwie gab es da aber im Vorfeld ein Problem.

Beworben hatte ich mich für eine Russischklasse. Am Radio hatte ich nach vielem Kurbeln irgendwo *Radio Moskau* entdeckt bzw. einen russischen Sender, den ich dafür hielt. Die Vorstellung, vielleicht einmal verstehen zu können, was ich da hörte, entfachte meine Fantasie. Ein wenig fand ich es auch schick oder glaubte zumindest, dass dies so sei, wenn man Russisch lernen würde. Eine andere Fremdsprache gab es in der Grundschule nicht. Also beflügelte Russisch meine sprachliche Neugier.

Nach Abgabe der Bewerbung war ich allerdings zu der Auffassung gekommen, dass die Russischklasse gar nicht das war, was ich eigentlich wollte. Fremdsprachen seien zwar wichtig, hatte ich gehört, könne man aber in einer naturwissenschaftlich orientierten Klasse auch erlernen. Das fand ich einleuchtend, zumal ich ja Ingenieur und nicht unbedingt Dolmetscher werden wollte. So erschien ich im Internat mit ein wenig Unbehagen und der Ungewissheit, ob sich das wohl noch ändern ließe. Am ersten Oberschultag löste sich das Problem dann gewissermaßen wie von selbst.

Als ich nämlich bewerbungsgemäß die vorgesehene Sprachenklasse betrat, waren alle Plätze besetzt. Zwei Schüler standen schon zwischen den Reihen an der hinteren Wand. Ich trat zu ihnen und war gespannt, wie es wohl nun weitergehen würde. Kurz darauf klingelte es. Der Lehrer betrat das Klassenzimmer und musste zumindest jetzt, wenn er es noch nicht gewusst haben sollte, feststellen, was wir längst erkannt hatten: Es gab mehr Schüler als Plätze!

Der Lehrer versuchte die Situation zu entschuldigen und fragte, ob es denn nicht welche unter uns gäbe, die die Klasse freiwillig mit einer naturwissenschaftlichen tauschen würden. Ich meldete mich sofort, verließ den Klassenraum und klopfte an der nächsten Tür. Ich konnte eintreten, gab eine kurze Erläuterung, durfte Platz nehmen auf einem der freien Plätze und gehörte so fortan zur B2.

Wir waren eine gesellige Klasse, wesentlich mitgeprägt durch unseren Klassenleiter - ein Geschichtslehrer mit ausgesprochen sportlichem Profil und Sinn für Humor -, auch wenn ein Außenstehender zu dem Schluss kommen konnte, dass da und dort einer den anderen auf den Arm nehmen wollte und Lehrer und Schüler manchmal Mühe zu haben schienen, bestimmte Grenzen einzuhalten. Auffallend war, wie ich meine, auch sein politisches Engagement. Über die sportlichen Interessen fand ich relativ schnell einen Draht zu unserem *Herrn Gebert* , *Jimmy Gebert* oder nur *Jimmy*, wie wir ihn unter uns aus Respekt vor seiner kräftigen Ringer- und Werferstatur mit Spitznamen nannten, wurde Klassensprecher und organisierte, zusammen mit dem gewählten Klassenrat, schulische und außerschulische Aktivitäten der B2.

Von der Herkunft, so schien es mir, repräsentierten wir in unserer Klasse das breite soziale Spektrum der damaligen Zeit. Die Eltern der Schüler und Schülerinnen waren Arbeiter, Bauern, Handwerker, Angestellte. Zu Beginn der Oberschulzeit war das Selbstbewusstsein der Schüler und Schülerinnen unleugbar von dieser Herkunft mitbestimmt, bis durch die Leistungen und ständigen Platzkämpfe jeder seine Stellung in der Klasse gefunden hatte.

Mit der Zeit hatte fast jeder, egal ob Junge oder Mädchen, auch einen Spitznamen. Ich hieß *Wumme.* Das ärgerte mich ein wenig, weil ich nie verstand, woher dieser Name kam, wer ihn erfand und was er ausdrücken sollte. *Wumme*, *wummern, es wummert* - umgangssprachlich für *dumpf dröhnen*, fand ich im Duden. War der Begriff möglicherweise eine Anspielung auf meine sportlichen Qualitäten oder irgendwie sonore Stimme? Ich habe nie danach gefragt. Mit Spitznamen ist es offenbar oft so wie mit Gerüchten. Sie sind einfach da, egal ob sie stimmen oder nicht.

Die Jungen in der Klasse waren etwas in der Überzahl. Darunter gab es eine richtige Rauchergruppe, die auch mich animierte. Erst rauchte ich unregelmäßig, dann mehr. Was in jungen Jahren vermeintlich zufällig mit Kastanienpfeifen und Selbstgedrehten aus Jux probiert wurde, drohte hier nachhaltig zur Regel zu werden. Das wenige Taschengeld wurde dadurch nur noch kleiner. Eigenartig, dass gerade in diesem Alter die Versuchung so groß sein kann, dass man nicht widersteht. Ist es, bevor das Suchtstadium erreicht ist, Verlockung nach Verbotenem, Ausdruck von Freiheit, Willensschwäche, Geltungsdrang, Wunsch nach Erwachsen sein, Überspielung von Schwäche und Unsicherheit oder etwas ganz anderes? Dabei wollte ich wirklich nicht rauchen.

Zum Glück gelang es mir, meinen Zigarettenkonsum in dieser Zeit noch streng zu kontrollieren. Zum „richtigen" Raucher wurde ich erst im Studium, als das Geld dafür da war und die Umstände mich dazu verhalfen, lange Zeit auch noch Westzigaretten rauchen zu können, die mir etwas leichter erschienen. Als ich dann ins reguläre Arbeitsleben eintrat, wurde ich Kettenraucher, bei dem eine Schachtel als Tagesration nicht mehr auszureichen drohte.

Mehrfach nahm ich Anlauf, mit dem Rauchen aufzuhören. Wenn mir dies vorübergehend über Wochen oder sogar Monate gelang, ging es irgendwann wieder weiter. Anfangs zwar mit besänftigenden Grundsätzen von *nur dann und dann* oder *so und so viel am Tag*, aber am Ende immer mit dem gleichen Ergebnis: Nach der Entzugsperiode rauchte ich mehr als zuvor.

Nichtraucher wurde ich erst, als ich mich ernsthaft fragte, wer eigentlich wen im Griff habe - die Zigaretten mich oder ich die Zigaretten. Also hörte ich irgendwann, als ich mir meine Rauchersucht endlich eingestand und meine Gesundheit über vermeintlichen Rauchergenuss stellte, von einem zum anderen Tag mit dem Rauchen auf.

Zu meinen Vorsätzen gehörte, dass ich als Rentner wieder rauchen dürfe - sofern ich bis dahin nicht rauchen würde und dann noch wolle - und diesen Tag, natürlich, so Gott will, erleben würde. So konnte ich die Entziehungs-Strapazen motivierter auf mich nehmen, denn es würde ja, so gesehen, nur ein Verzicht auf Zeit sein.

Ein weiterer Grundsatz war der, dass ich in der Entwöhnungsphase die Nähe zu Rauchern nicht meiden wollte, sondern suchte. Wenn ich eine solche Runde ohne eigene Zigarette überstanden hatte, war das für mich, Raucher wissen das, ein Erfolgserlebnis. Mit „na also - es geht doch" verschaffte ich mir so Motivationsschübe, die mich immer wieder zum Durchhalten veranlassten.

Mit der Zeit wurde mir dann der Zigarettenqualm zunehmend lästiger und ich merkte, dass es mir als Nichtraucher auch gesundheitlich besser ging. So wurde ich nach über einem Jahr Radikalentzug das Rauchen los - mit rund 30 Jahren vielleicht ein wenig spät, aber hoffentlich nicht zu spät, was die Gesundheit angeht. Die Rauchergruppe in der B2 hatte, wie man an mir sieht, schon ihre Tücken…

In der Oberschule gehörte ich anfangs, in Zentimetern gemessen, mit zu den größten Schülern der B2. Zum Zeitpunkt des Abiturs war ich einer der kleinsten. Fast alle hatten mich, was die Körpergröße betraf, überholt. Im Allgemeinen störte mich das nicht, im Hinblick auf die Mädchen aber schon.

Mein besonderes Interesse galt einer Schwarzhaarigen, Schlanken mit dunklen Augen, sanften Lippen und langen Beinen. Später war auch sie wohl ein ganz klein wenig größer als ich. Fairerweise trug sie in der Regel Schuhe mit besonders flachen Absätzen. Mir schien es zumindest so. Auf diese Weise gab es keinen merklichen Größenunterschied, glaube ich, und wir konnten uns sozusagen auf gleicher Höhe in die Augen schauen. Schließlich hatten wir noch am gleichen Tag Geburtstag, wann gibt es das schon. Es war eine nette Jugendfreundschaft, denke ich, oder mehr?

Ich fand sie attraktiv, überaus charmant und war wohl, genau genommen, richtig verknallt. Sie konnte so wunderbar flirten, geschickt mit ihren Reizen spielen und mich mit ihrer natürlichen Ausstrahlung fesseln. Irgendwie verstand sie es, Träume anzuheizen, die eine Beziehung in diesem Alter so spannend machen. Sie kokettierte aber auch gerne mit anderen, was mich natürlich teilweise sehr irritierte. Von daher wusste man nie, woran man bei ihr wirklich war. Ich war damals zu Mädchen wohl eher etwas zurückhaltend und schüchtern. Ohne Ehrgeiz war ich aber nicht.

Zeitweise hatte ich furchtbaren Liebeskummer. Ich fühlte mich verkannt und herausgefordert. Was sollte ich in solchen Situationen tun? Gewiss, es gab genügend Gelegenheiten, angemessen zu reagieren. So konnte ich zum Beispiel bestimmte Dinge gelassen überspielen, mich ins Schneckenhaus zurückziehen oder mich demonstrativ anderen Mädchen zuwenden. Doch wollte ich das? An

Wochenenden oder in den Ferien gab es genug Möglichkeiten. Aber meine geheimsten Wünsche, so schien es mir, verband ich in jener Zeit mit ihr. Außerdem waren mir die Mädchen wohl auch nicht das wichtigste, denn ich trieb sehr viel Sport, an den Wochenenden mehr denn je.

Wenn wir uns längere Zeit nicht sahen, schrieben wir uns auch. Das war Balsam für die Seele und half, gelegentlichen Kummer zu überwinden. Ein persönliches Schreiben, egal ob Brief oder Karte, kann eben viel bewirken. Auf die Botschaft kommt es an, auch zwischen den Zeilen. Sie wirklich zu entschlüsseln können nur die Briefpartner, die sich kennen, selbst.

Auf unseren späteren Klassentreffen wurde über diese Beziehungen gelegentlich viel geflunkert. Noch heute können wir unter uns und mit den Ehepartnern darüber schmunzeln. Was wäre eine Oberschulklasse auch ohne diese aufregenden Schulfreundschaften und jugendlichen Flirts.

In der 10. und 11. Klasse ließen meine Leistungen in Russisch nach. Ich verlor ein wenig den Antrieb und den Ehrgeiz, Vokabeln und Grammatik zu pauken. In Mathematik und Physik konnte ich anderen Hilfestellung geben, was wir über Patenschaften organisierten. Die wichtigsten Patenschaften waren uns natürlich die mit unseren Mädchen und mir besonders die mit meiner Auserwählten.

Wir organisierten aber auch interessante Klassenfahrten und Ferienreisen, lebten und erlebten Geschichten, jagten den neuesten Schlagern nach, hörten verbotene Sender, feierten Klassen- und Schulfeste, Fasching und bemühten uns, unzulässige Dinge, wenn schon passiert, nicht mehr als unvermeidbar öffentlich zu machen.

Mittwochs war Maurertag, vormittags Praxis auf der Baustelle, nachmittags Theorie in der Berufsschule des Ausbildungsbetriebes. Nach vier Jahren sollten wir so, parallel zum Abitur, den Facharbeiterbrief erwerben. In den Ferien wurde auch mal tage- oder wochenweise auf dem Bau gearbeitet. Insgesamt wurde dieses Oberschulkonzept, glaube ich, akzeptiert. Viele der Klasse sind nach dem Abitur Bauingenieur geworden und in der Baubranche geblieben.

Der Tag in der Produktion hat, im Nachhinein gesehen, eigentlich viel Spaß gemacht. Der Lehrausbilder hatte es allerdings nicht immer leicht mit uns, insbesondere mit den Mädchen. Es wurde viel geschäkert und auch Unfug getrieben. Dazu waren die Baustellen außerordentlich gut geeignet. Bei großer Hitze spendeten Rohbau- oder Keller-Räume angenehme Kühle, luden zum Verdrücken ein oder ermöglichten manches Rendezvous. Wasserschläuche konnten in solchen Zeiten zu erfrischenden Duschen werden. An kühlen Tagen und bei Frost waren die Bedingungen jedoch oft denkbar schlecht, was sich in der Einsatzmoral der Klasse widerspiegeln konnte. In solchen extremen Situationen gab es verständlicherweise auch vermehrt Zoff mit unseren Ausbildern und Lehrern.

Unser Know-how im Maurerhandwerk haben wir hier und dort bei Auftragsarbeiten einsetzen können. Auf diese Weise kam etwas Geld in die Klassenkasse. Während eines Einsatzes in meinem Dorf hat unsere Klasse die Fundamente eines Kuhstallanbaus für ein Futterhaus angelegt und anschließend bis etwa zur Fensterhöhe die Mauern hochgezogen. Das geschah alles bei strömendem Regen und wir waren in Sorge, dass die Stabilität des Bauwerks wohl insgesamt in Frage gestellt werden musste. Die professionelle Maurerbrigade der Genossenschaft hat das Bauwerk jedoch fertiggestellt. Es stand fast vierzig Jahre. Immer wenn ich den Weg ins Dorf nehme und dort vorbeikomme, muss ich an diesen Regentag denken, wo uns alles wegzuschwimmen drohte. Kurioserweise hat gerade dieser Teil des Futterhauses später auch einen Brand überstanden, dem fast das gesamte Gebäude zum Opfer fiel. Eine Abrissbirne bedeutete später aber doch das endgültige Aus für unsere Maurerleistung.

5 Grenzerlebnisse

Nach einer Faschingsfeier unserer Oberschule fuhr ich wieder mal - es war noch vor dem Mauerbau - nach *Berlin.* In *Schönfließ* holten mich die Grenzer aus dem Zug. Meine Begleiterin - auch sie in meinem Alter - konnte weiterfahren. Wahrscheinlich fiel die Wahl zufällig auf mich. Oder ob mir die Faschingsnacht noch im Gesicht geschrieben stand? Jedenfalls verhielt ich mich unauffällig wie jeder andere Mitfahrer. Diese Kontrollen mochte niemand. Sie lösten bei vielen Fahrgästen Beklemmungen aus.

Auf die Frage, wohin es denn ginge, wagte ich mein wahres Reiseziel nicht anzugeben. Also gab ich vor, zu meiner Cousine nach *Bernau* zu wollen, die dort als Krankenschwester tätig war.

Zu meiner Cousine - das sei hier gesagt - wollte ich tatsächlich, aber nicht nach *Bernau*, sondern *Zehlendorf.* Sie hieß Bärbel und wohnte schon immer dort. Als Kinder haben wir des Öfteren bei ihrer Mutter in *West-Berlin* oder bei uns in *Mecklenburg* schöne Ferien verlebt. Wenn ich sie also besuchen wollte, musste ich zum *Eschershauser Weg.* Dort konnte man damals schon mit luftbereiften Rollern auf asphaltierten Wegen fahren, dass es eine Freude war. Oder wir konnten im *Wannsee* baden, an der *Krummen Lanke* spazieren gehen, mit der U- oder S-Bahn *Berlin* erkunden und durch bunte Geschäfte bummeln. Auch aufregende Micky-Maus- und andere Zeichentrickfilme schauten wir uns an. Für jemanden vom Dorf wie mich eine eindrucksvolle andere Welt. Ich erinnere mich noch heute gern daran.

Als ob die Grenzer etwas ahnten - das mit der Cousine in *Bernau* wollte man mir nicht abnehmen. Nach *Bernau* würde man von *Neubrandenburg* aus nicht über *Berlin* fahren, damit basta. Wieso eigentlich nicht, dachte ich mir. Warum sollte jemand wie ich, wenn er denn nach *Bernau* wollte, nicht über *Berlin* fahren? Das war mir nicht plausibel, zumal man sich bei der Gelegenheit gleich die Stadt anschauen konnte. Aber alle zu meiner Entlastung vorgebrachten Argumente halfen nicht. Dabei wollte ich weder abhauen noch sonstige „krummen Sachen“ drehen. Ich hatte ein paar Tage frei und wollte nichts weiter als wieder mal zu meiner Tante und Cousine nach *West-Berlin*. Aus Selbstschutzgründen hütete ich mich aber, den Grenzern das zu erzählen.

Ich konnte schon verstehen, warum die staatlichen Stellen der DDR in dieser Zeit Fahrten in die Westsektoren der Stadt nicht gerne sahen - man las und hörte ja so viel - aber verboten war es nicht, noch nicht. Verstehen ist jedoch das eine, Verständnis haben das andere. Zum einen fand ich diese Kontrollen belastend. Immer diese Fragen: woher, wohin, warum, wieso, was führen Sie mit, haben Sie dies, haben Sie das, zeigen sie mal bitte, öffnen sie doch bitte…

Es war jedes Mal eine Tortur, auch wenn man nichts zu verbergen hatte. Noch galt Reisefreiheit in *Berlin*, offiziell zumindest. Zum anderen wurde die besondere Situation der Stadt von bestimmten Politikern, Schmugglern und Geschäftemachern für ihre Zwecke missbraucht. Wer wollte das bezweifeln. Es war die Zeit des kalten Krieges.

Wie dem auch sei, ich verstand sehr bald, dass die Anschuldigung gegen mich - ja welche eigentlich? - nur ein gesuchter Vorwand war, um das, was längst beschlossene Sache war, zu rechtfertigen: Die Grenzbeamten nahmen mir meinen Personalausweis ab und schickten mich mit einem der nächsten Züge in der Nacht zurück. Meine Eltern waren sehr erschrocken, als ich am frühen Morgen, statt in *Berlin*, wieder zu Hause war und an die Fenster klopfte.

Die größte Angst hatte ich, dass die Oberschule informiert werden könnte. Eine tendenzielle Mitteilung und ich hätte von der Schule fliegen können. Es kam aber nicht dazu. Stattdessen wurde ich eines Tages von der Polizei vorgeladen. Dort gab es ein erneutes Gespräch mit analogen Vorhaltungen, die ich schon kannte. Meinen Ausweis bekam ich aber zurück und damit war der Fall für mich erledigt. Ganz verdrängen konnte ich die Geschichte aber nie.

Eine ähnliche - aber noch bedrohlichere - „Verhaftung“ hatte ich schon einmal mit meinen Eltern durchgemacht. Das war Anfang der 50er Jahre. Auch damals kamen wir aus *Zehlendorf*. Offenbar mit der Naivität von Hinterdörflern hatten wir in zwei Kartons „Groschenhefte“, die sonst im Abfall gelandet wären, eingepackt und mitgenommen. Uns war nicht bewusst, dass diese Schmöker im Lichte der DDR-Gesetze *Schundliteratur* waren. Sofern man sie entdecken würde, drohte uns, wie wir im Nachhinein erfuhren, eine gehörige Strafe.

Die beiden Kartons - in einem befand sich noch ein Tischtennisschläger - hatten wir aus Platzgründen in das Gepäcknetz der nächsten Sitzreihe gelegt. Als die Grenzer im S-Bahn-Abteil fragten, wem die beiden Kartons gehören, meldeten wir uns auch noch. Dabei wäre es ein Leichtes gewesen, die Kartons herrenlos fahren zu lassen. Hätten wir gewusst, welche Unannehmlichkeiten sich daraus ergeben, hätten wir die Frage nach den Kartons einfach überhört. So aber mussten wir aus der S-Bahn raus und es begannen schlimme Verhöre.

Meine Eltern waren verständlicherweise empört. Sie hatten sich beim Einpacken der Lektüre nichts Schlechtes gedacht. Und nun wurden sie behandelt, als hätten wir einen staatsfeindlichen Akt begangen. Die Groschenhefte wurden wir natürlich los. Den Tischtennisschläger durfte ich behalten. Mitgefühl für andere gab es also doch noch. Oder war das auch „nur" gesetzeskonform? Damit war aber nicht alles vorbei. Der Vorgang hatte sogar ein gerichtliches Nachspiel. Dann wurde das Verfahren irgendwann eingestellt. Ein Strafbescheid blieb aus. Wir wären ja ordentliche Leute, hörten wir, dürften aber so etwas nie wieder tun...

Ein Bekannter, der zufällig in dem Bereich tätig war, wo unser „Fall" bearbeitet wurde, hatte sich wohl glaubwürdig dafür verbürgt, dass wir ungescholtene Bürger waren. Wie Recht er hatte. Wir sprachen später noch oft darüber und mussten manchmal sogar darüber lachen. Zum Lachen zumute war uns damals aber nicht.

6 Flucht und Neubeginn

Nach drei Jahren Oberschule verließ ich die B2. In Anbetracht dessen konnte ich auf meinen Wunsch auch ein Jahr früher die Facharbeiterprüfung als Maurer ablegen. Man hatte mich gefragt, ob mich ein Auslandsstudium interessieren könnte. Wenn ja, käme ich bei einem positiven Ausgang der Bewerbung nach der 11. Klasse für ein Jahr an die Arbeiter-und-Bauern-Fakultät der *Martin-Luther-Universität Halle-Wittenberg* und würde dort mein Abitur machen - sozusagen als Vorbereitung auf das Auslandsabenteuer.

Der ABF hing zwar das Etikett einer Kaderschmiede an, doch was hieß das schon. Ich wusste, was ich wollte. Ich würde mich schon nicht vereinnahmen lassen, mich nicht selbst verleugnen. Mir selbst würde ich treu bleiben und meinen Weg gehen. Solange die fachliche Qualifizierung im Vordergrund stand, konnte ich keine wirklichen Einwände haben. Ich sagte zu und bekam, wie vorgesehen, einen Termin für ein Eignungsgespräch. Es fand in der *Humboldt-Universität Berlin* statt. Das Gespräch war erfolgreich und so kam ich nach *Halle*. Zu Beginn der 12. Klasse tauschte ich somit die B2 der Oberschule mit der N8 der ABF, wurde Student und bekam jetzt sogar Stipendium.

Neben dem Reiz des Auslandsstudiums war die finanzielle Seite auch ein wichtiger Aspekt für mich. In der Oberschulzeit konnte ich mit meinem verfügbaren Monatsgeld die Internatskosten bezahlen. Der Rest reichte, wie ich immer sagte, für Tinte und Papier, mehr nicht. Mein eigentliches Taschengeld bekam ich von meinen Eltern. Mit der ABF gewann ich nun unter anderem ein Stück finanzielle Unabhängigkeit.

Ganz nebenbei wurde ich auch meinen Spitznamen los, den hier ja niemand kannte. Und nicht zuletzt konnte ich ohne Gesichtsverlust, glaube ich, aus der bewussten Mädchenbeziehung in der B2 fliehen. Ohne rigorose Trennung wäre mir das viel schwerer gefallen, schätze ich. So aber konnte ich mir die Erinnerungen bewahren, die sich mit der Zeit auch noch relativieren würden. In einem anderen Umfeld würden sich neue Beziehungen ergeben, wie sie das Leben schafft.

Zugleich empfand ich den Schritt an die ABF als eine Chance

und Herausforderung für meine berufliche Zukunft. Außerdem war *Halle* nicht aus der Welt. Ich hielt einen lockeren Kontakt zu meiner ehemaligen B2, driftete aber, wie das so ist, immer mehr in meine neue Aufgabe ab. Angela war auch nicht mehr dort. Wegen einer ungeschickten politischen Episode war sie von der Oberschule verwiesen worden.

Bevor ich nach *Halle* ging, änderte ich meinen Familiennamen. Ich wollte nicht weiter Erklärungen abgeben müssen, warum ich so und meine Eltern so hießen. Genau genommen war ich seit meiner frühesten Kindheit auf der Suche nach meiner Identität. Wo waren meine Wurzeln? Würde ich es jemals richtig erfahren?

Geboren war ich in *Pommern*, aufgewachsen in einem mecklenburgischen Dorf, wohin es uns 1945 verschlug, als wir flüchten mussten. Nach der Wende war ich dann, amtlich gesehen, ein Vertriebener - ein bis dahin für mich völlig unschickliches Wort, denn von der Vertreibung hatte ich, wie sollte es auch in meinem damaligen Alter anders sein, nichts mitbekommen. Als Berechtigter im Sinne des entsprechenden Gesetzes erhielt ich so dreiundfünfzig Jahre nach unserer Flucht, als Entschädigung sozusagen, noch eine einmalige Zuwendung von Viertausend Deutsche Mark. Dahinter verbirgt sich folgende Geschichte:

Im Februar 1945, genau an meinem ersten Geburtstag, kamen die Russen in unser pommersches Dorf. Wir wohnten etwas außerhalb in einem Vorwerk ähnlichen Komplex. Der Ortsteil hieß *Neu-Sandow* und bestand aus fünf Doppelhäusern, Kuhstall, Pferdestall und sonstigen Wirtschaftsgebäuden. Ob diese Lage im Abseits ein Vorteil war oder nicht gerade das noch mehr Gefahren heraufbeschwor als inmitten der Ortschaft selbst? Vielleicht hätten wir wie andere vorher fliehen sollen? Wer konnte in diesen Tagen und Nächten schon wissen, was richtig war oder falsch.

Wir waren jedenfalls auf Anraten meines Großvaters, der auf dem Gut Vorarbeiter war, geblieben. Er meinte, das sei besser so. Er habe als Soldat unendlich viel Leid in Flüchtlingstrecks gesehen. Das wolle er uns ersparen, egal was kommt. Aus Büchern, die ich später las, erfuhr ich, was er meinte.

Nun holte uns die Wirklichkeit ein. Der Krieg kehrte dorthin zurück, wo er geplant und begonnen wurde - nach *Deutschland.* Und der Weg nach *Berlin* führte auch durch *Pommern.* Angst und Panik machten sich breit, denn alle fürchteten, dass ihnen Gewalt angetan wird. Es wurde ja so viel erzählt - von siegestrunkenen, Beute machenden Soldaten, Vergewaltigungen, Erschießungen. Rache- und Hassgefühl auf die Deutschen erfuhren wir plötzlich selbst.

Aus unserem Wohnhaus mussten wir raus, fanden aber unweit davon in einem Gutshaus Unterschlupf. Am nächsten Tag war unser Wohnhaus abgebrannt, der Nachbarsohn im Keller des Gutshauses erschossen, ein 13-jähriger Bruder meiner Mutter durch Zufall dem gleichen Schicksal entkommen, da ihn mein Großvater zuvor aus dem Keller geholt hatte. Meinen Großvater und seinen 16-jährigen Sohn nahmen die Russen mit. Sie mussten Vieh treiben, Richtung Osten, aber das erfuhren wir erst im Nachhinein. Bis dahin herrschten Angst und Ungewissheit, was mit ihnen wohl geschieht und wann wir uns, wenn überhaupt, wiedersehen.

Meine Großmutter schmerzte die Trennung unermesslich. Sie war untröstlich. Die vielen Kinder und nun ihr geliebter Mann auch noch weg. Was sollte nun werden. Sie ahnte und befürchtete Schlimmes. Aber Tränen und Klagen halfen nicht. Ihr ältester Sohn war gerade im Januar eingezogen worden und irgendwo Soldat. Richtiger Soldat? Zum Volkssturm? Vielleicht Flakhelfer? Ich habe ihn nie danach gefragt, als ich ihn noch hätte fragen können. Heute weiß ich nur, dass er nicht mal achtzehn war.

Die Frontlinie wogte hin und zurück. Wir irrten umher, kamen nach *Berlinchen* und schließlich zurück in unser Dorf nach *Alt-Sandow*, wo wir vorübergehend im Försterhaus wohnten. Aber wir lebten noch, nicht wirklich geschändet, nicht erschossen, nicht umgebracht. Hatte mein Großvater mit seinem Entschluss zum Bleiben doch richtig entschieden? Aber gerade ihn und einen seiner Söhne hatten die Russen verschleppt. Was von ihnen blieb, war, gottlob, die Hoffnung auf ein Wiedersehen.

Das Leben ging irgendwie weiter. Oberster Ordnungshüter im Dorf war zunächst eine sowjetische, dann eine polnische Kommandantur.

Letztere richtete sich im Försterhaus ein. Deshalb mussten wir dort raus und in eine Ersatzwohnung. Parallel dazu tauchten immer mehr Polen auf, übernahmen Höfe und richteten sich ein. Was das zu bedeuten hatte, erfuhren wir bald am eigenen Leibe. Vielleicht wären wir geblieben. Doch das ging nicht. Hitlerdeutschland, das den 2. Weltkrieg angezettelt und anderen Völkern unsagbares Leid zugefügt hatte, musste kapitulieren.

Nach dem *Potsdamer Abkommen*, das die Nachkriegsordnung regelte und, wie alle wissen, in der Folgezeit nicht eingehalten wurde, sollten die deutschen Gebiete östlich von Oder und Neiße, also auch unser Zuhause, von *Polen* verwaltet werden. Die deutsche Bevölkerung sollte in „ordnungsgemäßer und humaner Weise" nach Deutschland ausgewiesen werden. Was da ablief war aber alles andere als das.

Die *Potsdamer Konferenz* war noch nicht zu Ende, da mussten wir im Juli 1945 unsere angestammte Heimat verlassen. An diesem Tag läuteten zum Arbeitsbeginn auch noch die Glocken. Doch statt der üblichen Einteilung zur Arbeit wurde angewiesen, wer sich wo einzufinden hatte, um das heimatliche *Pommern* zu verlassen. Das traf auch uns. Die Vertreibung nahm ihren Lauf. Für das Sammeln wurden den Betroffenen zwanzig Minuten eingeräumt.

Was uns anging, musste also eine Frau im Alter von 44 Jahren - Mutter von neun Kindern und dank meiner Existenz bereits Großmutter -, mit sieben ihrer Kinder und ihrem Enkel von einer viertel Stunde zur anderen in Richtung *Oder* aufbrechen. Bis zur *Oder* wurden die Ausgewiesenen von bewaffneten Polen eskortiert.

Wir hatten nur einen Handwagen, um unser nötigstes Gepäck zu transportieren, und einen Kinderwagen. Letzteren belegte ich, welch ein Luxus. Meine Mutter, mit damals neunzehn Jahren die älteste Tochter, schob ihn und mich. Mein leiblicher Vater war in den Wirren des Krieges verschollen. Von den Jungen im Alter von drei, fünf und dreizehn Jahren und den vier Mädchen zwischen sieben und neunzehn Jahren, die nun ihr vertrautes Zuhause verlassen mussten, hätte sich diese oder jener gerne auf dem Handwagen ziehen lassen, aber das war verständlicherweise nicht möglich.

Dementsprechend heftig soll das Weinen und Schreien gewesen sein. Hinzu kam der Hunger, der nur insoweit gestillt werden konnte, wie Essbares aufzutreiben war. Ein ständiges Betteln und Bitten. Nachts wurde campiert, wo wir irgendetwas Überdachtes fanden - Keller, Scheunen oder ähnliches. Von all dem Elend bekam ich mit meinen knapp eineinhalb Jahren in meiner Kinderwagen-Loge glücklicherweise noch nichts mit.

Unser Fluchtziel war *Rostock*, wo wir Verwandte hatten. Ein Bruder meines Großvaters führte dort ein Hotel. Nach und nach wurde das Laufen aber mühsamer, die Not nahm zu und die Kräfte schwanden. Als wir in einem mecklenburgischen Dorf auf einen hilfsbereiten Bürgermeister stießen und sich die Chance einer Wohnung auftat, wurde beschlossen, zu bleiben. Auf diese Weise fand ich meine neue Heimat.

Aus den Erzählungen meiner Mutter weiß ich, dass uns noch viele Jahre große Not, bittere Armut und Schwierigkeiten des Neuanfangs begleiteten. Das oberste Gebot hieß: überleben, arbeiten für essen. Niemand durfte verhungern. Aber das war leichter gesagt als getan.

Meine Großmutter nahm die größten Entbehrungen auf sich. Sie opferte sich für ihre Kinder und starb ein gutes viertel Jahr nach unserer Vertreibung an Typhus, Hungertyphus und - welch eine Tragik - einen Tag vor der Rückkehr ihres geliebten Mannes, meines Großvaters also, aus *Russland.* Ihre Befürchtung zum Zeitpunkt ihrer zwangsweisen Trennung hatte sich bewahrheitet - sie sah ihren Mann nicht wieder. Und auch die Nachricht über seine Rückkehr, die ihr neuen Lebensmut gebracht und sie vielleicht doch noch mal aufgerichtet hätte, erreichte sie vor ihrem Tod nicht mehr. War das ein Elend.

Meine Mutter hatte es nun besonders schwer. Als älteste Tochter lastete eine große Verantwortung auf ihren Schultern. Jetzt kam auch noch die Mutterrolle für ihre jüngeren Geschwister auf sie zu. Dazu der ausgehungerte, kranke und verbitterte Vater, der nun auch noch den Tod seiner Frau beklagen musste. Es war ein permanenter Kampf um die nackte Existenz, nicht wissend, ob am nächsten Tag genug zu essen da sein würde oder nicht.

Wir bekamen etwas Land. Das war indes von solcher Qualität,

dass kaum Nennenswertes geerntet werden konnte. Irgendwann hatten wir wenigstens eine Kuh und somit etwas Milch. Zu einem Pferd kamen wir nicht. Andienen und ausleihen war für uns die einzige Möglichkeit. Dafür wurde an Wochentagen bei Bauern vom Dorf gearbeitet. Wenn es dann passte, konnten auch wir solche Feldarbeiten durchführen, für die stramme Vierbeiner unerlässlich sind. Völlig klar, dass bei einer solchen Wirtschaft auch noch jeglicher agrotechnische Termin ins Hintertreffen geriet. „Wenn sich die Rübenreihen bei den anderen schon längst geschlossen hatten, waren wir immer noch beim Verziehen“, erzählte meine Mutter. Bei anderen Kulturen war es nicht anders.

Daneben gab es die Ablieferungspflicht, die mein Großvater offensichtlich sehr korrekt befolgte. Gutgläubig und naiv, dass alle so dachten, muss er auch noch gewesen sein. Dem Erzählen nach also ein in dieser Hinsicht recht „blauäugiger“ Großvater. Wann würde er endlich verstehen, wird mancher gedacht haben, dass in dieser schweren Zeit das Überleben der Familie, wenn es denn nicht anders ging, Vorrang haben musste gegenüber Abgabesoll und sonstigen bürokratischen Vorschriften? Wie ich des Öfteren hörte, machten es andere zur Genüge vor. Wer ließ sich denn Gelegenheiten nach einem Zubrot in so entbehrungsreichen Zeiten schon entgehen? Mein Großvater aber, solcher Überlegungen und Handlungen eher unfähig, verstand die Welt nicht mehr. Er wunderte und schimpfte nur, dass andere genug zum Leben hatten und es in der eigenen Familie nicht reichte.

Diesen Unmut bekam meine Mutter, die nun wahrlich oft nicht wusste, wie es weitergehen sollte, am meisten zu spüren. So musste sie sich viel ungerechte Kritik anhören. Ungerecht deshalb, weil sie sich für alle einsetzte und ihre Kraft nicht schonte. Wären nicht andere im Dorf gewesen, die geholfen hätten, sie hätte es nicht durchgestanden. Als meine Mutter von zu Hause wegging und mit Heiratsabsichten zu ihrem Freund zog, übernahm ihre älteste Schwester die Führung im großväterlichen Haushalt. Und ihr ging es nicht anders. Auch sie musste viel einstecken.

Gewiss, das Leben war hart und forderte jeden aufs Äußerste. Aber es gab immer wieder Lösungen, auch wenn manches noch so aussichtslos erschien. Wichtig war doch, dass alle zu essen und anzuziehen hatten. Dafür und für alle anderen nötigen Dinge wurde gesorgt, solange die eigenen Töchter den Haushalt führten. Darauf konnte sich mein Großvater verlassen. Allein ließen ihn seine Kinder nicht. Die älteren Geschwister kümmerten sich um die jüngeren. So war das. Das, was da war, wurde geteilt. Sicher, es mangelte noch an allem. Aber niemand verkam oder verlor den familiären Halt. Jeder war versorgt und mit der Zeit wurde es, wenn auch nicht schnell genug, besser. Außenstehende wussten hingegen schon lange, woran es lag, dass es uns so schlecht ging - eine Frau musste her für meinen Großvater, dann würden die Dinge schon laufen…

Mein Großvater, dem solche Ratschläge natürlich auch erreichten, heiratete schließlich wieder. So kam eine Stiefmutter mit weiteren zwei Kindern und einer Oma in die Familie, die nun noch größer wurde. Die erhoffte Besserung trat jedoch nicht ein. Im Gegenteil. Jetzt fand auf einmal auch noch ein interner Verteilungskampf statt, dessen treibender Keil - wenn ich es richtig sehe - unverkennbar die Oma war. So wurde hinterrücks verteilt, versteckt, vorgesorgt, gab es offizielle und heimliche Mahlzeiten und viele andere Ungerechtigkeiten.

Zu wessen Gunsten und Nachteil das ausging, wird niemand schwer erraten oder verwundern. Dennoch, ein höchst unchristliches Verhalten, ganz gleich, ob menschlich vielleicht verständlich oder den Umständen geschuldet. Wer so handelt, belastet sein Gewissen unwiderruflich und muss sich nicht wundern, wenn Betroffene nur schwer darüber hinwegkommen. Ungeschehen machen kann man es nicht. Wie man auch darüber denken mag - damals führte der Weg so noch mehr in den Ruin.

Auch der aus dieser Ehe stammende Halbbruder meiner Mutter wurde sichtlich vernachlässigt. Und die meisten Geschwister meiner Mutter bekamen Typhus, mein Großvater auch. Er starb daran. Mai 1950.

Meine Mutter, die das Unheil kommen sah, wohnte inzwischen in der *Griese*. Jetzt lag die *Kirche* mit dem Dorf-Friedhof zwischen unserer Wohnung und der großväterlichen im Schloss. „Geh' ma, geh' ma" tönte es mir von der Oma immer entgegen, wenn ich dort vorbeischaute. Es hieß so viel wie: „Was willst denn du schon wieder hier, mach dich fort!“

Wenn man von der *Griese* zum *Schloss* oder weiter ins Dorf wollte, dann war es üblich, über den *Friedhof* zu gehen. Das war die kürzeste Strecke, fast so wie ein öffentlicher Weg. Mich überfiel dabei als Kind immer ein sonderbares Gefühl. Genau genommen hatte ich Angst. Diese Angst war ein Schrecken meiner Kindheit. Sie stammte offenbar, wenn sie mich damals übermannte und oftmals regelrecht quälte, sobald es dunkel wurde, aus dem Erlebnisumfeld meiner Kindheit.

So gab es unter den jüngeren Geschwistern meiner Mutter offenbar solche, die ihren Spaß hatten, mich mit Gruselgeschichten zu ängstigen. Ich war der Jüngste, konnte mich nicht wehren und glaubte den Unfug wohl auch noch, den man mir erzählte. Und weil das so gut funktionierte, wiederholten sich diese Spielchen. Hinzu kam meine Fantasie und so hatten meine Angstzustände, die sich gewiss auch durch die Abenteuer des täglichen Lebens nährten, einen ganz realen Hintergrund.

Ich malte mir damals in meinem Kopf jedenfalls die verrücktesten Dinge aus. Da konnten selbst Verstorbene auferstehen und schauderhafte Dinge anstellen. Deshalb mied ich, wenn es irgend ging, den *Friedhof* und nutzte die Wege um ihn herum, von denen einer durch den *Park* und der andere um den *Schlossteich* führte. Letzterer bedeutete jedoch einen großen Umweg. War ein Überqueren nicht vermeidbar, ohne den Verdacht aufkommen zu lassen, ein Angsthase zu sein - schließlich schämt man sich ja dafür -, machte ich mir Mut und redete mir ein, das mit den Toten sei doch Quatsch. In diesen Fällen suchte ich mir entfernte Zielpunkte und schaute beim Gehen weder nach links noch rechts. Schnellen Schrittes schaffte ich so die Friedhofsdistanz, auch wenn mein Herz dabei heftig klopfte.

Bei Dunkelheit , wenn die Kirchhofstille die eigenartige Atmosphäre noch steigerte, rannte ich so schnell ich konnte, um die Strecke, die mit ihren zirka einhundert Metern ja eigentlich gar nicht so lang war, rasch zu bewältigen. Vielleicht glaubte ich, dass mich so niemand aufhalten könnte, weder Tote noch Geister.

Daneben gab es diese fürchterlichen Albträume, die mich beim Schlaf überfielen und in denen mich das Unheil immer an den für mich bedrohlichsten Momenten zu ereilen drohte. Entweder stolperte ich, fiel hin, war fast am Ersticken oder erfuhr sonstige Grausamkeiten, die mir jeglichen glücklichen Ausweg zu versperren schienen, wenn ich der Bedrohung entfliehen wollte. Wenn ich just in solchen Augenblicken schweißgebadet aufwachte, fühlte ich mich wie geschockt. Sobald ich aber in meiner Schlaftrunkenheit merkte, dass alles nur ein Traum war, kehrte die Lebensfreude wieder zurück. Auch wenn sich manche Traumbilder etwas länger hielten und mich beschäftigten, irgendwann verschwanden sie im Nebel der Erinnerung.

Angst quälte mich auch, wenn ich im Dunkeln auf Toilette musste. Zu meinem Unglück befand sich unser Plumpsklo hier in der *Griese* direkt neben dem *Friedhof*. Dann war ich sozusagen auch noch am Ort gefesselt und völlig wehrlos meiner Fantasiewelt von Geistern und Gespenstern ausgeliefert. Eine Chance auf Flucht gibt es, wie jeder weiß, in dieser Stellung nicht. Um mich zu besänftigen, musste sich meine Mutter dann wartend in die Haustür stellen und mit mir reden, bis ich meine Notdurft verrichtet hatte. Nur so fühlte ich mich angemessen beschützt. Teilweise nahm dies jedoch theatralische Formen an, denn das, was ich da verlangte, war wohl doch überzogen und mit Blick auf mein Alter nun wirklich nicht notwendig. Warum aber musste ich immer erst abends, wenn es dunkel war, auf die Toilette? Seltsam, ging es anderen auch so? Wahrscheinlich war es die Gewohnheit. Oder die Tageszeit war mir für solche Angelegenheiten einfach zu schade, wer weiß. Zeit ist eben ein hohes Gut. Und es gab ja immer was zu tun, jedenfalls für mich.

Bevor meine Mutter heiratete, hatten wir meinen leiblichen Vater suchen lassen. Doch die Suche war erfolglos. Wer konnte damals schon wissen, dass es ihn mit einem ganz anderen Schicksal noch gab, aber eben nicht in Deutschland. Das klärte sich erst auf, als ich bereits ein gestandener Mann im reiferen Alter war. Und weil das so war, bekam ich 1949 einen neuen Vater, der mich wie ein richtiger Vater aufzog und immer gut zu mir war. Er wurde mein

Papa, wie ich ihn fortan nannte, und war ein Sohn des einstigen Bürgermeisters, der uns im Juli 1945 - als wir völlig entwurzelt und mittellos als Vertriebene in diesem Dorf vorbeikamen - geholfen hatte, hier eine neue Bleibe zu finden.

Als mein Großvater starb, kümmerte sich mein neuer Vater auch noch um die Geschwister meiner Mutter. Einige von ihnen kamen zu uns, obwohl wir selbst noch nichts hatten. Die besagte Stiefmutter verzog mit der Oma und ihren Kindern nach Westdeutschland. Meine Mutter war für ihre Geschwister zur Ersatzmutter geworden und das ist immer so geblieben. Ihre jüngste Schwester, Edith, und einer ihrer Brüder, der Helmut, der vier Jahre älter war als ich, blieben lange bei uns. Wir verstanden uns gut. Ein anderer kam zur ältesten Schwester meiner Mutter, die auch bald heiratete, andere zu weiteren Verwandten, bis jeder bzw. jede eigene Wege ging. So löste sich Schritt für Schritt unser Kriegs- und Familiendrama in andere Linien auf und es begann eine ganz neue Entwicklung, wie sie sich auch in Deutschland abzeichnete mit der Gründung der beiden deutschen Staaten.

7 Unser Dorf

Obwohl ich mich nicht für die Landwirtschaft geboren fühlte, war ich naturverbunden und erlebte die ländliche Idylle unseres Dorfes sehr intensiv. Ja, ich fand unser Dorf schön. Es hatte alles, was ein Dorf ausmacht - weite Felder, viel Wald, einen nahe liegenden *See* zum Baden und Angeln, mehrere Teiche zum Schiffe starten und Schlittschuh laufen, ein *Schloss* mit *Park* und eine hohe *Kirche*, von deren Glockenstuhl aus man herrlich weit ins Land schauen konnte.

Eine Fernverkehrsstraße, die B104, von Nordwesten kommend, zerschneidet das Dorf ein wenig an der Peripherie. Sie erreicht den Ort - noch vor der *Bushaltestelle* - an einer Kreuzung, die heute eine *Ampelkreuzung* ist.

Von hier geht es direkt ins Dorf. Gleich am Anfang, wo sich der Weg noch einmal teilt, standen früher, vierreihig sogar, mächtige Kastanienbäume. *Rosskastanien*, die mit ihren ausladenden Kronen ihrem Ruf als Alleebaum alle Ehre machten. Im Frühjahr schmückten ihre weiß gefleckten, kegelförmigen, in Rispen stehenden Blüten - die wie aufgesetzte Kerzen leuchtend in den Himmel ragten - prachtvoll das glänzend grüne Blätterdach. Als Kinder machten wir dort reiche Beute, wenn die Früchte reif waren und wir die braunen und gescheckten Kastanien einfach aufsammeln konnten oder sie erst als „Einzelkinder", „Zwillinge" oder gar „Drillinge" aus ihrem stachligen Gehäuse befreien mussten.

In dem Backsteinhaus, das an dieser Gabelung steht, fanden wir nach unserer Ausweisung aus *Pommern* unsere erste Bleibe. Allerdings kann ich mich nicht mehr daran erinnern. Ich weiß nur, dass ich in Höhe dieses Gebäudes einmal von einem Wagen fiel und mir den Arm brach. Zu dieser Zeit wohnten wir allerdings schon woanders. In Erinnerung ist mir diese Ecke auch, weil auf dem benachbarten Anwesen ein Schäferhund, der *Wolf* hieß und, wie mir schien, auch so aussah, oft den Weg versperrte, wenn ich nach Hause wollte. Sein lautes Bellen und sein Drohverhalten flößten mir Respekt ein. Das merkte *Wolf* wahrscheinlich und zeigte so besonders Stärke. Wer einmal von einem Hund gebissen wurde, kennt das.

Die rechte Weggabelung vor dem Backsteinhaus, in dem nach uns jahrelang der Dorfschmied wohnte, führt in den Nachbarort. Als ich dort zur Schule ging, mündete dieser Weg am Dorfausgang in einen von Weiden umsäumten Hohlweg. Bevor der Weg aber das Dorf verlässt, biegt ein Abzweig kurz hinter der einstigen Stellmacherei in die Dorfstraße ein und führt - an unserer früheren, längst abgerissenen Wohnung mit der hohen Vortreppe vorbei - hinunter zum *Park*.

Hier lebte und erlebte ich Kernjahre meiner Kindheit. Das Haus, in dem wir wohnten, war ein altes, aber interessantes Fachwerkgebäude mit einem großen Dachboden. Der Boden diente vornehmlich als Stauraum. Dort lagerten wir Getreide, Obst und anderes, was vorübergehend einen Platz benötigte. Birnen, im Getreide versteckt, reiften dort, wie ich fand, besonders gut. Vor dem einen Dachbodenfenster war unsere Handwerker- und Bastlerecke. Und Platz für einen Taubenschlag hatten wir auch noch.

Durch das abschüssige Gelände war das Gebäude reichlich unterkellert. Es stand auf einem hohen Feldsteinfundament, das gleichzeitig den Höhenunterschied des Gefälles ausglich und reichlich Raum zur Unterbringung von Kleinvieh und Geräten bot. Alles in allem ein architektonisches Unikat.

Innen eher niedrig, wie die Stuben nun mal waren, ein kleiner Vorraum mit der Treppe zum Boden und der Klappe zum Kartoffelkeller. Links die Tür zur Wohnstube, die zugleich Schlafstube der Eltern war - ein stattliches Zimmer mit Fenster zur Dorfseite, *Park* und *Schloss*. Von dort kam man in das kleinere Kinderzimmer, das sich Helmut, Edith und ich teilten, solange sie bei uns waren. Durchs Fenster konnten wir seitlich auf den Hof und die Ställe für Pferd und Kühe sehen.

Hinter und neben den Ställen grob genagelte Schuppen. Der seitliche für die Schweine, geschlossen, und der hintere, an einer Seite offen, für anfallende Gerätschaften - mein Hobbyraum fürs Grobe und heimliches Fitnesscenter. Dann, durch Zaun und Sandweg von der *Kaserne* getrennt, eine etwas größere Fläche mit meiner Sprunggrube und einem massiven Kaninchenstall. Schräg dahinter unser Garten und auf dem Weg dorthin, im mittleren Bereich des Hofes, eine aus Ziegeln gemauerte Waschküche.

Vom Kinderzimmer hatten wir einen freien Blick auf die Ausläufer des *Parks*, den *Koppelteich*, die entfernten Wiesen, die vordere Giebelseite der *Kaserne* und die *Pumpe*, von der damals noch immer das Wasser herangeschafft werden musste. Dieses Zimmer hatte auch - wie praktisch - eine Durchreiche und Lichtschleuse zur Speisekammer. Die war allerdings nur von der Küche aus zu betreten. Und um dorthin zu gelangen, musste man vom Vorraum aus an der Bodentreppe vorbei.

Vom Küchenfenster, das sich in einer nischenähnlichen Ausbuchtung befand, konnten wir auf den Hauseingang der Schwiegereltern meiner Mutter schauen und auf eine Fliederhecke, die zur Blütezeit immer so wunderbar duftete. Dazwischen der Zugang zur Dorfschneiderin, deren Haustür sich gleich neben unserem Küchenfenster befand. Alle, die dorthin wollten, mussten um das Haus herum und an diesem Fenster vorbei. Und zur Not war dieses Fenster auch der „Eingang“ zu unserer Wohnung. Wenn nämlich die hohe Treppe nicht passierbar war, konnten wir nur durch dieses Küchenfenster nach innen und außen gelangen. Es sage niemand, das gibt es nicht - das gibt es doch.

Das war beispielsweise der Fall, als die Hochtreppe erneuert wurde. Und wie das so ist - gerade dann besucht uns unser Dorfpastor... Ich sehe noch, wie er durch unser Fenster steigt - betont sportlich und, wie immer, ein freundliches Wort auf den Lippen. Ein Bild für die Götter. Uns war es natürlich peinlich. Aber es war halt nicht zu ändern. Jedenfalls konnte der Herr Pastor sein Anliegen wegen der Konfirmation so mit uns besprechen, wie es sich gehört, auch wenn er über den nicht alltäglichen Hausbesuch genau wie wir schmunzeln musste.

Unsere Giebelwohnung war das eine Ende eines längeren Eck- und Reihenhauses. Zur Hinterseite, um die Ecke sozusagen, wohnten meine Großeltern, in der Längsfront gleich nebenan, wie schon erwähnt, die Dorfschneiderin. Dann folgten noch zwei Wohnungen. Alle im Katen-Häuser-Stil, der für diese Gegend so charakteristisch ist: einstöckig, etwas niedrig in den Stuben, dafür aber mit hohem Dachstuhl und oft, wie hier, noch mit Lehmziegeln gebaut.

Vor der ersten Wohnung des Reihenhauses dann der für diese Häuser so typische Vorgarten. Den gab es überall, wo es die Platzverhältnisse hergaben. Und immer war er auch ein Stück Identität der Bewohner. Die Nutzgärten hingegen mit den Zwiebeln, Tomaten und Gurken, Bohnen und Erbsen, Gewürz- und Küchenkräutern, dem Kohl- und Wurzelgemüse, Salat- und Blattgemüse, Beeren-, Strauch- und Baumobst befanden sich auf der Hofseite.

Aber weiter im Dorf. Die linke Gabelung der Ortseinfahrt in Höhe des erwähnten Backsteingebäudes, beim ehemaligen *Schmied-Meyer*, wie wir Dorfbewohner sagten - im Unterschied zu *Teich-Meyer*, der am Teich wohnte, denn *Meyers* gab es einige im Dorf -, führt am ehemaligen *Kuhstall*, *Wirtschaftsgebäude*, *Transformatorhäuschen* und *Schlossteich* vorbei hinunter zum *Schloss*. Ein zweiter Teich neben dem *Schloss*, der mit dem ersten verbunden war und den wir *Parkteich* nannten, wurde irgendwann wegdrainiert und zugeschüttet. Dabei verschwand auch die Klinkerbrücke am hinteren Überlauf.

An dieser Stelle, wo es früher steil zum *Aschberg* hinauf ging, der sich im Winter herrlich zum Rodeln oder für Schlitterbahnen eignete, fing ich manchmal, wenn es wärmer war, Stichlinge. Die schienen sich aber an eine Gefangenschaft in Gläsern oder sonst wie geartete Behältnisse nicht gewöhnen zu wollen. Entweder entließ ich sie bald in die Freiheit, oder sie gingen zu Grunde. Da konnte ich füttern, was und so viel ich wollte... Nach dem Überlauf floss ein unscheinbares Bächlein weiter zum *Tiefen Teich* im Park und von dort weiter in den *Koppelteich*. Alles in allem eine richtige Dorfteichkaskade.

Wie tief der *Tiefe Teich* war, musste ich einst ungewollt testen, als ich im Winter dort einbrach. Doch schlimmer als die Tiefe war die nasse Kälte, die mich in dem eiskalten Wasser und danach an Land überfiel. Ich zittere noch heute, wenn ich daran denke. Ohne sofortige Hilfe vom Ufer hätte es für mich bedrohlich werden können. Zum Glück war der Weg nach Hause nicht weit. Aber mich erwartete nicht nur Trost und wohltuende Wärme, die ich jetzt brauchte, sondern auch eine gehörige Standpauke. Was hätte ich sonst erwarten sollen? Just an diesem Tag die eigene Mutter krank und nun auch noch mein neuer Anzug ruiniert. Ein Unglück kommt selten allein...

Zwischen *Schloss* und *Griese* die *Kirche* und der *Friedhof* - in jungen Jahren meine Angststrecke bei Dunkelheit, als wir noch in der *Griese* wohnten.

Das *Schloss* war immer ein imposantes Bauwerk des Ortes, obwohl ein Teil - weil baufällig - abgerissen werden musste. Sanierungsversuche nach der Wende brachten auch in mehr als 10 Jahren noch keinen durchgreifenden Erfolg. Trotzdem, Respekt denen, die den Mut haben, solche Bauten erhalten zu wollen. Das einstige Domizil des Gutsbesitzers diente nach dem Krieg Familien wie uns und anderen als Wohnraum. Auch der Konsum, die Bürgermeisterei und die Post waren dort mal untergebracht. Der (Gast)Friseur-Salon natürlich auch. Und mit der ehemaligen Gaststätte und dem Dorfsaal hat das *Schloss* - wenn inzwischen auch verwaist - Höhepunkte der Dorfgeschichte miterlebt. Hier fanden die wöchentlichen Kinoveranstaltungen statt, als es sie noch gab, wurden unzählige Feste gefeiert wie Silvester, Fasching, Sport- und Erntefeste. Auch zu Hochzeits- und Geburtstagsfeiern traf man sich dort.

Auf der südlichen Seite des *Schlosses*, zum *Park* hin, wo einst Weiß- und Rotdorn standen, war zu Kinderzeiten eine Wiese. Sie war der zentrale Sammelplatz des Dorfes, Stell-, Stand- und Spielplatz für alle Gelegenheiten. Hier gab es Kinderfeste und Maifeiern mit Glücksrad und Taubenstechen, wurde Völkerball gespielt, musiziert und gesungen.

Selbst Leute, die das Wanderleben liebten und vorrübergehend Unruhe, aber auch Abwechslung ins Dorf brachten, rasteten hier. Später wichen sie auf den damaligen *Mietenplatz* aus, der sich auf der anderen Seite der *Chaussee* gegenüber der *Bushaltestelle* befand. Und irgendwann erschienen sie gar nicht mehr. Wenn sie aber da waren, dann glich das Dorf einem aufgescheuchten Hühnerhof, auf dem sich alles, was da kreucht und fleucht, aufgeregt und verängstigt in geschützte Unterkünfte zurückzog. Der Grund, wie ich hörte, war der, dass diese Wandersleute sehr freundlich, aber auch aufdringlich sein konnten und ihnen geheimnisvolle Tugenden zugesprochen wurden, denen man sich, wenn es irgend möglich war, besser entzog.

Geht man den Weg zum *Schloss* weiter, gelangt man durch den *Park* zur *Gärtnerei* und zum *Bauernweg*, der zur *Ölmühle* führt, und zur *Bahn*. Oder man biegt an dieser Wegkreuzung links ab, kommt am *Sportplatz* und am Gelände der ehemaligen *Maschinen-Traktoren-Station* vorbei, wo einst die Werkstatt der LPG, Küche und Vorstand untergebracht waren, und gelangt zur Ortseinfahrt in Richtung Stadt.

Von hier aus kann man an der *Chaussee* entlang oder auch durchs Dorf zur *Ampelkreuzung* zurück. Will man, von Schleichwegen abgesehen, jedoch durch den Ort, geht oder fährt man am großen Wohnblock vorbei bis zum *Bauernweg*, schwenkt nach rechts durch die *Griese*, tangiert das einstige Schulgebäude und den damals ersten *Sportplatz* des Dorfes, gelangt im Bogen zum *Transformatorhäuschen* und von dort, etwas bergauf, zur *Ampelkreuzung*, dem Ausgangspunkt dieses Streifzugs.

Auf der anderen Straßenseite dieser Kreuzung kommt man - an Einfamilienhäusern vorbei - zum *See*. Wo sich einst hinter Ahornbäumen und Eichen wenige Häuser hinzogen, entstand längst eine ganze Siedlung. Hier steht auch das Haus, das wir in den 50er Jahren errichteten, als ich im Rahmen eines Schulversuchs der Oberschule selbst das Maurerhandwerk lernte. Hier verbrachte ich, wenn ich zu Hause war, einen Teil meiner Oberschulzeit und während des Studiums die Semesterferien. Hier wohnte ich, als ich in *Berlin* meine Arbeit aufnahm und dort noch keine Wohnung hatte. Auch während meiner Armeezeit war es noch einmal Rückzugsquartier für meine Familie. In den Siebzigern, als meine Eltern das Anwesen aus gesundheitlichen Gründen nicht mehr halten wollten, verkauften sie es und zogen in die Stadt.

Unser Haus war lange Zeit das vorletzte Gebäude an diesem Weg. Heute folgen weitere Wohnhäuser und ein richtiger Neubaukomplex. Dahinter der *Seeberg* und die Koppeln. Auf der anderen Seite das Land der früheren *Gärtnerei* und ein Feldweg, der zur Waldspitze nach *Hermann's Eck* führt.

Folgt man der Richtung zum *See*, ist man bald im Wald und kommt - am *See* vorbei - zu einem großen *Gedenkstein*. Dort gabelt sich der Waldweg, windet sich an der *Wolfswiese* vorbei und weiter in den Wald hinein, wo sich Tannenschonungen und Mischwald abwechseln. Eine markante Eiche in Höhe der Wolfswiese war Start und Ziel, wenn wir in der Schule Waldläufe absolvierten.

Doch zurück zur *Ampelkreuzung*. Folgen wir dort der B104, die das Dorf etwas zerschneidet. Sie kommt an der *Bushaltestelle* vorbei und passiert die Ortseinmündung am ehemaligen *MTS-Gelände*. Dann überquert sie am *Brückenberg* die *Eisenbahn*, den *Aalbach* und führt direkt in die Stadt.

Im *Aalbach*, der sich, von der *Ölmühle* kommend, durch hügelige Wiesen und Wald zieht, wurden früher Aale gefangen. Andere Fische und Krebse wurden zwar auch gefangen, doch waren sie wohl nicht so bestimmend, als dass der Bach nach ihnen benannt worden wäre. Als Kinder haben auch wir noch nach Krebsen gesucht. Meistens war das Abenteuer größer als die Krebse, aber was machte das schon. Es gab einige tiefere Stellen, wo man angeln und herrlich baden konnte. Das Wasser war kalt und klar. Manche tranken es sogar. In der späteren Zeit der Kollektivierung und intensiven Viehwirtschaft war der Bach eine schäumende Kloake, in die sich Jauche und Abwässer aus den umliegenden Ortschaften in den natürlichen Wasserkreislauf ergossen. Das durfte und musste nicht sein, behaupte ich.

In der *Ölmühle* ist tatsächlich lange Zeit Getreide gemahlen worden. Der Bach trieb ein Wasserrad und dieses die Mühlsteine. Das gesamte Objekt wurde nach dem Krieg abgerissen. Die Steine der Anlagen wurden vornehmlich zum Häuserbau verwendet. So kamen einige im Dorf billig zu Baumaterial. Die Ölmühle wurde ein Rinderstützpunkt der Genossenschaft. Während dieser Zeit war es zugleich ein Paradies für Pilzsammler. Hier wuchsen vor allem prächtige Wiesenchampions. Nach der Wende entstand ein großes, wirtschaftlich genutztes, *Wildgehege* - für manchen Dorfbewohner häufig Ziel für einen ausgedehnten Spaziergang.

Die *Eisenbahn* folgt am *Brückenberg* dem *Aalbach* in beiden Richtungen. In Fließrichtung führte die Bahn an der *Zirzower Mühle* vorbei und macht einen schwungvollen Bogen in Richtung Stadt. Entgegengesetzt fährt die Bahn an der *Ölmühle* zwischen *Fuchs- und Tannenberg* entlang zur *Bahnschranke* im Süden unseres Dorfes und von dort weiter zum nächsten Bahnhof.

Von der Schranke aus konnte man gut die Gleise beobachten, die in der Ferne vermeintlich zusammenstießen, da die Strecke über eine weite Entfernung geradeaus verlief. Ein Schrankenwärter tat hier über viele Jahre seinen Dienst, als die Technik eines solchen Mannes noch bedurfte. Ich wusste damals noch nicht, dass eine seiner Töchter später meine Schwiegermutter werden sollte. An diesem Ort wohnten weitere drei Familien. Zwei von ihnen waren so, wie ich mir immer Großbauern vorstellte.

Am spannendsten war an dieser Stelle jedoch die Bahn. Romantik schwang mit, wenn die Züge sich ankündigten und ihr Heranbrausen früh durch Anlegen der Ohren an die Bahnschienen festzustellen war. Beim Vorbeifahren der Züge winkten wir und freuten uns, wenn Mitreisende dies erwiderten. Das Land, das der Vater meiner Mutter anfangs mit seinen Kindern bewirtschaftete, grenzte in diesem Bereich auch an die Bahn. Hier befand sich auch die *Sandkuhle*, aus der Kies zum Bauen geholt wurde.

Die Gemarkung unserer Gemeinde war zu den benachbarten Dörfern durch Hecken gekennzeichnet, die sich an den Grenzlinien zwischen den Orten entlang zogen - ein natürlicher und nützlicher Schutzwall, der den Wind bricht, vor Erosion schützt und Lebensraum für Kleintiere schafft. Auch wilde Obstbäume standen dort, vornehmlich Kirschen, Äpfel, Birnen, Pflaumen. Ihr Geschmack war mitunter eigenartig. Aber beim Spazierengehen und Ströpen kostete man sie schon, es sei denn, es waren echte „Maulzieher". Und wenn man die richtigen Standorte kannte, fand man sogar Obst, das schmeckte. Leider verschwanden Teile dieser Hecken im Zuge der landwirtschaftlichen Großraumwirtschaft.

Zum Dorf gehörten auch riesige *Findlinge*, welche die Natur an einigen Punkten platziert hatte und wo es, bevor die Melioration kam, zahlreiche Wasserstellen gab, die mit ihren bruchähnlichen Bewachsungen gute Orientierungspunkte boten. Alle diese Markierungen und Gegebenheiten gehörten zum natürlichen Umfeld unseres Dorfes wie die Erlebnisse und Erinnerungen aus dieser Zeit zum Gesamtbild meiner Kindheit.

Unser Dorf ist heute zwar immer noch das gleiche, aber doch anders. Lebensstil und Umfeld folgen dem Trend der Zeit. Der Ort hat sich gewandelt. Wo einst mit Kopfsteinen gepflasterte oder naturbelassene Wege das Bild prägten, dominieren heute asphaltierte Straßen. Dazu hübsche Häuser und neue Bewohner. Spuren meiner Kindheit finde ich indes immer wieder. Für mich war unser Dorf stets eine vertraute Oase der Umgebung. Von hier führten die Wege hinaus in die Welt. Hierher kehre ich immer wieder gern zurück.

8 Die Jahreszeiten

Im Frühling, wenn der Schnee taute, das Eis auf den Teichen brach und die Natur zu erwachen begann, liebte ich in windgeschützten, sonnigen Ecken zu spielen, Stichlinge im plätschernden Wasserüberlauf des Parkteiches zu fangen und Schmelzbäche zu kanalisieren. Frühling war für mich, wenn es Opa, den Schwiegervater meiner Mutter, in die Sonne zog, wo er neben Holzmieten und frischen Sägespänen seinen Stammplatz hatte.

In dieser Zeit war alles im Aufbruch. Überall erwachte die Natur. Auf den Feldern begann die Frühjahrsbestellung, die Koppeln wurden für den Kuhaustrieb vorbereitet. Ostern stand vor der Tür und ließ Pläne entstehen für traditionelle Rituale um *Osterwasser, Osternester, Ostereier* und *Stüpen.* Letzteres hieß, mit Osterruten aus Birkenreisern die Langschläfer am Ostermorgen aus den Betten holen. Wer es perfekt machte, schmückte die Stüpruten noch aus und sagte Reime dazu auf, wie: *„Stiep, stiep Osterei, giffst du mi kein Osterei, stiep ik di de Hos entwei.“* Bei Mundartkundigen konnte man sich mit solchen plattdeutschen Versen noch besonders hervortun. Schließlich waren wir in *Mecklenburg.*

Zu Ostern gehörte auch, sofern das Wetter mitspielte, ein zünftiger *Osterspaziergang.* Und wenn es, wie so häufig, noch kühl war, redeten schon viele von Pfingsten und freuten sich darauf, denn zu Pfingsten war das Wetter meistens schön.

Dann machten die Leute sich und ihr Dorf schick. Bei uns Kindern waren Kniestrümpfe angesagt, am liebsten weiße. Überall schmückte frisches Birkengrün die Hauseingänge - ein, wie mir erzählt wurde, pommerscher Brauch, der auch vorzüglich in Mecklenburgs Landschaft passte. In unserer Wohnung im Dorf verwandelte der Birkenschmuck unsere hohe Eingangstreppe in ein regelrechtes Frühlingsspalier.

Ja, zu Pfingsten wurden sogar Straßen und Wege gefegt. Es wurde geputzt und gewienert, dass alles nur so blitzte. Und wenn dann auch noch , wie eigentlich immer, das *Teterower Bergringrennen* stattfand, traf sich das halbe Dorf - zumindest aber die, die sehen und gesehen werden wollten - an der Straße und staunten über die manchmal nicht enden wollenden Fahrzeugkolonnen.

Sommer war Heuernte, der würzige Duft von Klee und Gras. Heuschober-Romantik und Disteln. Lerchen stiegen in die Lüfte und trällerten ihre Melodie, bis nur noch ein unscheinbarer Punkt und ihr Jubelgesang ihren Himmelsstandort verrieten.

Zum Sommer gehörten die großen Ferien, auf die wir uns ganz besonders freuten. Acht Wochen schulfrei, herrlich: Sportfeste, Ferienspiele, spannende Fuchsjagden und andere interessante Unternehmungen. Unsere Lehrer engagierten sich sehr, das muss ich sagen. Fast jedes Jahr ging es ins Ferienlager. Mal an die Ostsee, mal in die Berge. Überall gab es Abenteuer und man konnte richtig auftanken für die Zeit danach. Oft fuhr ich auch zu Verwandten oder genoss die Freizeit zu Hause. Sommerzeit war Badezeit. Und unser *See*, der wie eine riesige Badewanne im Wald lag, eignete sich vortrefflich fürs Badevergnügen.

Wenn die Arbeit auf dem Feld rief, half ich mit, wenn es denn sein musste und jede Hand gefragt war. Entweder hütete ich Kühe oder ich half beim Hacken oder Einbringen der Ernte: Hocken aufstellen, Getreide einfahren, dreschen. In diesen Wochen gab es immer was zu tun.

Sommer war die Jahreszeit, wo ich, meteorologisch gesehen, selten wusste, wann er eigentlich begann und wann er schließlich zu Ende war. Besonders, wenn das Wetter stimmte. Es war für mich die längste und schönste aller Jahreszeiten, die zu Pfingsten oder schon davor begann und oft weit in den Kalenderherbst hineinreichte.

Herbst war Drachenzeit, die Zeit der Stoppelfelder, Kartoffel- und Rübenernte mit den ersten rauen Reiftagen als Vorboten des noch entfernten Winters. Herbstzeit waren die Tage und Wochen, in denen die Natur mit goldenen Farben spielte und das Laub färbte. Der Wind trieb bunte Blätter vor sich her, schwarze Holunderbeeren lockten zum Pflücken und die Wege waren mit Kastanien und Eicheln übersät.

Es war die Zeit der *Ballerbüchsen*, die wir aus Holunder fertigten: ein gerades, astfreies, stabiles, vom Mark entkerntes Rundholz aus Holunder, an beiden Enden mit Eicheln „gestopft“ und mit einem passenden Stößel so durchstoßen, dass die zusammengepresste Luft die vordere Eichel mit einem lauten Knall hinausbeförderte. Dann wurde „nachgeladen“ und der nächste Abschuss konnte folgen.

Zum Herbst gehörte natürlich auch der sprichwörtliche Nebel, der frühmorgens in den Bäumen hing und das Land zudeckte, bis die tiefer stehende Sonne, deren Strahlen jetzt täglich schwächer wurden, ihn auflöste. Oft kam die Sonne auch gar nicht mehr durch.

Bei Waschküchenwetter, wenn Nebelschwaden die Luft schwängerten und an allen Ecken und Kanten Tränen weinten, wenn einem sprichwörtlich *de Lüs ut't Knoploch sprungen sind*, konnte, wie ich fand, die Arbeit auf dem Feld noch mühsamer sein. Dann zog ich Kühe hüten vor, am liebsten in unserer Koppel. Dort gab es immer etwas zu entdecken und genügend Zeitvertreib. Unser Hund *Bello*, später *Senta*, begleitete mich und half mit, die Kühe zusammenzuhalten. Nebenbei konnte ich im angrenzenden Wald noch Haselnüsse und wilde Birnen ernten.

Wenn aber stürmischer Herbstwind über die abgeernteten Felder pfiff, an Haus und Hof rüttelte, kalter Regen an die Fenster peitschte und nasse Kälte durch Kleidung und Ritzen kroch, dann war es höchste Zeit, sich in warme Stuben und trockene Ställe zurückzuziehen.

Der Winter kam manchmal schon früh und verschwand wieder, bis er sich dann irgendwann in voller Pracht und Strenge einstellte. Oder er ließ überhaupt auf sich warten. Oft kam er aber auch ganz unverhofft. Ganz egal wie - Hauptsache, er kam, denn *gräune Wihnachten - witte Ostern* war nicht gerade das, was wir uns wünschten.

Im Winter freuten wir uns vor allem auf Eis und Schnee. Dann warteten Freudentage und Bilderbucherlebnisse auf uns. Schlittschuhlaufen und Eishockey auf spiegelglatten, zugefrorenen Teichen oder, wenn der Frost es zuließ, auf dem *See*. Vereist glitzernde und oft - zum Verdruss der Erwachsenen - auch gefährliche Schlitterbahnen.

Schlitten fahren auf dem *Parkberg*, der uns als Kind doch so hoch und lang vorkam. An schönen Wintertagen bewegtes Treiben und lautes Jauchzen bis spätabends. Ski fahren mit zurechtgemachten Tonnenbrettern oder richtigen Schiern, wenn man sie hatte. Wenn nur genug Schnee lag. Bei guten Bedingungen zum *Seeberg* oder querfeldein. Und manchmal meterhohe Schneewehen, vom Wind zugeschobene Wege, so dass wir nur verspätet oder gar nicht zur Schule kamen und die Pastor-Stunde beim Pfarrer im Nachbarort auch ausfiel.

Am schönsten war die Weihnachtszeit. Wenn die Stuben geheizt wurden und der Duft von Bratäpfeln und Pfefferkuchen durchs Haus strömte, dann war Weihnachten nicht mehr weit. In manchen Jahren wurden die Pfefferkuchen beim Bäcker im Nachbardorf gebacken. Dann gab es besonders viele Plätzchen, dunkle und weiße. Zwei Kopfkissenbezüge voll. Die reichten bis zum Frühjahr und wurden mit der Zeit immer härter. Doch in Kaffee gestippt, wurden auch die härtesten wieder weich und schmeckten.

Richtig feierlich war‘s, fand ich, wenn wir Heiligabend in der Kirche ein Krippenspiel aufführten und die Kirche deutlich besser gefüllt war als an anderen Tagen. Wochenlang vorher wurde geprobt. Alles sollte stimmen - die Kostüme, die Rollen, die Stimmung. Die Weihnachtsgeschichte öffnete die Herzen für die christliche Botschaft von Nächstenliebe und Friede auf Erden. Am Schluss Glockengeläut.

Raschen Schrittes nach Hause. Eine feierliche Stimmung legte sich über das Land. Weihnachtsbaum und Gabentisch im Lichterglanz. Die Bescherung - der aufregendste Teil. Davor, in alter Tradition, erlesene Bockwurst mit Kartoffelsalat - einfach, köstlich zubereitet und festlich serviert. Ein Genuss. Dann die Geschenke - endlich.

Und am späten Abend, wenn die ganze Welt in tiefe Andacht versunken schien und auch in unserem Dorf völlige Stille einkehrte, traute Glückseligkeit in den Stuben oder, wenn vorher besprochen, auf zu Verwandten. Noch heute höre ich - wenn Winterwetter herrschte -, wie der verharschte Schnee unter unseren Schritten knirschte, so, als ob Knecht Ruprecht noch einmal grüßen ließ.

Im Winter wurde überall geschlachtet. Fast ein Brauch, zumindest damals auf dem Lande. Dann kam heißes Wellfleisch auf den Tisch, wurde Wurst gemacht, eingepökelt, geräuchert. Was am Schlachttag und in den ersten Tagen danach eine Köstlichkeit war, konnte sich jedoch nach Wochen und Monaten ins Gegenteil verkehren. Irgendwann war einem das Hausgeschlachtete über, auch wenn Wurst und Schinken prächtig geraten waren wie nie zuvor. Dann war jede Abwechslung im Speiseplan willkommen. Zumindest dachte wohl fast jeder so, obwohl wir wiederum froh waren, dass wir in den Anfangsjahren, als wir uns vieles noch nicht leisten konnten, durch die Hausschlachtung gut mit Wurst und Fleisch versorgt waren. Für meinen Vater, der bei vielen das Schlachten besorgte, war es ein schöner Nebenverdienst, von dem wir alle profitierten.

Und wenn dann die Dorfbewohner in den Wald zogen, um Holz zu schlagen, die Holzberge im Dorf zu- und die Holzmieten vom Vorjahr abnahmen und die Kreissägen im Dorf anfingen, ihr Lied zu singen, dann waren das sichere Zeichen des auslaufenden Winters. Dann wusste ich, dass ein neuer Frühling kommt und sich der Zyklus der Jahreszeiten wiederholt.

9 Familienfreundschaft

Das Leben im Dorf war überschaubar. Hier kannte jeder jeden und zwischen Erwachsenen oder Kindern gab es mitunter schöne Freundschaften. Eine solche bestand auch zwischen meinen Eltern und einer Familie, die wie wir Aussiedler waren. Sie hatten zwei Kinder. Der Junge, einige Jahre älter als ich, hatte schon sein Abitur gemacht, als ich auf die Oberschule kam. Er war später ordentlicher Professor an der Humboldt-Universität. Von ihm bekam ich auch manchen Tipp für die Oberschule und mein Studium. Das Mädchen war jünger als ich. Ihr Vater war Tischler, arbeitete zunächst beim Dorfstellmacher und später in der Stadt. Ab und an fielen auch ein paar Leisten für meine Drachen ab. Ich staunte über die soliden Bilderrahmen und Möbelstücke, die er anfertigte. Dass man überhaupt solche exakten Sachen herstellen konnte, faszinierte mich. Noch heute steht ein von ihm gefertigter Blumenständer in unserem Wohnzimmer und ein damals für uns getischlerter Rahmen schmückt in schlichter Eleganz ein Ölbild an der Wand. Wenn ich einen Beruf gelernt hätte - also nicht Ingenieur geworden wäre -, hätte ich Tischler werden wollen. So hatte ich damals gedacht.

Wie es zu dieser angenehmen Familienfreundschaft kam, weiß ich nicht genau. Sie hielt jedenfalls, was unsere Eltern angeht, fürs Leben. War es das etwas ähnliche Schicksal, das uns zusammenbrachte? Auch sie wurden „umgesiedelt“, mussten raus aus ihrer Heimat, dem heutigen *Tschechien.* Oder war es eine Art Seelengemeinschaft, der Gleichklang der aufgeschlossenen, wohlwollenden Gesinnung, die uns verband und deshalb so wohltuend war? Ganz gleich, ich nehme an, es passte vieles zusammen, was zu einer solchen Freundschaft gehört.

Nun ja, sie waren zwar katholisch, wir protestantisch, aber was heißt das schon - wenn es Gott gibt, dann ohnehin nur einen. Das war ja sowieso klar. Und einen Papst, wenn auch respektiert, brauchten wir nicht, das hatte schon Martin Luther für uns geklärt…

Eine etwas kuriose Episode ist die vom *See*: Ich stand, zusammen mit anderen Kindern, auf der langen Brücke, die weit ins Wasser hineinreichte und an deren Spitze über viele Jahre ein aus Naturhölzern errichteter Sprungturm in die Höhe ragte. Dieser Sprungturm war für die, die schwimmen konnten, gewissermaßen ein Scharfrichter in Sachen Mut und zog uns immer an. Wer ihn erklomm und vom zirka 3-m-Brett sprang, der galt seemännisch geläutert und als wirklich sicherer und mutiger Schwimmer.

Ich konnte an diesem Sonntag, als ich auf dieser Brücke stand, noch nicht schwimmen, wagte mich jedoch bis in das letzte Drittel des Stegs vor und beobachtete so die Badenden im Wasser und die Spaziergänger, die sich an der Badestelle aufhielten. Plötzlich bekam ich von hinten einen Schubs und fiel ins Wasser. Die Not war groß, denn wo ich hineinfiel, konnte ich nicht mehr stehen. Zum Glück waren dort Schwimmer, die mich packten und an Land zogen. So wurde mir sozusagen das Leben gerettet. Vielleicht habe ich von daher noch heute diesen großen Respekt vor Wasser.

Natürlich war ich von dem unfreiwilligen Bad völlig durchnässt. Die Lösung kam prompt. Ich musste mich auf Geheiß der uns so freundschaftlich verbundenen Familie, die zufällig anwesend war, der nassen Kleidung entledigen und den Schlüpfer der Tochter anziehen, der das wahrscheinlich überhaupt nicht passte. Mir war es auch nicht geheuer. Ein Junge mit Mädchenschlüpfer, da musste man sich doch genieren, oder? Na ja, so war ich wenigstens trocken und immerhin - wenn auch nur spärlich - „beschürzt" und brauchte nicht in „des Kaisers neue Kleider" den Rückweg vom *See* antreten.

Die Tochter wird den Eingriff ihrer Mutter in die Kleiderordnung irgendwann verwunden haben, denke ich. Es war ja im Vorschulalter. Der freundliche Beistand dieser Familie trug jedenfalls dazu bei, dass mein heikles „Tauchexperiment" doch noch ein geordnetes Ende fand. Für manchen mag es ein etwas amüsanter Ausgang gewesen sein, aber so ist das Leben. Wer den Schaden hat, braucht für den Spott bekanntlich nicht zu sorgen…

Mit den Kindern der Familie fühlte ich mich auch später noch verbunden. Wären wir nicht so unterschiedliche Wege gegangen, hätte sich zwischen uns vielleicht mehr entwickelt. Menschliche und politische Gemeinsamkeiten gab es genug. Jedenfalls haben wir uns gut verstanden. Und gemeinsam feiern konnten wir auch. Familien- und Dorffeste, kirchliche und andere Feiertage, Anlässe gab es immer wieder. Davon zeugt manches Bild in unseren Alben, auch wenn wir uns nach und nach aus den Augen verloren.

Studium

10 Abreise

Im August ging es los. Ich schleppte mich mit meinem Bagage zum Ostbahnhof in *Berlin*, wo der Zug nach *Moskau* abfuhr. Am Gepäck hatte ich schwer zu tragen. Und gerade jetzt, wo ich eigentlich topfit sein sollte, um mein Studium anzutreten, machte mir wieder mal mein Hexenschuss in seiner hartnäckigsten Form zu schaffen.

Der riesige Koffer, das andere Gepäck, wie sollte ich das bei diesem heißen Augustwetter bloß alles in den Zug bugsieren? Irgendwie klappte es aber doch. Wie, das weiß ich heute nicht mehr. Jedenfalls trug ich einen dicken, mit Pelz gefütterten Wintermantel. Mit dem wollten mir meine Eltern etwas Gutes tun, ich weiß. Was hatte man nicht schon alles über den strengen russischen Winter gehört. Der hatte ganze Armeen zu Grunde gerichtet und große Schlachten entschieden… Mir sollte die klirrende Kälte nichts anhaben können. Da ich den Mantel nirgends mehr unterbringen konnte, zog ich ihn einfach an. Bei den hochsommerlichen Temperaturen und meinen Rückenbeschwerden eine richtige Tortur. Ich überstand sie dennoch. Und die Reise behalte ich in guter Erinnerung. So etwas hatte ich bisher nicht erlebt, für mich eine Premiere.

Die Fahrt mit dem Zug dauerte rund 36 Stunden und führte über *Frankfurt, Posen, Warschau, Minsk, Smolensk*, bevor wir in *Moskau* ankamen. Dazwischen zwei Grenzstationen - *Slubice* und *Brest* - mit allen damals üblichen Zollformalitäten, wobei in *Brest* auch noch ein Spurwechsel des Zuges erfolgte. Zu verzollen hatte ich natürlich nichts. Alles Gepäck war lebensnotwendig und ohne Handelswert. Später wurde schon mal versucht, dem Zoll ein Schnippchen zu schlagen. Jetzt war das kein Thema. Es ging für fast ein Jahr hinaus in die Welt, rein „dienstlich“, versteht sich.

Ein praktisches Jahr, wie es nach dem Abitur üblich war, brauchte ich nicht zu machen. Ich hatte Glück, konnte gleich studieren. Es galt, die ökonomische Front des Landes zu stärken. So hieß es damals. Das Studium erfüllte mich mit angespannter Neugier und Unternehmungsgeist. Ich fühlte, dass ich dabei war, einen wichtigen Schritt in meine Zukunft zu gehen und dieser Weg bestimmt auch Einschnitte nach sich ziehen würde. Eine erneute Herausforderung und Weichenstellung, zugleich ein neuerliches Wagnis mit Chance und Risiko fürs Leben. Dem Selbstwertgefühl tat das dennoch gut und daran ließ sich weiter bauen. So oder ähnlich war wohl allen zumute. Ich fuhr ja nicht allein.

Ein ganzer Studienjahrgang rollte da nach Osten. Auslandsstudenten, die gefördert und gefordert wurden. *Fördern* im Sinne von *sich um uns kümmern*, dass möglichst alles planmäßig lief - so wie diese Abreise, *fordern* mit dem Verständnis, *ausgezeichnete Leistungen zu bringen*. Ob sich das alles lohnen würde? Aber das war im Moment nicht wichtig. Erst im Rückblick würde das zu beantworten sein.

Jetzt genoss ich die Atmosphäre im Zug: die klassische Musik über das „Bordradio", den Schlaf- und Liegewagen, der meinen gestressten Rücken entlastete, den Teeservice der Zugbegleiterin, den Speisewagen mit russischer Küche und immer wieder neue Landschaften hinter den Zugfenstern. Die wechselnden Eindrücke zogen wie ein Film an mir vorbei und hatten etwas Traumhaftes an sich. Und doch war es wahr. Ich fuhr zum Studium nach Moskau. Im Stoßrhythmus der dahinrollenden Eisenbahn schweiften meine Gedanken zurück und nach vorn.

Technologie der Elektrotechnik sollte ich studieren. Ob ich mich dafür interessieren könne, war ich gefragt worden. Eigentlich wollte ich ja Flugzeuge konstruieren. Als es dafür im Lande infolge internationaler Arbeitsteilung keinen Bedarf mehr gab, wollte ich, wenn möglich, Schiffe bauen. Das hätte ich gegebenenfalls in *Polen* studieren können. Dorthin wollte ich aber nicht. Nein, das war nicht das, was mir vorschwebte. Später, als mich das Leben auch beruflich und persönlich in dieses Land führte, hätte ich mir das schon vorstellen können. Damals aber hatte dies keinen Reiz für mich. Da verzichtete ich genauso auf Schiffbau wie auf ein Zahnmedizinstudium in *Bulgarien*, was alternativ auch möglich gewesen wäre.

Wenn schon Auslandsstudium, sagte ich mir, dann „richtig" und das hieß für mich damals *Sowjetunion*, auch wenn das weit weg war und ich nicht wirklich wusste, was da im Einzelnen auf mich zukam. Also wendete ich mich der Elektrotechnik zu, wie es mir angeboten wurde. Ich hatte in der 12. Klasse eine Grundausbildung als Elektriker abgeschlossen. Von daher hatte ich eine erste Vorstellung von dem, worauf ich mich einließ. So kam ich an die Elektroenergetische Fakultät des *Moskauer Energetischen Instituts*, die damals bedeutendste Hochschule der Sowjetunion auf dem Gebiet der Energietechnik, die 1992 den Status einer Technischen Universität erhielt.

11 In Russland

Das *MEI* und das Studentenwohnheim am *Lefortovski Val* wurden für fünfeinhalb Jahre mein Domizil. Die Zeit hat mich und meine Sichtweise maßgeblich geformt. Neben einer soliden fachlichen Ausbildung konnte ich Land und Leute kennen lernen, die Geschichte des Landes studieren und dem Wesen der russischen Seele nachspüren. Dazu kam eine fundierte sprachliche Ausbildung und Praxis, wie man sie nur im Mutterland bekommt. Was wollte ich mehr. Ein Studium in der DDR hätte mir das so nicht ermöglicht. Und nebenbei erschloss sich auch noch ein ganz anderer Horizont. Man lernte, vieles mit anderen Augen zu sehen.

Beim Studium, Sport und in der Freizeit fand ich bald Freunde, neben einheimischen auch solche aus anderen Ländern. So ziemlich die ganze Welt war dort vertreten. Wenn man sich offen und kontaktfreudig gab, wurde man auch sensibel für die kulturellen Eigenheiten des Anderen. In dieser Atmosphäre wuchsen Respekt, Toleranz und Achtung gegenüber Ausländern. Ich selbst war ja jetzt auch einer.

Schon das gemeinsame Wohnen im Studentenwohnheim war eine multikulturelle Erfahrung. Ich wohnte im ersten Studienjahr mit drei russischen und danach zeitweise mit zwei russischen und einem vietnamesischen Studenten zusammen. Dann waren wir zwei Deutsche und zwei Russen und nach dem dritten Studienjahr ein ausschließlich deutsches Zimmer.

Alle studentischen Aktivitäten, sportlich oder kulturell - von den internen Veranstaltungen der Landsmannschaften mal abgesehen -, waren zugleich internationale Angelegenheiten. Insofern konnte ich auch für meine Hobbys Tischtennis und Fußball, denen ich nach wie vor mit Leidenschaft nachging, viele ausländische Partner finden. In einer Moskauer Studentenauswahl brachte mich der Fußball bis nach *Baku* ans *Kaspische Meer*. In *Gelendshik* am *Schwarzen Meer* verbrachte ich erlebnisreiche Tage in einem internationalen Studentenlager. Andere fuhren ins Neuland, unternahmen Bergsteiger-Touren zum *Elbrus* oder anderes. Hinzu kamen gemeinsame Unternehmungen im Großraum von *Moskau*.

Von all diesen Erfahrungen profitierte ich auch nach dem

Studium. Natürlich musste man überzogene weltanschauliche und menschliche Aspekte, die einen verschiedentlich begegneten, richtig einordnen und relativieren. Wer das vermochte, kam gut zurecht und konnte optimal studieren. Ich hatte jedenfalls in dieser Hinsicht kein Problem.

Am Anfang war die Sprache der absolute Schwerpunkt. In dieser Phase beließ ich es dabei, von russischen Studenten mit einer einigermaßen lesbaren Handschrift Vorlesungsmanuskripte, die mir wichtig erschienen, zu übernehmen. Auf diese Weise entstanden sozusagen Secondhand-Manuskripte, die ich dann beiseite legte und erst zu den Prüfungs-Vorbereitungen wieder hervorholte. Bis dahin waren Lehrbücher und Skripte aus sprachlicher Sicht keine Hürde mehr. Jedenfalls konnte man damit arbeiten und sich fachlich so artikulieren, dass die anstehenden Prüfungen mit Bravour gemeistert werden konnten.

Einen großen Beitrag dazu leistete die konsequente Abwicklung des Studienprogramms in Russisch. Und dann wurde der Lernprozess vor allem durch die tägliche Sprachpraxis mit Muttersprachlern gefördert. Nicht zu vergessen: Kinobesuche, Studentendiskos und sonstige Festivitäten mit Studienkollegen des gemeinsamen Zimmers oder des Wohnheims. Spätestens nach dem ersten Jahr war die Sprachbarriere überwunden. Irgendwann begann man, in der Fremdsprache zu denken. Dieser Übergang in eine neue Sprachqualität vollzog sich fließend und äußert sich, indem Gehörtes ohne den Umweg der Übersetzung verstanden wird - ein Prozess, den ich später mit Englisch noch einmal erlebte.

Zwei Semester - bis zum nächsten Sommer - dauerte der erste Auslandsaufenthalt. Das war obligatorisch und so gewollt, der Sprache wegen. Und weil das so war, fuhren wir nach dem ersten Halbjahr erst einmal für einige Tage nach *Leningrad*, dem früheren und heutigen *Sankt Petersburg*. Es ist das kulturelle und wirtschaftliche Zentrum Nordrusslands und für manchen die „heimliche“ Hauptstadt des Landes.

Für uns war die Fahrt auf jeden Fall eine gute Gelegenheit, nach den ersten überstandenen Prüfungen diese geschichtsträchtige Stadt an der Mündung der *Newa* kennen zu lernen, die in vieler Hinsicht nach westeuropäischem Vorbild erbaut wurde. *Weiße Nächte* konnte ich nicht miterleben, das geht nur im Sommer. Und als ich nach fast dreiundzwanzig Jahren im Rahmen einer *UNIDO*-Mission wieder dort war, war erneut tiefer Winter…

Nach dem ersten Studienjahr waren Heimfahrten auch in den Semesterferien möglich. In der Regel machte ich davon Gebrauch. Der heimatliche und familiäre Kontakt war mir wichtig. Deshalb bemühte ich mich auch, regelmäßig zu schreiben. Ich gab meinen Eltern und anderen, mit denen ich mich verbunden fühlte, gerne Auskunft über das, was ich im Ausland erlebte, tat und empfand. Wahrscheinlich übertrieb ich das Schreiben sogar. Besser so, muss ich wohl gedacht haben, als umgekehrt, denn ich hielt das hohe Schreibpensum durch.

Die *Sowjetunion* war nach dem Selbstverständnis von damals kein Land wie jedes andere, *Moskau* nicht irgendeine Stadt. Hier im Lande Lenins und seiner Partei, von der wir viel Gutes gehört hatten, bündelten sich Politik, Wissenschaft, Sport und Kultur. Von hier ging die Oktoberrevolution aus, sollte sich der historische Fortschritt unter der Fahne des Sozialismus und der Lehre von Marx, Engels und Lenin seinen Weg bahnen, gesetzmäßig und unwiderruflich. Unvorstellbar, dass dies dann später doch anders kommen sollte, als uns die Theorie vom wissenschaftlichen Kommunismus lehrte.

Die Logik des sozialistischen Gesellschaftskonzeptes konnte ich verstehen. Es war das bessere Konzept, vor allem das gerechtere, fortschrittlichere im Sinne von Marx und Engels. War es aber auch das erfolgreichere im Vergleich zur sozialen Marktwirtschaft? Letztere, die sich im Mantel von Demokratie und Rechtsstaatlichkeit vornehmlich auf Privateigentum und Kapital stützt, ist in dem Maße sozial, wie es dem Kapital abgerungen wird und demokratisch legitimiert werden kann.

Die Grenzen der Konfliktfähigkeit setzt der Bedarf an gesellschaftlichen Frieden. Das ist der Zustand, bei dem die Gesellschaft noch in der Lage ist, die Balance zwischen Kapital und Arbeit durch die Machtstrukturen weitgehend gewaltfrei und mit rechtlichen Mitteln zu deckeln. Überdruck muss verpuffen und gegebenenfalls über geeignete Ventile, die es reichlich gibt oder geschaffen werden, abgeleitet werden können.

Wenn notwendig, lassen sich die unterschiedlichen Interessen des Wahlvolkes gegeneinander ausspielen. Die jeweils Regierenden müssen nur geschickt genug handeln. Der Mensch ist schließlich manipulierbar. Nichts fürchtet das Kapital der Moderne mehr, als dass es seine Macht durch Aufruhr und Revolution gefährden ließe. Insofern hat sich der Kapitalismus stets als sehr anpassungsfähig erwiesen, als ökonomisch effizienter, wirtschaftlich stärker, politisch geschickter, demokratisch legitimierter.

Ein großer Wettbewerbsvorteil des Kapitalismus liegt darin, dass privates Eigentum offenbar stärker motiviert als jede Theorie. Warum, frage ich mich, ist das so? *Ich kann* doch meine Arbeit genau so gut machen, egal, ob Produktionsmittel und Kapital mir, einem Anderen, einer Gesellschaft - in welcher Rechtsform auch immer - oder dem Staat gehören? So habe ich, bilde ich mir jedenfalls ein, immer gearbeitet. Wichtig ist doch *eigentlich* nicht, dass mir etwas gehört, sondern dass ich das Ergebnis meiner Arbeit nutzen kann, dass ich von dem, was ich tue, etwas habe und zwar mehr habe, je besser ich arbeite.

Oh ja, das stimmt, aber wohl auch nur in grober Näherung, denn erstens *eigentlich*, zweitens sind andere nicht *ich* und drittens ist das mit dem *kann* so eine Sache - man *kann*, aber man *muss* nicht und da der Mensch von Natur aus wohl eher zur Bequemlichkeit neigt, ist das mit dem Sozialismus eben so kompliziert. Da hat es der Kapitalismus, wo reale ökonomische Zwänge im Grunde solche ineffiziente Entwicklungen und wirtschaftliche Verluste bei Strafe des eigenen Untergangs verbieten, unvergleichlich einfacher.

In der Marktwirtschaft lässt sich letztlich alles auf Geld reduzieren. Alles hat seinen Preis. Ich selbst konnte das noch erleben - Geld als Maßstab aller Dinge. Das macht das System dem *real existierenden Sozialismus* gegenüber, insgesamt gesehen, überlegener, effektiver, vor allem was die Wirtschaftlichkeit angeht, die letztlich über Sieg oder Niederlage entscheidet.

Der Sozialismus hingegen muss erst durch den Kopf hindurch, sonst geht nichts. Er verlangt Einsichten, Überzeugungen, Denk- und Verhaltensweisen, die zum Teil anders sind als die Grundmuster der menschlichen Natur. Der Sozialismus, wie von den Klassikern entworfen, hat nur dann eine wirkliche Chance, wenn neben den subjektiven auch die objektiven gesellschaftlichen Voraussetzungen eine höhere Arbeitsproduktivität ermöglichen. Die inneren und äußeren Bedingungen müssen mehr als nur Mangelwirtschaft zulassen.

Im *real existierenden Sozialismus* erwies sich das unter den gegebenen Rahmenbedingungen als illusionär. Die globalen Bedingungen waren so, dass die sozialistischen Länder nicht auf die wirtschaftliche Überholspur kommen konnten. Ohne ökonomische aber auch keine politische Überlegenheit. So gesehen war die Zeit für den Sozialismus noch nicht reif.

Den Wettbewerb mit dem Kapitalismus musste der Sozialismus, der diesen Wettbewerb, genau genommen, gar nicht wollte, verlieren. Die „einfacheren" Triebkräfte und Wirkmechanismen des Kapitalismus schaffen - auf wessen Kosten auch immer - ökonomische Vorteile, die die zentrale Planwirtschaft der sozialistischen Länder mit dem ihr innewohnenden Potenzial nicht kompensieren konnte. Wer fragt schon danach, *wie* der Kapitalismus diesen Wettlauf gewann - dank des wirtschafts- und machtpolitischen Potenzials des Kapitals, auf Kosten der Entwicklungsländer oder durch die auf Gewinn ausgerichtete Ausbeutung der menschlichen und natürlichen Ressourcen? Was letztlich zählt, ist das Ergebnis.

Dennoch gehört, denke ich, den sozialistischen Idealen, langfristig gesehen, die Zukunft - auf neuer Stufe, unter veränderten Verhältnissen und auf einem weit höherem Niveau der Produktivkräfte. Und wie dorthin gelangen, auf welchem Wege? Geht das gewaltfrei und demokratisch? Ich meine ja, zumindest ohne Krieg und Terror, aber sicher nicht ohne Zwänge. Die Generationen nach uns werden es erleben.

Wenn die Welt eine lebenswerte Zukunft haben soll, muss eher die Vernunft als der Markt Kriterium des Handelns sein. Alles was vernünftig ist, ist gut. Doch nicht alles was demokratisch ist, muss auch vernünftig sein. Und ich befürchte, dass wir uns dies erst dann wirklich eingestehen, wenn es zur menschlichen Vernunft keine wirkliche Alternative mehr gibt, wenn der Ast schon knackt, auf dem wir sitzen.

Eine Konsequenz ist die, dass nicht mehr nur mit demokratischen Mehrheiten machtpolitisch und marktkonform über Entwicklungen entschieden wird, sondern die Menschheit bei Strafe ihres Untergangs vor allem umweltpolitischen Gesichtspunkten folgen muss. Die Natur ist der Maßstab, die Umwelt die natürliche Lebensgrundlage. Von daher muss es neben der demokratischen viel mehr die ökologische Legitimation für das politische Handeln geben. Wenn wir weiter am Stammbaum sägen, der uns trägt, ist es möglicherweise zu spät. Dann hat Demokratie nicht das bewirkt, was sie bewirken soll. Erst eine Politik im Interesse und im Einklang mit den Erfordernissen der Umwelt, die nicht auf Kosten der sozialen Gerechtigkeit erfolgt, kann wirklich fortschrittlich sein.

Demokratie ist immer die Herrschaft bestimmter Interessen über andere. Eine denkbar beste demokratische Entwicklung oder Entscheidung taugt nichts, wenn sie umweltpolitisch falsch ist und zu Fehlentwicklungen führt. Politik ist nicht allein deshalb demokratisch und richtig, weil sie sich auf Mehrheiten stützt. Auch die Mehrheit kann irren, wie jede Minderheit und jeder Einzelne auch. Auf die Substanz und die Richtung der Politik kommt es an, auf das Ziel und die besseren Konzepte.

Nicht Interessen, Geld und Macht, sondern Vernunft und Natur müssen Maßstab aller Dinge sein. In dem Maße, wie Politik Gerechtigkeit fördert und die Umwelt schützt, ist sie fortschrittlich, denn der Mensch ist Teil dieser Welt. Die natürlichen Lebensgrundlagen schützen und bewahren, allen Menschen ein lebenswertes und gerechtes Dasein ermöglichen, dafür lohnt es sich zu streiten.

Unter anderen gesellschaftlichen Verhältnissen als die, unter den ich aufwuchs, hätte ich kaum so studieren können, wie es mir möglich war. Anderen ging es ähnlich. Zumindest wäre es ungleich schwieriger gewesen und schon gar nicht mit der uns selbstverständlichen materiellen und sozialen Sicherheit. Von daher und aus anderen Gründen identifizierte ich mich mit der DDR, in der ich lebte und die mir diese Entwicklung ermöglichte. Deshalb akzeptierte ich diesen Staat, auch wenn ich nicht mit allem einverstanden war, was hier und dort ablief. An dieser Haltung finde ich nichts Verwerfliches und dazu stehe ich. Auch der Hintergrund des Sozialismus war für mich logisch und wissenschaftlich untermauert. Das fand ich gut - insgesamt eine ideologische, letztlich aber doch rationale Sache, die ich verstehen konnte.

Einen kritischen Geist konnte ich mir trotzdem bewahren. Meine Meinung brauchte ich nicht wie einen Hut an der Garderobe abzugeben. Auch wenn das hier und dort so oder so ähnlich behauptet wurde und mir Leute begegneten, für die immer alles klar war, wenn es um Sozialismus, Partei und Programme ging. Nach meiner Überzeugung musste man strategische, taktische und praktische Fragen der Politik immer wieder auf den Prüfstand stellen, hinterfragen und diskutieren, wie auf anderen Gebieten auch, bevor man zu richtigen eigenen Entscheidungen kommen konnte.

Deshalb, glaube ich, ließ ich mich auch nicht so ohne weiteres mit nichtssagenden Redensarten wirklich vereinnahmen. Aus der Sicht von heute würde man sich in bestimmten Situationen damals sicherlich differenzierter oder anders verhalten haben. Aber Verhaltensweisen damals sollte man auch im Kontext der Zeit bewerten und nicht besserwisserisch aus der Distanz von Jahrzehnten.

Zum Rebellieren fühlte ich mich nicht berufen, eher zum konstruktiven Streit. Hartnäckig sein konnte ich aber schon. Wie auch immer, ich war ein Kind der DDR, vertrat progressive Positionen und habe mich gesellschaftlich engagiert. Eigenständiges Denken und Handeln war mir wichtig, als Student sowieso.

Trotzdem war mir klar, dass ich mich - wollte ich mir selbst treu bleiben - irgendwann entscheiden müsste, mich parteimäßig zu binden. Dies war, mit Blick auf die DDR und meinen Beruf, so schien es mir, auf Dauer nicht zu umgehen. Nur wann, wo und wie? Beruflich wollte ich meine Fähigkeiten ausschöpfen, soweit dies möglich war. Was ich auch immer tun würde und in welcher Stellung, ich würde meine Arbeit ordentlich machen und mich nicht schonen. Auf eine berufliche Karriere verzichten? Warum? Dafür gab es keinen Grund.

Karriere - ja, Karrierist - nein. Nach meinem Selbstverständnis war ich - genau wie jeder Andere an meiner Stelle - geradezu angehalten, mich dem Wettbewerb um Leistungen zu stellen. Dem Wesen nach ist Sozialismus eine Leistungsgesellschaft: jeder nach seinen Fähigkeiten, jedem nach seiner Leistung. Eine Gleichmacherei widerspricht diesem Prinzip und den Interessen dieser Gesellschaft. Das sozialistische Leistungsprinzip war indes, wie die Praxis zeigte, nur schwer durchsetzbar.

Gleichwohl, ein gesunder Ehrgeiz schien mir im Lichte meiner Studienergebnisse und meiner Entwicklung völlig angebracht und angemessen. Jedenfalls bat ich noch vor Abschluss meines Studiums um Aufnahme in die Partei. Für mich und andere, die mich kannten, ein logischer, vielleicht längst überfälliger Schritt. Erleichtert wurde mir die Entscheidung dadurch, dass ich miterlebte, wie manche(r) teilweise oberflächlich, überheblich oder abfällig über die Sowjetunion und ihre Menschen urteilte. Am besten, so schien es mir, könnte ich auf Denk- und Verhaltensweisen Einfluss nehmen, wenn ich selbst in der Partei bin. Diesen Schritt wollte ich nun tun. Zeitweise hatte ich erwogen, gestehe ich, mich den Liberalen anzuschließen, es aber dann doch wieder verworfen.

12 Goldene Ringe

Im dritten Studienjahr konnte ich eine Heimfahrt zum Jahreswechsel organisieren. Es sollte ganz private Folgen für mein Leben haben. Auf dem Dorf-Silvesterball hatte ich eine schüchterne, aber sehr nette und tanzfreudige Tischdame kennen gelernt. Wir hatten den gleichen Weg nach Hause, denn wir waren Nachbarn, eigentlich seit Jahren schon. Erst im *Dorf*, dann am *Weg zum See*, wo wir neu gebaut hatten und ihre Eltern ein bebautes Grundstück übernahmen, das daneben lag. Wir hatten uns bis dahin nie wirklich füreinander interessiert, waren - genau genommen - nie einander aufgefallen. Vielleicht lag es ein wenig an dem Altersunterschied von fast fünf Jahren und daran, dass mich junge Mädchen, mit denen man ja eher Murmeln, Verstecken und Fange- als Fußball spielen konnte, im Kindesalter nicht sonderlich interessierten.

In jener denkwürdigen Nacht musste es jedoch zwischen uns richtig gefunkt haben. Auf dem Heimweg - es war regnerisches Winterwetter, eisglatt - drückte ich sie an mich, spürte ihre Nähe und Wärme. Ein richtiger Engel in dieser Neujahrsnacht. Ein Blick in die Zukunft hätte mir verraten, dass ich mein Lebensglück gefunden hatte.

In Briefen danach schickte ich erste Komplimente. Mit der Zeit schrieb ich häufiger, zunehmend länger und privater. Insgesamt aber bewegten wir uns eher langsam aufeinander zu. Irgendwie wollte ich nichts falsch machen, ehrlich bleiben und nichts überstürzen, bevor wir nicht wirklich wussten, wie wichtig uns diese Beziehung war. Man muss Beziehungen pflegen, wenn sie gedeihen sollen und einen Diamanten festhalten, damit man ihn nicht verliert. Und das wollte ich tun.

Ich freute mich mit jedem Semester mehr auf die Ferien und auf unser Zusammensein. Nach einer gewissen Zeit bat ich um ein Bild, irgendwann wurde ich zum Zug begleitet, die Briefe wurden intimer, die Gedanken und Gefühle tiefer, auch kritischer. Aus einem mehr oder weniger zufälligen Erlebnis wurde wirkliche Zuneigung und Liebe, die uns verband. Ich hatte mich innerlich längst für eine dauerhafte Beziehung entschieden. Damit konnte ich bestimmte Rücksichtsnahmen aufgeben. Schlüsselerlebnisse folgten und spiegelten sich im Verhalten und unseren Briefen wider.

Ob andeutungsweise oder direkt - wir wussten, was wir meinten. Wenn es denn weiterer Beweise unserer Zuneigung bedurfte, dann war es diese Korrespondenz. Kritische Töne waren davor eher tabu. Eine ernsthafte Verbindung muss in einem gesunden Maße belastbar sein, sonst taugt sie nichts. Auf die Art der Belastung kommt es an und wie man sie auflöst. Nicht verletzen, in allen Situationen erkennbar hilfreich sein, auch vergeben können, das zählt. Wir hatten offenbar ein gutes Gefühl, zusammen unser Glück zu finden. Und wir wollten es wagen.

In jenem Sommer fuhr ich mit der Vorstellung nach *Moskau* zurück, dass wir für immer zusammen bleiben wollten. Zu Weihnachten wollten wir uns verloben. Ringe würde ich dafür beschaffen. 585er und etwas breitere Goldringe sollten es sein. Die wurden aber auch in *Moskau* nicht in Massen angeboten. Und wenn es einmal welche gab, dann standen die Leute Schlange. Hier war sie wieder, die Mangelwirtschaft des Systems. Aber was machte das schon. Mit Einsatz und Engagement war alles zu klären, das wusste ich.

In der DDR waren Goldringe schon gar nicht zu bekommen, es sei denn, man konnte privat Gold aufbringen, um sie anfertigen zu lassen. Also wollte ich wenigstens die Chance nutzen, die sich mir im Ausland bot. So fuhr ich wochen- und monatelang ganz *Moskau* ab. Für mich bekam ich einfach keinen passenden Ring. Schließlich kaufte ich - es war inzwischen Dezember geworden - zwei schmale Ringe und ließ sie umarbeiten.

Das wurde dann aber noch fast zum Krimi, denn ich konnte nur mit äußerster Anstrengung sichern, dass der Ring vor meiner Heimfahrt fertig wurde. Und nicht nur das, denn als ich ihn vom Geschäft, wo ich ihn abgegeben hatte, abholen wollte, war er weg. Ich war furchtbar erschrocken. Erst die viele Lauferei, um überhaupt fündig zu werden und nun einfach weg. Entweder ein Versehen oder gestohlen, andere Varianten gab es nicht. Das Behältnis, wo mein Ring drin sein sollte, war leer.

Ich begab mich in Anbetracht der unaufschiebbaren Heimfahrt in den Betrieb, der mit der Umarbeitung beauftragt war, verhandelte mit dem Abteilungsleiter und war schließlich glücklich, dass doch noch alles auf den Weg gebracht wurde. Unsere Verlobung konnte planmäßig stattfinden, wir heirateten nach Beendigung meines Studiums und zwar mit richtigen Goldringen - auch dank des hilfreichen Abteilungsleiters in der *Moskauer Goldwarenfabrik*.

13 Abschluss

Meine Diplomarbeit rankte sich um ein 3x200-Megawatt-Kraftwerk, das über 330-kV-Leitungen und eine 110-kV-Doppelleitung mit zwei Teilsystemen verbunden war. Die 110-kV-Leitungen speisten über eine Länge von 180 km mehrere Umspannwerke, die über Dreiwicklungstransformatoren auf der 25-kV-Ebene ein Bahnnetz und auf der 35-kV-Ebene örtliche Verbraucher versorgten. Von den 330-kV-Leitungen war eine als Stichleitung konzipiert, die anderen zwei als eine Doppelleitung.

Die Aufgabenstellung sah vor, die elektrischen Hauptanlagen für das Kraftwerk, die Eigenbedarfsversorgung und die Energiefortleitung auszuwählen. Weiter mussten die Übertragungsleitungen und Schaltanlagen dimensioniert sowie die automatischen Betriebs- und Schutzeinrichtungen für alle Systemelemente ausgearbeitet und berechnet werden, wie es für einen optimalen Betrieb und selektiven Schutz der Anlagen und Übertragungsleitungen notwendig ist. Zur Aufgabe gehörte auch der Entwurf der entsprechenden Schaltpläne und als „Bonbon" eine Untersuchung der Verteilung der Strom- und Spannungskomponenten auf den 110-kV-Leitungen infolge der unsymmetrischen Belastung durch die Bahn und Fehler im Netz. Im Zuge der Elektrifizierung der Eisenbahn damals ein Thema von hoher Aktualität. Ein betriebswirtschaftlicher Teil rundete die Aufgabenstellung für das Projekt ab.

Den Schwerpunkt bildete die detaillierte Ausarbeitung des Relaisschutzes für die parallelen 110-kV-Leitungen zum Schutz vor mehrpoligen Kurzschlüssen mittels gerichteter Impedanz-Schutzeinrichtungen und eines Nullstromschutzes gegen Erdschlüsse sowie der erforderlichen Wiedereinschaltautomatiken und die Untersuchung der Unsymmetrien.

An meiner Diplomarbeit habe ich bis zur letzten Minute vor der Abgabe gearbeitet. Die umfangreichen Berechnungen und Untersuchungen im 110-kV-Netz, die das Bahnnetz versorgen, sollten auf einem Großrechner erfolgen. Da dieser gerade für Wochen ausfiel, als ich ihn für meine Arbeit brauchte, saß ich plötzlich auf dem Trocknen. Ich musste somit auf die „klassische" Methode umsteigen. Damals gab es aber noch keine Taschenrechner oder

PC. Handarbeit hieß folglich Rechenschieber. Also erfand ich meine eigenen Algorithmen und rechnete wie besessen, damit ich trotzdem weiterkam.

Verzögert und behindert hat dieser Umstand meine Arbeit aber doch. So wurde es zum Schluss noch einmal eng. Das letzte Handanlegen kostete Zeit und zog noch das eine oder andere nach sich. Noch ein Blick hier und dort, letzte Kontrolle, geschafft. Abgeben. Termin gehalten. Ich war völlig erschöpft, der Kopf leer, die Hände wie erstarrt, aber zufrieden, mein Projekt auch ohne Rechner ins Ziel gebracht zu haben.

Zur Verteidigung meiner Diplomarbeit - es war der 29. Februar 1968 - war die Anspannung noch einmal riesengroß. Aber es lief vortrefflich. Die Staatliche Prüfungskommission war sehr einverstanden mit meinem Projekt und meiner Vorstellung. Ingenieur wollte ich mal werden, jetzt hatte ich mir mit meinem Diplomabschluss einen Kindheitstraum erfüllt. Diplomingenieur war ich jetzt. Ich konnte die ganze Welt umarmen.

Wenige Tage danach ging es zurück nach Hause. Bei der *Bewag*, dem Regionalversorger in *Berlin*, würde ich meine Arbeit aufnehmen. Mein Schatz wartete auf mich, heiraten war angesagt. Ein neuer Lebensabschnitt begann.

Arbeit und Familie

14 Anfang in Berlin

Berlin war eine hoch interessante Stadt. Hier wollte ich mir eine Existenz aufbauen, dafür war ich jetzt qualifiziert. Schutztechnik und Automatisierung energetischer Systeme hatte ich studiert und im örtlichen Energieversorgungsbetrieb *Bewag* wollte ich nun meine Kenntnisse umsetzen. Natürlich war ich sehr motiviert, hatte einen Absolventen-Förderungsvertrag und wollte zeigen, dass ich was kann.

Geplant war mein Einsatz in der Abteilung Technik - zunächst in der Gruppe *Relaisschutztechnik*, um dort einen Überblick über die Schutzeinrichtungen der Erzeugungs- und Verteilungsanlagen zu gewinnen, danach in der Gruppe *Netze* im Fachgebiet Automatisierung mit ähnlicher Ausrichtung für die Einarbeitung. In der Perspektive sollte ich dann an Entwicklungsaufgaben mitarbeiten auf dem Gebiet der Automation. Das schloss die Arbeit an Standardlösungen für Neubauvorhaben, Erweiterungen oder Rekonstruktionen ein sowie die Erarbeitung zugehöriger Vorbereitungsunterlagen für die Durchführung von Investitionen. Zur Weiterbildung, insbesondere in Spezialgebieten, standen Lehrgänge an der Betriebsakademie sowie an anderen Institutionen zur Teilnahme offen. Den vorgesehenen Einsatz fand ich interessant, er kam meinen Vorstellungen entgegen.

Ich begann also meine Tätigkeit bei der *Bewag* in der besagten Gruppe *Relaisschutztechnik* als Ingenieur für Relaisschutz, lernte den Versorgungsbetrieb kennen, führte operative Schutzprüfungen durch, entwarf Schutzschaltbilder und berechnete Schutzeinstellungen für Betriebsmittel im 6-, 10- und 30-kV-Netz.

Als wissenschaftliche Arbeit wurde mir die Berechnung der Belastbarkeit der Bleimäntel von Mittel- und Hochspannungskabeln bei Kombinationsfehlern übertragen. Ziel war es, einen optimierten Schutz zu entwickeln für gefährdete Bleimäntel der Kabel bei Doppelerdschlüssen.

Als ich meine Arbeit im April aufnahm, war ich noch ledig. Im Juni heiratete ich. Werktags wohnte ich allein auf Untermiete und an den Wochenenden fuhr ich nach Hause. Sigrid hatte ich bei meinen Eltern einquartiert, die im Heimatort noch immer in unserem Einfamilienhaus wohnten, das wir Ende der 50er Jahre gebaut hatten. Die Fahrerei nach *Berlin* war mir bald zuwider. Die Züge der Bahn waren in der Regel total überfüllt. Das war die Zeit, als in *Berlin* das Bauprogramm der Hauptstadt realisiert wurde und alle Bezirke ihren Beitrag leisteten.

Mir wurde bald klar, dass ich unbedingt schnell eine eigene Wohnung brauchte, möglichst noch vor dem Winter. Ich bemühte mich über das Wohnungsamt und bekam bald ein Angebot: Eine Ausbauwohnung in Nähe des Alexanderplatzes, Stube und Küche, zweiter Hinterhof, dritte Etage, Gemeinschaftstoilette mit den Nachbarn. Fünf Bewerber hätten bereits abgelehnt, hörte ich.

Ich schaute mir die Wohnung - bodenständig und bescheiden wie ich war - trotzdem an und sagte zu. Ich würde die Bude schon hinbekommen, schließlich war ich ja gelernter Maurer und auch Elektriker. Den verfaulten Fußboden, die undichten Fenster, kaputte Wände - all das konnte ich reparieren. Wenn ich allerdings geahnt hätte, dass die Schornsteine über Gebühr versottet waren und in der Küche wegen des defekten Herdes gar nicht geheizt werden konnte - gekocht wurde mit Gas - hätte ich die Wohnung nicht genommen.

Mir musste bei dem schönen Wetter am Tag der Besichtigung ein Teil meines Urteilsvermögens abhanden gekommen sein. Viele Fragen habe ich wohl nicht gestellt. Ich sah die Wohnung jedenfalls vornehmlich im Lichte der sonnigen Lage und beim Ausblick auf den Fernsehturm wie die Fata Morgana einer Traumwohnung, dass ich die Chance auf die ersten eigenen vier Wände sofort ergriff. Wir hatten jetzt ein gemeinsames Nest in *Berlin* und das allein war wichtig.

Meine bisherige Unterkunft würde ich aufgeben können. Ob mich meine Frau wohl besuchen könne, das würde ich künftig nicht mehr fragen müssen und das in dieser Hinsicht seltsame Gebaren meiner Vermieterin, die ansonsten recht nett war, würde mir im Weiteren endlich erspart bleiben. Welch eine verlockende Perspektive…

Als Erstes kaufte ich Glühbirnen, eine Luftmatratze und eine Trittleiter. Jetzt konnte ich in der Ausbauwohnung arbeiten und auch übernachten, wenn ich wollte. Bis zum Herbst war die Wohnung fertig und wir zogen ein. Es war ein schönes Gefühl. Klein, aber allein. Und doch gemütlich. Hinzu kam - dem Hören nach - die Aussicht, dass das Haus bald abgerissen werden sollte. Dann würden wir uns ohnehin verbessern. Wenn mir damals jemand gesagt hätte, das Haus würde im nächsten Jahrtausend immer noch stehen, ich hätte das nicht geglaubt.

Nach dem ersten überstandenen Winter hielten wir eine Nutzung dieser Wohnung ohne eine Generalsanierung auf längere Sicht für unmöglich. Die Wohnung war tatsächlich sehr kalt. Wir heizten Stube und Küche mit dem einen Ofen im Zimmer. Mit Kohle sparten wir nicht. Wir hatten immer eine warme Stube, konnten aber nicht verhindern, dass die Küchenaußenwände so durchfroren, dass im Frühjahr das Wasser von den Wänden rann. Die Wasserleitung in der Wand zum Treppenaufgang fror auch ein. Mit dem Hausmeister, der äußerst hilfsbereit war, tauten wir, als alle Mittel nicht halfen, die Wasserleitung vom Keller bis in unsere Etage mit offenem Feuer auf. Was hätte da nicht alles passieren können…

Sigrid hatte, nachdem wir nach *Berlin* umgezogen waren, in der gleichen Firma wie ich Arbeit gefunden. Die *Bewag* war ein namhafter und traditionsbewusster Betrieb. Für die damalige Zeit, fand ich, ein eher konservatives Unternehmen. Das spürte man - wenn auch nicht überall gleichermaßen. Besonders dort, wo die „alte Schule“ noch etwas galt, wurden neben Fachkompetenz und Leistungsbereitschaft Ordnung und Pünktlichkeit als Tugenden besonders geschätzt. Mein Chef gehörte wohl auch zu dieser Kategorie von Technikern und Ingenieuren, die für dieses Image standen. Pünktlichkeit war für ihn ein absolutes Muss, ein Gebot der Ehre und der Identifikation mit der Arbeit und seiner Firma.

So kam ich jedenfalls, als ich noch zur Untermiete wohnte und anfangs als gewöhnter „Eulentyp“ Probleme mit dem Aufstehen hatte - weil es mit dem Wecker bzw. dem Wecken nicht klappte -, häufiger schweißbedeckt zur Arbeitsstelle. Nur so konnte ich pünktlich sein, auch wenn mein Arbeitsplatz von der Unterkunft im

Prenzlauer Berg zu Fuß erreichbar war. Gelegentlich nahm ich aber auch, wenn es gar nicht anders ging, ein Taxi, denn Unpünktlichkeit nachsagen lassen wollte ich mir nicht. So konnte die Einhaltung bestimmter Bräuche um jeden Preis auch noch teuer sein. Teilen musste ich diesen - für meinen Begriff überzogenen - Habitus nicht, aber respektieren schon. Wie glücklich wäre ich gewesen, hätte es damals schon die flexible Arbeitszeit gegeben…

Die gemeinsame Wohnung und Arbeitsstelle brachten endlich Normalität ins Leben und machten den Kopf frei für die weitere Lebensplanung. Mit der präzisen inneren Uhr, die Sigrid mitbrachte, war auch das Weckproblem schlagartig gelöst.

15 Der Wechsel

Obwohl mir meine Tätigkeit beim Regionalversorger gefiel, wechselte ich nach zirka einem Jahr meinen Arbeitsplatz und ging zur *Hauptlastverteilung* im Verbundnetz. Dafür gab es mehrere Gründe. Beruflich war die neue Aufgabe eine echte Herausforderung. Dort würde ich an der Einsatzvorbereitung eines automatisierten Systems der Dispatchersteuerung mitarbeiten können - eine hoch anspruchsvolle Aufgabe, die mich reizte.

Beim Regionalversorger standen Aufgaben der Schutztechnik in Mittelspannungsnetzen im Vordergrund. Im Grunde eher Routineaufgaben, wenn auch nicht uninteressant. Dazu gab es immer wieder Aufgaben, die unseren Ingenieurgeist herausforderten: Kurzschlussversuche und deren Auswertung, Untersuchungen an und mit Relais, Messungen an betrieblichen Anlagen. Meine Kollegen waren ausgezeichnete Fachleute. Es machte einfach Spaß, mit ihnen zu arbeiten. Einem hing der Ruf an, ihm sei schon bei der Geburt ein Relais auf den Kopf gefallen - eine treffende Beschreibung, die seine Kompetenz auf den Punkt brachte…

Trotzdem - bei der Vorbereitung des Einsatzes der Rechentechnik in der Dispatchersteuerung ging es um ein Pilotprojekt von ungleich größerer Dimension. Das war ein kreativer Job und reizte mich als jungen Hochschulabsolventen natürlich sehr. Der Einsatz von Prozess- und Großrechnern zur Optimierung der Fahrweise des Verbundsystems entsprach dem internationalen Trend und war sowohl aus technischen als auch wirtschaftlichen Gründen notwendig. Da in diesen Fragen eng mit anderen RGW-Ländern kooperiert wurde, würde ich auch meine Sprachkenntnisse nutzen können. Zugleich aber - und das war mir wichtig - konnte ich einen Antrag auf eine Neubauwohnung stellen. Angesichts der Geburt unseres ersten Sohnes kam uns das sehr entgegen, denn die Ausbauwohnung, in der wir jetzt lebten, hatte ja sehr bald ihre Schwachstellen offenbart…

Allerdings kam alles zunächst ganz anders, als ich es mir vorgestellt hatte. Anstatt nun, wie erhofft, an neuen Konzepten und Methoden zur Steuerung des Energiesystems mitarbeiten zu können, kam ich rund acht Wochen nach dem Wechsel meiner Arbeitsstelle zur Armee.

16 Einberufung

Alle Bemühungen, die Einberufung zum Wehrdienst zu diesem für mich und Familie denkbar ungünstigen Zeitpunkt abzuwenden oder wenigstens aufzuschieben, scheiterten. Ich schrieb auf Anraten eines Arbeitskollegen, der vom Wehrdienst freigestellt worden war, an den damaligen Sekretär des Verteidigungsrates, *Erich Honecker*, einen Brief. Es half nichts. Ich bekam zwar eine kurze Mitteilung, dass meine Angelegenheit von verantwortlichen Genossen überprüft werden und ich entsprechend Bescheid erhalten würde, doch einen förmlichen Bescheid, in dem man mir mitteilen würde, dass in meiner Angelegenheit so oder so entschieden wurde und warum, bekam ich nicht.

War die angeblich so wichtige ökonomische Front, die ich stärken sollte und vor deren Hintergrund ich sofort zum Studium geschickt worden war, nicht mehr relevant? Das glaube ich nicht. Dennoch zeichnete sich immer mehr ab, dass der Grundwehrdienst unabwendbar war. Interessanterweise erging es anderen, die mit mir studiert hatten, ähnlich. Aber es war schon auffällig, wie ich fand, dass es doch einige gab, die nicht eingezogen wurden. Es schien so, als ob es bestimmter Beziehungen und einer gewissen Staatsnähe bedurfte, um an der Einberufungsschraube drehen zu können. Diese Möglichkeiten hatte ich jedenfalls nicht. Vielleicht war es aber auch ein Trugschluss meinerseits. Natürlich sah ich jetzt alles durch die Gerechtigkeitsbrille und fühlte mich, zumindest in der Frage des Wehrdienstes, ungerecht behandelt.

Aus heutiger Sicht und auch damals schon hat sich das relativiert. Und überhaupt: „Übers Leben gerechnet gleicht sich alles aus“, pflegte meine Mutter doch zu sagen. Da konnte ich ja noch auf viel Gutes hoffen… Oder war das schon der Ausgleich zum praktischen Jahr, das ich damals vor meinem Studium nicht machen brauchte? Deshalb jetzt kein Pardon beim Wehrdienst?

Was auch immer ausschlaggebend gewesen sein mag, die Einberufung zur Armee ärgerte mich sehr. Gerade jetzt, wo ich Vater geworden war und in jeder Hinsicht gebraucht wurde, sollte ich meinen Wehrdienst leisten. Es ging mir um keine Besserstellung, ich wollte mich nicht drücken, hatte ich an *Erich Honecker* geschrieben. Das ließe sich überprüfen und überhaupt: Ich wollte keine Nachsicht, sondern Einsicht, dass der Zeitpunkt der Einberufung nicht passte. Wäre das wirklich nicht anders zu regeln gewesen?

Unserem Sohnemann ging es gesundheitlich gar nicht gut. Ein Ekzem machte ihm sehr zu schaffen. Seine Haut war überall wund. Ein schier unerträglicher Juckreiz quälte ihn. Er war in ständiger ärztlicher Behandlung, ambulant und häufig stationär. Wenn er nach einer erneuten Klinikkur geheilt schien und dann wieder bei uns war, trauten wir uns gar nicht, ihn zu berühren, etwa so wie edles Porzellan, das ja zerbrechen könnte. Es ging aber meistens nicht lange gut, dann war es wieder schlimm. Was musste er nicht alles aushalten. Damit er sich nicht kratzen konnte, wurden seine Arme gefesselt. Das war grausam, musste aber sein, sagten die Ärzte. Die Charité, wo er behandelt wurde, musste es schließlich wissen. Wir waren oft ganz verzagt und litten schrecklich mit. Seine Augen sagten alles. Was haben wir nicht alles getan, um zu helfen.

Auf ärztliches Anraten versuchten wir es auch mit homöopathischen Heilmitteln. Als auch das nicht half, gingen wir schließlich zu jemandem, der, wie wir gehört hatten, durch Besprechen heilen konnte. Es tat sich auch tatsächlich etwas. Nach einer solchen Sitzung wurde er sehr unruhig und fing an, extrem zu schwitzen. Wir hatten den Eindruck, als ob die ganze Krankheit aus ihm herauskäme. Wir hofften sehr auf Heilung, mussten aber feststellen, dass es trotzdem keine Linderung auf Dauer war. Zum Glück hatten die Ärzte Recht, dass das Ekzem mit zunehmendem Alter unseres Sohnes verschwinden würde. Und so war es auch. Da war meine Armeezeit jedoch längst vorbei.

Am Tag der Einberufung fuhren wir vom vorgegebenen Sammelpunkt per Zug irgendwohin in die *Letzlinger Heide*. Nun war ich auch noch an einem Ort gelandet, wie er ungünstiger nicht sein konnte. Wie sollte ich denn von hier aus zur Familie kommen? Die Zeit eines Kurzurlaubs würde vielleicht für Hin- und Rückreise reichen, mehr nicht. „Das hast du nun davon“, dachte ich, „hättest du bloß nicht den Brief an Honecker geschrieben…“ Die Hoffnung, wenigstens in die Nähe von *Berlin* versetzt zu werden, von wo aus ich einigermaßen Kontakt zur Familie haben könnte, war also auch dahin. Mir war elend zumute.

Es waren viele, die ihrer Einberufung folgten. Sie füllten einen ganzen Sonderzug. In den Abteilen roch es überall nach Alkohol. Es wurde auffallend viel geflachst und gewitzelt und gipfelte meistens in Galgenhumor. Bis zur Vereidigung war man ja noch Zivilist, hörte ich von anderen, die offensichtlich vom Erzählen besser wussten als ich, was da auf sie zukam und wie das weitere Prozedere wohl aussehen würde. Die Begleiter hielten sich zurück und achteten lediglich darauf, dass die allgemeine Situation nicht aus den Fugen geriet. Das militärische Regime würde uns schon noch einholen. Bald würde es anders langgehen…

Am Zielort wurde einer nach dem anderen aufgerufen und den Einheiten zugeordnet, wo der Dienst anzutreten war. Mein Name fiel aber nicht. Es konnte doch nicht sein, dass man mich vergessen hatte? Als alle weg waren, fragte mich ein höherer Offizier, der die Aufteilung der Rekruten offenbar leitete, wer ich denn sei.

Danach passierte erst mal gar nichts. Ich musste warten und fand das alles sehr seltsam. Entweder hatte sich wirklich irgendwo ein Fehler eingeschlichen oder es war inszeniert. Ich weiß es nicht. Irgendwann sickerte durch, ich würde nicht hier bleiben, sondern noch am gleichen Tag nach *Oranienburg* verlegt werden.

Das war mir natürlich gar nicht unrecht. Warum hatte man mich aber nicht gleich dorthin beordert? Warum der Umweg über die *Letzlinger Heide*? Na gut, scherzhaft hieß es ja in Abwandlung des Bibelwortes, die Wege der Armee seien unergründlich. Vielleicht war es das. Auf jeden Fall kam ich aber so doch näher nach *Berlin*. Das gefiel mir durchaus besser und ließ hoffen.

Abendessen durfte ich noch in der Armeekantine zu mir nehmen. Ich sehe noch, wie mir auf einer der schier endlos langen Tischreihen die Verpflegung entgegen geschossen kam. Die Köche machten das so geschickt, wie es auch an einer Cowboytheke mit Whiskygläsern nicht besser hätte erfolgen können. Das war also ein Teil der neuen Welt, die nun achtzehn Monate lang auf mich wartete…

Nach dem Essen wurde ich irgendwann auf einen *Ural* verladen und kam gegen Mitternacht in *Oranienburg* an. Ein UvD nahm mich in Empfang und führte mich in eine Einheit. In einem großen kasernenmäßigen Zimmer fand ich dort in einem Doppelstockbett eine freie Schlafstelle bis zum nächsten Morgen. „Licht aus!“, schallte es mir aus irgendeiner Ecke entgegen. Dann hatte meine nächtliche Odyssee ein Ende.

17 Soldatenzeit

Ich war in einem Artillerieregiment gelandet, in einer Panzerjägerbatterie. Im Ernstfall sollten wir Panzer bekämpfen. Wir würden sozusagen die Ersten sein, die einer anrollenden Front Widerstand zu leisten hätten, bis wir selbst überrollt sein würden. Welche Perspektive, in der ersten Welle kämpfen zu dürfen… Da wäre vielleicht schnell alles vorbei… Auch gut… Das Vaterland würde es uns schon danken… Als Funker war ich gemustert worden, was mir von meiner Ausbildung her noch irgendwie sinnvoll erschien - als Kanonier sollte ich nun dienen. Wer sollte das verstehen…

Für mich war dennoch klar, dass ich den Wehrdienst bei allem Frust über meine Einberufung korrekt und konstruktiv verrichten wollte. Was hätte mir eine andere Haltung gebracht? - nichts als Nachteile zu Lasten von Familie und Beruf. Was sollte ich also mit meinem Schicksal hadern? Ich wollte das Beste aus der Sache machen, denn alles andere schien mir sinnlose Zeitvergeudung zu sein.

Wenn mir schon der Wehrdienst nicht erspart blieb, dann wollte ich dienen, wie ich es für richtig hielt und gegebenenfalls einiges mitnehmen, was mich im späteren Leben weiterbringen konnte. Warum auch nicht? Den Dienst wollte ich vor allem als eine sportliche Herausforderung sehen. Sich körperlich fit halten, Kraft und Ausdauer tanken, auch wenn militärische Disziplinen dominieren würden, dafür lohnte es sich, meiner Meinung nach, die Leistungsnormen zu erfüllen.

Neben der sportlichen Seite hatte das Soldatensein für mich natürlich auch eine politische Dimension. Solange es den kalten Krieg gab, war die militärische Stärke ein realistischer Faktor in der Auseinandersetzung der Systeme. In dieser Situation hielt ich das Land, in dem ich aufgewachsen war, allemal für verteidigungswürdig. Pazifistische Tendenzen hielt ich zur Gewährleistung des Friedens und der politischen Stabilität eher für untauglich und illusorisch. Ja, Abrüstung auf beiden Seiten, Sicherheit mit immer weniger Waffen, dafür war ich auch. Auch gegen Schwerter zu Pflugscharen hatte ich nichts, sah darin jedoch eher eine

Geisteshaltung als ein wirkliches Szenario zum Handeln. Es schien mir immer noch besser, den Status quo bewahren zu helfen als in einen heißen Krieg zu geraten.

Die Grundausbildung war hart, das Wetter schlecht, die Nächte waren schon ungemütlich kalt. Der militärische Drill stumpfte die Sinne ab, stachelte manchem zu demonstrativem *„LMA-Verhalten"* gegenüber den Vorgesetzten an und führte so zu üblichen Überreaktionen bei Rekruten und Offizieren. Da die Truppe sehr inhomogen zusammengewürfelt war, fiel mir schon bald eine ausgleichende Rolle zu, zumal ich zu allen Mitrekruten ohne anmaßendes Gehabe ob meiner beruflichen Ausbildung, sportlichen Fähigkeiten und sonstigen Lebenserfahrung ein sehr offenes, kameradschaftliches und vertrauensvolles Verhältnis pflegte.

Nach der Grundausbildung, hieß es, sollte ich zum Schießplatz nach *Borgsdorf*, was mir meine Dienstzeit sicherlich sehr erleichtert hätte. Dazu kam es aber nicht. Wahrscheinlich habe ich mich in der Grundausbildung völlig falsch verhalten. Statt zur Stabilisierung, Einsatzflexibilität und Disziplin beizutragen, hätte ich eher Überqualifizierung, Unzufriedenheit, Unterforderung signalisieren sollen. Vielleicht wäre ich dann aus der Kanonenbatterie herausgekommen. Heute sehe ich das jedoch anders. Wäre ich damals nach *Borgsdorf* gekommen, hätte ich wahrscheinlich ein Stück Lebensschule verpasst.

Im Regiment merkte man bald, was man an mir hatte. Aufgrund meiner Russisch- und Fachkenntnisse wurde ich unter anderem für Wartungsarbeiten bei der russischen Waffentechnik in der Geschosswerfer- und Haubitzen-Batterie herangezogen. Darüber hinaus übersetzte ich Wartungsvorschriften, dolmetschte Zusammenkünfte mit russischen Truppenteilen, machte in der eigenen Batterie glaubwürdig Politschulungen, prüfte mit dem Stellvertreter des Regimentskommandeurs das politische Wissen junger Offiziere, erarbeitete Beschallungsprojekte für zentrale Armeehäuser und anderes mehr. Auf diese Weise blieben mir eine Reihe abstumpfender Beschäftigungen, die der Armeealltag so mit sich bringt, erspart.

Im Hinblick auf die eigentlichen Kernaktivitäten des Dienstes als Kanonier wollte ich aber keine Sonderrolle. Ich machte alles mit, was anfiel - die reguläre Ausbildung an den militärischen Geräten, Manöver, Alarmübungen, Schießausbildung, Gefechtsschießen und immer wieder Wachestehen. Letzteres empfand ich äußerst stupide und belastend, denn langsamer und unproduktiver konnte die Zeit nicht vergehen als beim Wacheschieben. Vierundzwanzig Stunden lang jeweils zwei Stunden aufziehen, ruhen, Bereitschaft. Das zerrte an den Nerven.

Mit meinen Vorgesetzten kam ich insgesamt gut zurecht. Regimentskommandeur, Stabsoffiziere und Batteriechef waren faire Partner. Das Problemfeld war eher die Ebene Spieß, Zugführer und Unteroffiziere. Am schwersten hatten es die Vorgesetzten, denen es, aus welchen Gründen auch immer, an Respekt in der Truppe mangelte. Meistens waren es diejenigen, die zwar befehlen, selbst aber nicht vorleben konnten, was sie von anderen erwarteten.

Schlimm fand ich die grenzenlose Sauferei, das *EK-Unwesen* und die gegenseitigen Erniedrigungen der Soldaten untereinander, insbesondere die des ersten Halbjahres - auch *Pisser* genannt - durch Dienstältere. Am verrücktesten benahmen sich die, denen irgendwo der Verstand abhanden gekommen schien und die meinten, ihnen stünden außerordentliche Rechte gegenüber neu eingezogenen Soldaten zu. Ich lehnte mich dagegen auf, ließ mich so nicht schikanieren und scheute mich auch nicht, mich dafür zu prügeln. Versuche, meinen Widerstand diesbezüglich durch Gewalt zu brechen, hielt ich von Anfang an stand. Danach war Ruhe und wahrscheinlich erreichten wir in unserer Batterie sogar einen gewissen Fortschritt. Ausgemerzt war das *EK-Unwesen* jedoch dadurch nicht.

Als ich zur Kanonenbatterie kam, war dort ein Spitzenspieler des DDR-Tischtennis Spießschreiber. So wurde des Öfteren auf dem Kasernenflur, wo eine Platte stand, Tischtennis gespielt. Für unseren Spieß, der in die Platte regelrecht vernarrt zu sein schien, war es eine willkommene Auflockerung des Innendienstes. Es kam auch vor, dass wir, wenn die Umstände danach waren, an der Tischtennisplatte standen und der Rest der Batterie zum Kartoffelschälen abkommandiert oder mit Großreinemachen beschäftigt wurde. Ansonsten spielte ich noch in der Armeemannschaft des Regiments Fußball, wodurch sich manches Wochenende auf sportlich sinnvolle und unterhaltsame Weise verkürzte.

Trotzdem gab es auch kritische Momente, in denen ich mich fragte, ob ich denn noch in der richtigen Partei sei. Mich oder andere ausnutzen, zum nützlichen Idioten degradieren, schikanieren lassen, das konnte ich nicht akzeptieren. Respekt und Würde waren für mich unveräußerliche Werte und mussten meines Erachtens unabhängig vom Dienstgrad und Person für alle gelten. In einer sozialistischen Armee erst recht. Da dies jedoch keineswegs immer und überall so war, spielte ich zeitweise ernsthaft mit dem Gedanken, der Partei den Rücken zu kehren. Meine Ideale, das wusste ich, hätte ich damit nicht aufgegeben. Aber ich hatte Zweifel, ob das etwas gebracht hätte außer persönliche Konsequenzen. Ich hätte zwar meinen Willen durchgesetzt, insgesamt aber eine Niederlage eingesteckt. Also verwarf ich den Gedanken eines Parteiaustrittes wieder und orientierte mich nach vorn.

Am wichtigsten war mir mein Kontakt zur Familie. Bei Ausgang im Standortbereich, was die Regel war, durfte man nicht nach *Berlin*. Schön war es, wenn mich dann Sigrid und Sohn Ronald in *Oranienburg* besuchten. Bei Kurz- und Sonderurlaub fuhr ich nach *Berlin*. Den ersten Winter überstanden beide irgendwie. Doch die Wohnung war, jetzt dazu noch ohne mich, einfach nicht zumutbar. Die Küchenwände vereist, eingefrorene Wasser- und Sanitäreinrichtungen, in den Kellern und auf den Höfen Ratten. Wir beschlossen, Frau und Kind im zweiten Winter bei meinen Eltern im mecklenburgischen *Chemnitz* unterzubringen und taten dies auch. Nach der Armeezeit würden wir weitersehen.

Dann deutete sich ein möglicher Umzug an. Es war im gleichen Haus, aber eine Etage tiefer und nun erster statt zweiter Hinterhof, eine Einzimmerwohnung mit einem großen Berliner Zimmer, teilbarem Kindertrakt und funktionsfähiger Küche. Unsere Hausverwalterin, die unser Wohnungsproblem kannte, hatte dankenswerterweise alles mit der Wohnungsverwaltung geregelt. Wir zogen nach der Armeezeit, als diese Wohnung frei wurde, sofort um, wohl mehr illegal als offiziell, aber unsere sehr verehrte Hausverwalterin meinte, das sei schon o.k. und in jeder Hinsicht zu verantworten. Schließlich hätten wir ja immer pünktlich Miete bezahlt und einen guten Ruf.

Die Soldatenzeit schien endlos. Es waren die längsten achtzehn Monate meines Lebens. Daran änderte auch das Bandmaß für die letzten hundertundfünfzig Tage nichts, was täglich um einen Zentimeter gekürzt wurde. Im Gegenteil, solche Rituale verlängerten nur noch das Zeitgefühl. Die Zeitdehnung wurde immer länger, je näher der Entlassungstermin kam. Zeit ist eben relativ, wie wahr. Aber auch diese Tage waren schließlich vorbei.

Nicht erspart blieb mir, vor meiner Entlassung auch noch an der Militärparade in *Berlin* teilzunehmen. Wochenlang wurde auf Autobahnen und anderswo geübt, damit alles stimmte, was stimmen sollte, als wir mit unseren *Uris* und 100-mm-Kanonen an der Ehrentribüne vorbeifuhren. Das war das übliche militärische Tingeltangel zur Demonstration der Macht, was ich überhaupt nicht mochte. Aber nach dieser Maiparade war ich wieder frei.

Ich mag für manchen vielleicht so etwas wie Bestsoldat gewesen sein. Selbst sah ich das gar nicht so, auch wenn ich schon mal vor der Truppenfahne fotografiert, mit verschiedenen Auszeichnungen bedacht und als Unteroffizier der Reserve entlassen wurde. Trotzdem fühlte ich mich irgendwie benutzt und benachteiligt. Andere hatten gar nicht richtig gedient und trugen Offiziersdienstgrade. Wieso? Auch das gehört in die Rubrik Wehrungerechtigkeit. Aber so ist nun mal das Leben. Meinen Beitrag zur Landesverteidigung hatte ich jedenfalls geleistet.

Am meisten freute ich mich jetzt auf zu Hause. Sigrid und Ronald hatten sich gut behauptet und warteten schon sehnsüchtig auf mich. Gespannt war ich auch auf meine Arbeit. Dort wollte ich mich nun richtig ins Zeug legen. Den Kontakt zur Arbeitsstelle hatte ich nicht abreißen lassen, wie es aber im Einzelnen weitergehen würde, das musste sich erst zeigen. Schließlich hatten die Kollegen ihren fachlichen Vorsprung in den eineinhalb Jahren auch noch ausbauen können.

Die Entlassung war ein ungeahntes Glücksgefühl. Ich hatte den Wehrdienst körperlich und geistig gesund überstanden und die wärmenden Strahlen der Mai-Sonne weckten meinen Ehrgeiz auf die neue Herausforderung des Berufslebens.

18 Regelzentrum

Auf einmal war wieder Kopfarbeit gefragt. Das Pilotprojekt zur Automatisierung der Dispatchersteuerung mit Prozess- und Großrechnern war auf der Arbeitsstelle mehr und mehr in den Mittelpunkt gerückt. Zahlreiche Studien und Konzepte entstanden, teilweise noch mit relativ unscharfer Grauzone hinsichtlich der technischen und wirtschaftlichen Machbarkeit. Aber die Idee wurde forciert, immer weiter entwickelt und schrittweise umgesetzt. Die Bearbeitungskapazität wurde durch Neueinstellungen erweitert, die interdisziplinäre Zusammenarbeit vertieft und die Kooperation mit wissenschaftlichen Einrichtungen, der Industrie, Finanz- und Partnerinstitutionen national und international ausgebaut.

Aus einer kleinen Gruppe Einsatzvorbereitung wurden bald Abteilungen, die anfangs einer Hauptabteilung unterstellt waren. Daraus entstand der Bereich Technik und Investitionen. Mit zunehmender Investitionstätigkeit wurde ein eigenständiger Bereich Investitionen gebildet. Aufgaben der wissenschaftlich-technischen Vorbereitung kamen zum Hauptingenieur, der für die mittel- und langfristigen Aufgaben der Lastverteilung zuständig war. So sollte mit nahender Inbetriebnahme des Vorhabens eine praxisbezogene Betriebsvorbereitung und Nutzung der Entwicklungsergebnisse gesichert werden. Den operativen Betrieb leitete der Hauptdispatcher mit seinem Bereich. Der Bereich Ökonomie und Verwaltung sowie Stabsorgane für Querschnittsaufgaben komplettierten die Struktur.

Ich war ehrgeizig genug, mich beruflich zu arrangieren. Für mich war klar, dass ich mich nicht schonen würde, egal in welcher Position - als Mitarbeiter oder in leitender Stellung. Deshalb war mir auch vor Verantwortung nicht bange. Nur überschaubar musste der Job sein und zwar so, dass ich selbst das Gefühl haben konnte, den Aufgaben gewachsen zu sein. Einreden lassen wollte ich mir nichts. Aufgaben im Verantwortungsbereich wollte ich, sofern das notwendig war, selbst durchführen können. *Vormachen können* hielt ich für ungemein wichtig, zumindest auf einem Gebiet Spezialist sein. Auf keinen Fall wollte ich zu denen gehören, ob Chef oder nicht, die ihre Beiträge allein im Moderieren, in Einleitungen, Zusammenfassungen etc. sahen. Die eigentlichen Inhalte wollte ich nicht anderen überlassen. Fachliche und soziale Kompetenz waren für mich ein erstrebenswertes Kredo.

Nach meinem Grundwehrdienst hatte ich 1971 meine Tätigkeit in der *Hauptlastverteilung* als Mitarbeiter für Energiesysteme aufgenommen. Dann war ich als wissenschaftlicher Mitarbeiter des Hauptabteilungsleiters tätig, wurde Leiter der Abteilung Investitionen, danach Stellvertreter des Hauptlastverteilers - zunächst für Technik und Investitionen, dann ausschließlich für Investitionen.

Die Arbeit war aufreibend und spannend, die Belegschaft kollegial, das Arbeitsklima Ausdruck und Gradmesser allgemeiner Zufriedenheit oder angestauten Unmuts, Resultat aller inneren und äußeren Einflüsse und Spiegel der Befindlichkeiten. Belegschaften sind die Stimmungsbarometer ihrer Arbeitswelt und reagieren empfindlich wie Seismografen, besonders auf Veränderungen in ihrem Umfeld. Man muss nur aufmerksam hineinhören und die Stimmungsschwankungen registrieren. So war das auch bei uns.

Und trotz einer alles in allem gesunden Atmosphäre gab es natürlich, wie überall, Rivalitäten und Intrigen. Rivalen im Wettbewerb sind etwas ganz Normales. Im Berufsleben wie im Sport und überhaupt. Wenn es nur fair zugeht und Leistungen entscheiden. Intrigen aber sind hinterhältige Aktionen, um jemandem zu schaden und andere ins schlechte Licht zu rücken. Wer intrigiert, dem fällt diese Untugend, hoffentlich, irgendwann auf die eigenen Füße. Nein, Ränkespiele waren nicht meine Art. Aber wer einen gesunden Ehrgeiz hatte, der kämpfte um Leistungen, Image und Positionen.

Fast alle zwei Jahre wurde die Organisationsstruktur geändert und den Erfordernissen angepasst - je nachdem, welche Aufgaben konzentriert, dereguliert oder mit Blick auf Forschung, Betrieb und Investitionen verzahnt werden sollten. Auch wenn Strukturveränderungen in der Regel kritisch begleitet werden, so sind sie doch notwendig und nicht Selbstzweck, wenn das Konzept stimmt. Mancher, der von Umstrukturierungen betroffen ist, wird das anders sehen, denn der Blickwinkel ist immer auch subjektiv. Wer fair ist, wird aber zugeben, dass es legitim ist, Strukturen von Zeit zu Zeit zu verändern. Dabei können eingefahrene Gleise überprüft und neue Ideen umgesetzt werden. Ob so oder anders, ist sicherlich streitbar, aber wenn das Ziel stimmt, lassen sich Schwachstellen abbauen und die Rahmenbedingungen für die inhaltliche und organisatorische Abwicklung der Arbeitsaufgaben optimieren.

Natürlich wurde auch in unseren Reihen bei Umstrukturierungen heftig diskutiert. Letztlich entschied auch bei uns am Schluss der, der am meisten zu sagen hatte oder der mit der größten Lobby. Sachliche Argumente wurden im dienlichen Umfang zur Begründung herangezogen. Über Personen wurde zwar immer zuletzt entschieden, aber oft waren sie auch ungenannt sehr früh die Eckpfeiler, auf welche die Struktur zugeschnitten wurde. In dieser Hinsicht unterschied sich die Vorgehensweise in unserem Hause nicht von der in anderen Betrieben und Einrichtungen.

1973 wurde die *Hauptlastverteilung* dem *Ministerium für Kohle und Energie* unterstellt. Aus dem Direktionsbereich *Hauptlastverteilung*, der einst zum *Verbundnetz Elektroenergie* und später zur *VVB Kraftwerke* gehörte, wurde so die *Staatliche Hauptlastverteilung beim MfKE*. Der Hauptlastverteiler, oberster Chef dieser Dienststelle und jetzt im Range eines Generaldirektors, war dem Minister direkt unterstellt. Dadurch wurden Entscheidungswege verkürzt und die Bedingungen für eine stabsmäßige Leitung des Lastverteilerprozesses verbessert.

Außerdem waren so Bilanzen und Kennziffern volkswirtschaftlich einfacher durchzusetzen. Ohne ausreichende Baukennziffern und bilanzmäßige Absicherung der erforderlichen technischen Anlagen, Ausrüstungen und wissenschaftlich-technischen Leistungen ging in der zentral geleiteten staatlichen Planung gar nichts. Unter diesen Bedingungen nahmen die Anforderungen an die Leitung und Planung sowie der Druck auf die Realisierung und Kontrolle des Vorhabens *Regelzentrum* zu.

Auch der Wettbewerb und die gesellschaftliche Arbeit wurden auf diese Aufgabe konzentriert. Partei, Gewerkschaft und die *Kammer der Technik* - die Fachorganisation der Ingenieure

- kitzelten, wie überall in den DDR-Betrieben, die Reserven aus dem verfügbaren Potenzial, mit dem das Projekt *Regelzentrum* voran gebracht werden sollte. Mit immer neuen Programmen zur Intensivierung und Rationalisierung, diesbezüglichen Konferenzen und Aktivberatungen, Komplexwettbewerb auf der Baustelle, Wettbewerb in den Kollektiven etc. wurde versucht, den Blick für Schwerpunkte zu schärfen und alle Beteiligten für hohe Leistungen zu aktivieren.

Viele wollen schon immer gewusst haben, dies sei untauglich gewesen, um die Wirtschaft auf Kurs zu halten. Gewiss, ideologischer Übereifer oder Selbstverpflichtungen, die eigentlich Selbstverständlichkeiten waren, konnten kontraproduktiv sein, wenn sie nichts als Beschäftigung brachten. Gute Beispiele, die Probleme lösen halfen, gab es aber auch. Natürlich war es nicht möglich, die materiell-technischen und ökonomischen Defizite mit Rapporten des Ministers, Kontrollberatungen der Kooperationskette, Methoden der Themenleitung und Projektgruppenarbeit zu kompensieren. Die DDR war kapitalmäßig und materiell-technisch schwach ausgestattet, es mangelte an Devisen und Kapazitäten. Doch ohne straffe Leitung, ganz ohne Wettbewerb - wie effektiv oder formal auch immer - und ohne die materielle und moralische Würdigung besonderer Leistungen wäre die Investition *Regelzentrum*, glaube ich, nicht wie geplant ins Ziel gebracht worden.

Was gab es denn sonst für Hebel, die Produktivität der Arbeit zu steuern? Das Arbeitsrecht, das eigentlich Basis zur Motivation hoher Leistungen hätte sein müssen, war ein untaugliches Instrument, Höchstleistungen zu stimulieren. Es war der Zeit weit voraus und garantierte den Werktätigen eine soziale Sicherheit, wie es sich das Land im Grunde nicht leisten konnte. Die DDR lebte über ihre Verhältnisse. Wer nicht freiwillig seine ganze Leistungskraft einbrachte, der konnte sich, wenn er wollte, auch so gut durchmogeln oder bedienen. Das schuf viel Platz für Trittbrettfahrer und Mitläufer. So lebte sicherlich mancher auf Kosten anderer. Selbst die stärkste Wirtschaft hätte das auf Dauer nicht verkraftet.

Leider spielte der Lohn für die materielle Interessiertheit nur eine geringe Rolle. Ein nicht geringer Teil des Einkommens wurde über die *zweite Lohntüte* realisiert (Prämien, Zuschläge, vom Betrieb mitfinanzierte Ferienplätze, subventionierte Mieten, Fahrpreise, Lebensmittel und anderes mehr) und war damit nur bedingt oder gar nicht leistungsgebunden. Versuche, das Leistungsprinzip konsequenter durchzusetzen, endeten, im Grunde genommen, häufig in Gleichmacherei und scheiterten - wo sie nicht angemessen umgesetzt wurden - ob der geringen Spielräume an den eigenen Defiziten des Systems. Was die Jahresendprämie an Differenzierung hergab, war eher bescheiden.

Zumindest war es eher mühsam als lohnenswert, über Prämien oder andere Anreize wirklich leistungsbezogen zu differenzieren. Deshalb wurde in der Regel doch - sofern nicht augenscheinliche Fehlleistungen vorlagen - nivelliert, abgeglichen, geglättet, entschärft. Schließlich hatte ja wohl doch jeder seinen Beitrag geleistet…

Verlustpotential - von systembedingten Vorzügen mal abgesehen - schuf die zentrale staatliche Planung natürlich auch, sei es durch mangelnde Flexibilität, bürokratische Hemmnisse oder andere systemimmanente Faktoren, welche die Effektivität und Dynamik der wirtschaftlichen Entwicklung bremsen können. Zentrale Planung so viel wie nötig, Eigenverantwortlichkeit so viel wie möglich, auf die Verhältnismäßigkeit kommt es an. Genau darin lag indes die Schwierigkeit. Deshalb beschäftigten sich auch die Parteigremien sehr intensiv mit den Fragen der Produktion und Wirtschaft. Der Wirtschaftsplan galt als das zweite Parteiprogramm und die SED baute in den zentralen Schaltstellen eigene Strukturen auf, die einen gewissen Dualismus gegenüber der Wirtschaft schufen.

Die Arbeit dieser Organe konnte hilfreich sein, aber auch in Bevormundung und Gängelei ausarten, so dass ein gut gemeinter Ansatz, über den die führende Rolle der Partei realisiert werden sollte, nicht immer griff. Die Partei hatte so zwar das Sagen, aber nicht überall die wirkliche Kompetenz und schon gar nicht die Verantwortung, denn die lag, besonders bei ökonomischen Fehlentwicklungen, bei den staatlichen und wirtschaftsleitenden Organen.

Die Partei konnte nicht immer Recht haben, auch wenn es so hieß. Wenn dann auch noch versucht wird, unzulängliche wirtschaftliche Ergebnisse schönzureden und ideologisch zu rechtfertigen statt mit sachlichen Argumenten zu begegnen, ist der Weg zum Niedergang vorprogrammiert. Ideologie kann und darf Ökonomie und ihre Gesetzmäßigkeiten nicht ersetzen. Allerdings wäre ohne zentrale Planung und ohne Einbindung des Vorhabens *Regelzentrum* in die Direktiven der Partei eine erfolgreiche Durchführung dieser Investition unter den damaligen Bedingungen undenkbar gewesen.

Nach Realisierung einer Reihe von Teilabschnitten wurde im Laufe des Jahres 1980 der Aufbau des *Regelzentrums* im Wesentlichen abgeschlossen. Damit wurde trotz erheblicher volkswirtschaftlicher Kapazitätsengpässe und zeitweise ernsthafter Rückstände in der Investitionsdurchführung ein Vorhaben der *Direktive des VIII. und IX. Parteitages der SED* erfolgreich - und insgesamt wohl auch planmäßig - realisiert.

Anlässlich des 1. Mai 1980 - inzwischen waren etwa 200 Millionen Mark investiert - wurde ein Kollektiv „Aufbau des Regelzentrums Elektroenergie“ *in Anerkennung hervorragender und langjähriger Leistungen bei der Stärkung und Festigung der DDR*, wie es in der Zeitung hieß, mit einem Orden *„Banner der Arbeit“*, ausgezeichnet. Auch wenn es Leute gibt, die solche Auszeichnungen geringschätzig abtun, unter den Beteiligten konnte ich niemanden ausmachen, der so dachte. Im Gegenteil - verständliche Freude bestimmte die Atmosphäre im Roten Rathaus, als die Auszeichnungen überreicht wurden. Und das war, glaube ich, schon in Ordnung und verdient.

Oder Auszeichnungen wieder mal als letzte Phase einer Investition, wie es so salopp hieß? Aber wann denn sonst? Eine Ehrung der Unbeteiligten, wie gelegentlich zu hören, war es indes nicht. Klar, dass es nie allen recht gemacht werden konnte. Ein Auswahlszenario, nach welchen Kriterien es sich auch richtet, ist immer problematisch. Nach dem, was ich zu diesem Thema las und hörte, ist es mit Auszeichnungen, ob kleine oder große, doch eher so: Man bekommt sie, weil man sie richtig oder gar nicht verdient. Wer sie fast verdient, bekommt sie meistens nie.

Mit dem *Regelzentrum* war eine wichtige materiell-technische Basis zur qualitativen Verbesserung der Versorgung der Bevölkerung und Industrie mit Elektroenergie und Gas geschaffen worden. Nun war es möglich, die Effektivität und Qualität der Lastverteilung in der DDR und des internationalen Verbundbetriebes weiter zu erhöhen. Im stabilen Dauerbetrieb war ein jährlicher Nutzen von rund 85 Millionen Mark kalkuliert. Ob diese Zielsetzung erreicht wurde, habe ich nie geprüft, denn als das möglich gewesen wäre, war ich anderswo unterwegs. Auf jeden Fall, denke ich, konnte die Energiewirtschaft mit dieser realisierten Investition die volkswirtschaftlichen Ziele in den Folgejahren besser erfüllen. Zumindest die elektrischen Uhren und Radiowecker, die frequenzgesteuert liefen, würden nun wohl genauer gehen als früher... Zugleich wurde mit dem Vorhaben eine Infrastruktur geschaffen, die zu einer spürbaren Verbesserung der Arbeits- und Lebensbedingungen am Standort führte.

Was es bedeutete, eine Investition wie das *Regelzentrum* unter den damaligen Bedingungen zu realisieren, kann eigentlich nur nachvollziehen, wer in einem solchen oder ähnlichen Projekt verantwortlich mitgearbeitet hat - und zwar in einem Geflecht knapper Ressourcen, mit einem direkt vorgesetzten Ministerium, einer allmächtigen Partei und mitredenden Gewerkschaft, mit emanzipierten Mitarbeitern, sozialistischen Kollektiven, gestressten Leitern. Alle durften und sollten in Ausübung sozialistischer Demokratie mitplanen, mitarbeiten und mitregieren. Leider wurde so auch manches zerredet. Demokratischer als in der Marktwirtschaft war die Arbeitswelt damals jedoch allemal.

19 Wintereinbruch

Zum Jahreswechsel 1979/80 und in den Tagen und Wochen danach, als fast die ganze DDR in Schnee und Eis versank und die Energieversorgung zusammenbrach, wurde noch einmal deutlich, dass die Investition längst überfällig war. Gewiss konnte niemand garantieren, dass ein voll funktionsfähiges *Regelzentrum* einen solchen Einbruch in der Energieversorgung verhindert hätte. Dafür waren die Witterungsbedingungen einfach zu extrem. Eine bessere technische Basis zur Steuerung des Energiesystems wäre jedoch von Vorteil gewesen.

Im Vergleich zum fortgeschrittenen Stand der Technik in westlichen Ländern lag die DDR bei der Nutzung rechnergestützter Systeme für die Dispatchersteuerung um Jahre zurück. Mit dem *Regelzentrum* wurde ein wichtiger Schritt getan, diesen Abstand zu verkürzen. Natürlich sollten damit auch Engpässe und Havarien, wie sie sich infolge des plötzlichen Wintereinbruchs jetzt zeigten, minimiert werden, zumindest auf der zentralen Ebene der Lastverteilung, was die direkt gesteuerten Kraftwerke und das übergeordnete 380/220-kV-Netz betraf. Nun aber war das Schnee-und-Eis-Chaos da und das *Regelzentrum* mit dem Rechner-Warten-Gebäude, den neuen Steuerzentralen für das Elektroenergie- und Gassystem sowie den Rechnerkomplexen Prozessrechner/Großrechner für das Elektroenergiesystem und Prozessrechner für die Gasseite war noch nicht in Betrieb.

Was mich betraf, sollte ich Anfang Januar 1980 zu einer prophylaktischen Kur nach *Thüringen*. Die letzten Tage davor war ich im Urlaub. Außerdem wollten wir Silvester mit unserem Trabi zu unseren Eltern und Schwiegereltern nach *Mecklenburg*, was wir aufgrund der Witterungsverhältnisse jedoch besser hätten unterlassen sollen. Es wurde nämlich bald klar, dass dies ein recht unvernünftiges Unterfangen war.

Der plötzliche Schnee- und Eisregen hatte schon in *Berlin* die Fenster vom Trabi mit einer zentimeterdicken Eisschicht belegt. Spätestens beim Freikratzen der Autoscheiben war zu erahnen, was da auf uns zukam. Aber wie das so ist, trotz ernster Zweifel und massiver Bedenken der eigenen Frau fuhren wir am Vormittag los. Vermutlich dachte ich, versprochen sei versprochen und ganz so schlimm würde es schon nicht werden. Noch waren die Straßen relativ frei, doch außerhalb der Stadt verschlechterte sich die Lage schnell. Es wurde glatt, Schneegestöber und Windböen nahmen zu, erste Schneewehen bildeten sich, die Sicht wurde zunehmend schlechter. Anfangs waren noch Räum- und Streufahrzeuge unterwegs. Wo es sich anbot, folgte ich solchen Wegbereitern, doch mit der Zeit wurden diese Fahrzeuge immer weniger. Hinter *Gransee* und *Fürstenberg* blieben sie offensichtlich ganz aus oder waren gerade immer dort, wo wir nicht waren.

Der Wind, inzwischen zu einem Sturm gewachsen, rüttelte und schüttelte unseren Trabi so stark, dass wir fürchteten, ganz von der Straße geweht zu werden. Als ich wirklich lieber umgekehrt wäre, war der Weg zurück aber bereits länger als zum Ziel. Also ging es weiter in Richtung Norden. Ab *Neustrelitz* kamen wir nur noch im Schritttempo voran. Unser Trabi leistete in jeder Hinsicht Schwerstarbeit. Innen hatten wir es, solange wir fuhren, warm und trocken. „Was ein Auto wirklich wert ist", sage ich seitdem, „merkt man erst, wenn man unterwegs ist und es draußen richtig stürmt und regnet oder schneit."

Mehrmals mussten wir anhalten und nachschauen, wo denn eigentlich die Straße war, denn man konnte teilweise nichts mehr erkennen. Als unser Ziel schon fast in greifbarer Nähe war, knallte es plötzlich und wir standen in einer Schneewehe, die sich quer über die Straße hinzog. Zum Glück war nichts passiert. Wir waren langsam genug gefahren und mussten jederzeit auf einen solchen Vorfall gefasst sein. Schließlich schaufelte ich unseren Trabi so weit frei, dass wir aus der Schneewehe herauskamen. Dann nahmen wir die letzten Kilometer unserer Sylvester-Rallye unter die Räder.

In *Chemnitz* war der *Pinnower Weg*, wo wir hin wollten, per Auto nicht mehr zu befahren. Wir ließen unseren Trabi auf einer Auffahrt nahe der Hauptstraße stehen und stapften die letzten Hunderte von Metern durch Sturm und Schnee zu Fuß. Unser Ronald mit seiner Mutti vorneweg, gefolgt von mir und unserem Stefan, den ich huckepack trug - so erreichten wir glücklich unser Ziel. Oma und Opa hatten unruhig gewartet und waren froh, dass wir unbeschadet angekommen waren. Es gab ja schon genug

Unregelmäßigkeiten - der Strom war weg und es gab kein Wasser. Ich hatte längst geahnt, was auf meine Arbeitskollegen in *Berlin* und anderswo zukam.

Den Jahreswechsel feierten wir ausschließlich bei Kerzenschein. Das kann zwar romantisch sein, sollte aber in unserer Zeit doch besser die Ausnahme bleiben. Per Kofferradio verfolgten wir die Nachrichten über die Entwicklung der Wetterkapriolen und deren Auswirkungen. Chaos von Schnee und Eis auf den Straßen, überall verspätete oder stecken gebliebene Züge der Bahn, höchste Versorgungsstufen in der Energieversorgung, Notstand in den Braunkohletagebauen, die *Insel Rügen* vom Festland abgeschnitten. So und ähnlich lauteten die Meldungen in diesen Stunden sowie in den nachfolgenden Tagen und Wochen.

Wir fuhren bald wieder nach *Berlin* zurück. Über Not-Telefonnummern erfuhr ich, dass bis auf weiteres auch alle Kuren ausgesetzt waren. Ich brach meinen Urlaub ab, meldete mich im Betrieb und war so umgehend in die stabsmäßige Leitung der Energieversorgung eingebunden. Statt Kur stand ich nun auf der Schaltwarte und steuerte zusammen mit dem Schichtpersonal das Energiesystem. So bescherte mir die extreme Witterung eine Reihe zusätzlicher Einsätze als *Chef vom Dienst* und eine neue Kur im April an der Ostsee. Aber was war das schon gegenüber all den Maßnahmen, die in Auswertung dieses dramatischen Winters getroffen wurden. Unseren damaligen Energieminister, den wir als kompetenten Genossen kannten und schätzten, kosteten diese Ereignisse seinen Posten.

20 Auslandsambitionen

Seit 1973 war die DDR in der UNO. Die jahrzehntelange Ausgrenzung aus der Staatenorganisation war damit völkerrechtlich überwunden. In der Praxis ging jedoch die Auseinandersetzung zwischen den Systemen weiter, denn die Organisation der Vereinten Nationen stand weder damals noch heute außerhalb der politischen, ideologischen und ökonomischen Einflüsse. Eine gleichberechtigte Mitarbeit war nicht allein durch die Mitgliedschaft gegeben, sondern nur in dem Maße erreichbar, wie es gelang, entsprechende Positionen in der UNO und deren Spezialorganisationen zu besetzen. Dort werden Beschlüsse konkret umgesetzt und von dort fließen Beiträge der Länder - wenn überhaupt - mittelbar zurück.

Im Zuge dieser Entwicklung führte die DDR Ende der 70er, Anfang der 80er Jahre, als sie in der UNO und deren Spezialorganisationen noch immer unterrepräsentiert war, ihre außenpolitische Offensive weiter. Dafür wurden Kader gesucht. Ich wurde diesbezüglich angesprochen und äußerte Interesse. Eine geeignete Tätigkeit im Ausland, das konnte ich mir durchaus vorstellen. Ich war über mehrere Jahre als beauftragter Vertreter der DDR in einer Fachsektion der Ständigen Kommission für Elektroenergie des RGW tätig und hatte dort, wie auch in der direkten wissenschaftlich-technischen Zusammenarbeit der *Hauptlastverteilung*, mit Partnerinstitutionen der RGW-Länder internationale Erfahrungen sammeln können. Wieso sollte nicht auch ein Job im Rahmen der UNO möglich sein? Für mich war das eine reizvolle Perspektive, zumal ich ohnehin darüber nachdenken musste, wie es nach der Inbetriebnahme des *Regelzentrums* mit mir beruflich weitergehen sollte.

Meine Auslandsambitionen erschienen mir realistisch. Wem die DDR nicht fremd war, der wusste, dass man irgendwie in ein vorgegebenes Raster passen musste, von dem man wiederum nicht genau wusste, wie es tatsächlich aussah. Ich war mir aber eher sicher, dass man mich nehmen würde, wie ich war: Ich lebte in geordneten Familienverhältnissen. Etwaige negative Hinweise - von den kuriosen Grenzerlebnissen mal abgesehen - konnten meines Wissens einem solchen Einsatz nicht entgegenstehen. Andererseits konnte ich nicht wissen, wann und bei wem noch Informationen über mich eingeholt wurden und ob die überhaupt stimmten. Man kann schließlich nicht verhindern, dass jemand - aus welchen Gründen auch immer - schlecht über einen redet. Vor Denunzianten ist ja niemand gefeit. Wer jedoch im Grunde nichts zu verbergen hat, sagte ich mir, der konnte auch diese informellen Befragungen relativ gelassen über sich ergehen lassen.

In meinen Einschätzungen bestätigte man mir einen sachlichen und tiefgründigen Arbeitsstil, eine fundierte fachliche Arbeit, gesellschaftliches Engagement, politisches Verantwortungsbewusstsein und, wie ich nach der Wende aus mir zugänglichen Aktenunterlagen herausfand, einen guten Leumund auf der Arbeitsstelle. Weiter heißt es da, sei ich charakterlich ausgeglichen, zielstrebig und kritisch, im Auftreten sicher, jedoch leicht sprachbehindert. Ein Relikt aus meiner Kindheit, als ich in der Tat zeitweise stotterte und mich mit eiserner Energie gegen diesbezügliche Sprachstörungen wehrte.

Im Januar 1980 führte also jemand von der Abteilung Kader und Qualifizierung des *MfKE* mit mir ein Gespräch über die Aufnahme in die Kaderreserve für einen Einsatz im UNO-System. Im Ergebnis des Gespräches und nach Abstimmung mit der Familie erklärte ich mich mit einem solchen Einsatz grundsätzlich einverstanden.

Im Mai folgte ein weiteres Gespräch in der Abteilung Grundstoffindustrie des *ZK der SED*, an dem auch Sigrid teilnahm. Dort wurden wir erstmalig mit dem Problem einer möglichen Trennung von den Kindern konfrontiert. Um uns Gelegenheit zu geben, uns über die Rahmenbedingungen einer solchen Entscheidung zu informieren, wurde das Gespräch abgebrochen und im Juni im Außenministerium fortgesetzt.

In der Zwischenzeit machten wir uns kundig. Wir informierten uns über die Möglichkeiten zur internatsmäßigen Unterbringung der Kinder, erörterten Alternativen und berieten in der Familie und mit Kollegen, was wohl am besten sei, falls eine solche Option auf uns zukäme. Und ins Auge fassen mussten wir das, wenn wir ins Ausland wollten, denn vom Alter unserer Kinder her war, wie sich herausstellte, die ganze Unternehmung nicht sehr optimal. Ein paar Jahre früher, das wäre besser gewesen. Doch da ahnte ich nicht einmal, dass es die Möglichkeit eines solchen Auslandseinsatzes überhaupt gab, geschweige denn für mich.

Nun erfuhren wir, dass Kinder lediglich bis Ende der vierten Klasse eine Botschaftsschule der DDR besuchen könnten, danach müssten sie zurück in die Heimat. Alles andere ließen die Bestimmungen nicht zu. Also war klar, dass zumindest Ronald hier bleiben müsste. Allein wollten wir nicht ins Ausland. Wenn, dann sollte wenigstens Stefan mit. Das hieß aber auch, die Vorbereitung maximal zu beschleunigen. Und das war, wie sich noch zeigte, gar nicht so einfach. Umso mehr, da viele Entscheidungsträger einbezogen waren und die Vorbereitung in der Regel einen längeren Zeitraum in Anspruch nahm.

Die Vorbereitung auf die Kaderreserve der UNO war für uns eine große Umstellung und ein tiefer Einschnitt in die persönliche Entwicklung. Ein solcher Schritt erforderte Konsequenzen, die bis in den Beruf und die Familie hineinwirkten.

Die Frage einer zeitweiligen Trennung quer durch die Familie war eine davon. Was die Arbeit anging, gab es zwar zentrale Festlegungen zur rechtlichen Sicherstellung für den Zeitraum des Auslandseinsatzes und die Tätigkeit danach, aber mit den eigentlichen Problemen musste man schon selbst fertig werden. Schließlich gab man eine berufliche Stellung unwiderruflich auf. Die Ehefrau ebenso. Und Garantien für eine kontinuierliche Zukunft gab es nicht. Es war, genau genommen, ein Neubeginn, von dem niemand wusste, ob er überhaupt zum Ziel führte. Und das war das Hauptproblem. Solange kapitalistische Prinzipien die Kaderpolitik in der UNO dominierten und letztlich das internationale Kräfteverhältnis, so absurd es auch schien, über einen möglichen Einsatz entscheiden würde, war das nun mal so. Aber jedes Risiko birgt auch eine Chance und in diesem Fall war das nicht anders.

Jedenfalls wurde ich in die UNO-Kaderreserve aufgenommen und begann jetzt die zielgerichtete Vorbereitung auf die Aufgabe als *Internationaler Funktionär*. So nannte sich das in der DDR. Für mich war das alles wie ein Zeitfenster eines Starts zum Mars, das ich nutzen wollte. Als die Weichen gestellt waren, wurde ich arbeitsmäßig in jeder Hinsicht unterstützt. Ich übernahm eine neue Aufgabe, die es mir erlaubte, mich zugleich voll auf einen Auslandseinsatz vorzubereiten.

Im September 1980 begann ich intensiv mein Englisch zu reaktivieren. Russisch war kein Thema, aber mein Englisch war ziemlich verkümmert. Genau Englisch aber würde ich nun brauchen. Ich absolvierte postgradual drei Sprachkurse, die ich im Juli 1982 mit der Oberstufe abschloss. Jetzt war ich auch in Englisch gut drauf. Das Büffeln hatte sich gelohnt.

Im Januar/Februar 1982 besuchte ich einen UNO-Kurs am *Institut für Internationale Beziehungen* in *Potsdam-Babelsberg*. Für ein Interview mit dem Leiter des UN-Rekrutierungsbüros, das im Juni 1982 in *Berlin* stattfand, war ich nun bestens gerüstet.

Fragen zur Organisation der Vereinten Nationen beantwortete ich mit Betonung auf die Lösung internationaler Konflikte, die Gewährleistung von Frieden und Sicherheit, aber auch große Aufgaben im ökonomischen Bereich, einschließlich der technischen Hilfe. In meinen Antworten verwies ich, wo es mir angebracht erschien, auf relevante Fakten und Zahlen, wie z.B. die, dass sich etwa 80 Prozent der UNO-Mittel auf ökonomische Fragen konzentrierten.

Bei der Frage nach der *Neuen Internationalen Wirtschaftsordnung* erläuterte ich das strategische Ziel dieses Konzeptes, das auf die Verringerung der Kluft zwischen den entwickelten und Entwicklungsländern abzielt und durch eine grundlegende Reorganisation der internationalen Wirtschaftsbeziehungen erreicht werden soll. Dann warf ich das Problem der Globalisierung auf, sprach das Energieproblem als eine dieser globalen Fragen an, das auf einer gemeinsamen Grundlage gelöst werden müsse, und war sozusagen bei meinem Thema. Die UNO und ihre Spezialorganisationen seien der geeignete Ort, um solche Probleme zu beraten und zu lösen. Hier brachte ich auch meine Meinung zum Ausdruck, dass ich aufgrund meiner fachlichen Kompetenz und meiner langjährigen Berufs- und Managementerfahrung zur

Lösung dieser Fragen im Rahmen des UNO-Systems beitragen könne und im Grunde genau der sei, den die UNO sucht.

Sofort folgte die Frage, wie ich denn bei der Aufstellung eines Energieplanes für ein Entwicklungsland herangehen würde. Also antwortete ich darauf, ohne die Nutzung der neuen und erneuerbaren Energiequellen zu vergessen, indem ich auf die Weltkonferenz über neue und erneuerbare Energiequellen 1981 in *Nairobi* einging, Tendenzen ansprach und deutlich machte, dass die weltweite Lösung des Energieproblems notwendig und möglich ist. Schließlich hinterfragte er noch mein Studium in *Moskau,* mein Fachprofil usw., bis ich an seinen Gesten und Bemerkungen ablesen konnte, dass er wohl mit meinen Darstellungen und Ausführungen einverstanden war.

Ich hatte von meiner Vorstellung in diesem Gespräch, das eigentlich ein Test war, ein gutes Gefühl. Diesen Eindruck bestätigte mir auch der ministerielle Mitarbeiter, der den Interviews als Beobachter beiwohnte. Ihm gegenüber habe sich der Interviewer über meine Performance sehr zufrieden geäußert und mich als „a very strong candidate" eingestuft. Na also, er würde mich für einen Einsatz in der *UNIDO*, der *Organisation der Vereinten Nationen für Industrielle Entwicklung*, oder *UNCTAD*, *der Konferenz der Vereinten Nationen für Handel und Entwicklung*, weiterempfehlen. Jetzt wollte ich meine Entwicklung auf dem Gebiet der internationalen Arbeit unbedingt fortsetzen.

Trotzdem hatte ich den Eindruck, dass die Mühlen sehr langsam mahlten. Ich wurde zunehmend unglücklicher, weil nichts entschieden wurde. In dieser Zeit hing ich gewissermaßen zwischen allen Stühlen. Nichts schien weiterzugehen.

Schließlich gab es Übereinstimmung darüber, dass ich meine Einarbeitung im Außenministerium ab September fortsetzen konnte. Ich wurde stärker in die unmittelbare Arbeit des Sektors für Internationale Ökonomische Organisationen einbezogen und bemühte mich nun selbst mehr um Einsatzmöglichkeiten, indem ich systematisch Ausschreibungen der UNO auswertete und entsprechende Bewerbungsunterlagen schrieb. Als Einsatzort kamen für mich vorrangig die *UNIDO* in *Wien* bzw. die *ECE*, die

Wirtschaftskommission für Europa, in *Genf* in Frage. Außerdem wurde die Möglichkeit eines Einsatzes in der Ständigen Vertretung der DDR in *Wien* geprüft.

Im Dezember 1982 wurde dann zwischen dem Außenministerium, dem Ministerium für Kohle und Energie und mir der weitere Werdegang konkret vereinbart, so dass ich meinen Auslandseinsatz im März 1983 als wissenschaftlicher Berater in der Ständigen Vertretung der DDR in *Wien* aufnehmen konnte. Absicht war, von dort aus durch eigene Aktivitäten die Tür zur *UNIDO* ganz aufzustoßen.

Wir haben damals in der Familie viel hin und her überlegt, was für unseren Ronald, der nicht mit nach *Wien* konnte, das Beste sein würde. Entweder ins Internat nach *Königs Wusterhausen* oder zur Oma nach *Neubrandenburg*, das waren die Möglichkeiten, die es gab. Nach Abwägung aller Aspekte ging Ronald schließlich, wenn auch schweren Herzens, ins Internat nach *Königs Wusterhausen*. Wir hatten uns vorher alles angesehen, mit dem Personal gesprochen und viel Wert auf Ronalds Meinung gelegt. Es würde so wohl am besten sein. In England ließen Eltern, die es sich leisten konnten, ihren Kindern auch eine Internatsausbildung zukommen. So schlecht konnte das also nicht sein. Und ich kannte ja genug Internate aus meiner eigenen Entwicklung. Mir hatte das auch nicht geschadet. Außerdem war er dort unter Kinder, die alle das gleiche Problem hatten: die Eltern irgendwo im Ausland.

An Wochenenden, an denen Heimfahrt angesagt war, würde er zur Oma nach *Neubrandenburg* oder auch *Chemnitz* fahren. Außerdem halfen gute Freunde in *Berlin*, ihn zu betreuen. Und in den Sommerferien würde er nach *Wien* kommen können. Das war das Schönste, worauf wir uns alle das ganze Jahr freuten. *Wien* war ja nicht sonst wo in der Welt, sondern eigentlich, verglichen mit anderen möglichen Einsatzorten, ganz nahe bei *Berlin* und so schien uns unser Einsatz insgesamt doch eine recht optimale Lösung zu sein. Und Ronald, das wussten wir, war ein guter Junge. Auf ihn konnten wir uns verlassen.

Wiener Jahre

21 An der schönen blauen Donau

Am 1. März 1983 frühmorgens fuhren wir los. Unseren fast neunjährigen Trabi 105 L hatten wir zuvor zum amtlichen Schätzwert verkauft und danach einen Skoda 120 LS erworben. Unser neues Auto, das wir aufgrund des Auslandseinsatzes kurz vor unserer Ausreise vom Versorgungsbetrieb Inland - Ausland aus Leipzig abholen konnten, war sorgfältig gepackt. Das Abenteuer Ausland konnte beginnen.

Zwei Jahre hatten wir auf diesen Tag hingearbeitet. Kollegen, die in Wien tätig waren und die UNO-Arbeit kannten, hatten uns zahlreiche Hinweise zur Tätigkeit und auch zur Fahrtroute gegeben. Ich hatte viel registriert und gelesen. Nun aber war das alles Theorie. Die Praxis, das ahnte ich, würde ohnehin spannender und differenzierter sein. Jetzt mussten wir es selbst packen. Für solche wie uns, die bis dahin noch nie im westlichen Ausland waren, war es ein Schritt in völliges Neuland.

Die Fahrt ging zunächst über die Autobahn nach *Dresden*. Gleich nach Berlin der Abzweig *Königs Wusterhausen*. Unsere Gedanken waren bei Ronald, den wir dort zwei Tage zuvor ins Internat gebracht hatten. Hatten wir auch wirklich an alles gedacht?

Jetzt hieß es, sich auf die Tour zu konzentrieren. Das Auto ruckelte im Rhythmus der Betonstöße der Autobahn wie die damals üblichen Stöße der Eisenbahn an den Nahtstellen der Schienen. Da die rechte Fahrspur in der Regel am stärksten ausgefahren war, fuhr ich meistens auf der linken Spur. Noch heute neige ich zu dieser Fahrweise, obwohl die eigentliche Ursache, der schlechte Straßenzustand, gar nicht mehr besteht.

In *Dresden* verließen wir die Autobahn und folgten der E15 weiter nach *Zinnwald*. Diese Region und den Grenzübergang auf dem Kamm des Erzgebirges kannten wir vom Urlaub. *Teplice* auf der tschechischen Seite und die Strecke weiter nach *Prag* kannten wir ebenfalls von früher, jedenfalls einigermaßen. Eine Frage war, wie wir wohl durch *Prag* durchkommen würden, denn ich hatte manchmal etwas Zoff mit der Straßenausschilderung in der damaligen *CSSR*, ohne jedoch genau sagen zu können, was es war.

Meiner Meinung nach standen die Schilder mehr als anderswo nicht optimal, so dass man sie schlecht oder erst spät sah oder es waren andere Dinge, die mich störten. Vielleicht war die Denkweise der Verkehrsgestalter in diesem Nachbarland etwas anders. Entgegen allen Erwartungen klappte es jedoch mit Prag recht gut. Hinter *Prag* kamen wir, wie geplant, auf die Autobahn in Richtung *Brno* und *Bratislava.* Nach ca. 120 km Autobahn ging es dann auf der E84 in südlicher Richtung weiter nach *Jihlava* und *Znojmo.*

Gleich dahinter die Grenze. Auf der tschechoslowakischen Seite Sicherheitsstreifen, Wachtürme, Soldaten, die sich diskret zurückhielten, aber doch da waren. Man fühlte sich beobachtet und bewacht - eine etwas eigenartige, schwer zu beschreibende Atmosphäre. Dann erreichten wir nach einer kurzen hügeligen Strecke die österreichische Grenze in *Klein Haugsdorf.* Hier genau das Gegenteil - eher entspannt, freundliche Geschäftigkeit. Es war damals ein, wie sich später zeigte, wenig frequentierter Grenzübergang. Mit unseren Diplomatenpässen wurden wir auch dort problemlos abgefertigt und waren, ehe wir uns versahen, im Westen. So war das.

Aber kaum hatten wir Schlagbaum und Grenzposten hinter uns gelassen, fing plötzlich Stefan im Auto zu weinen an. „Ich will zurück, ich will nicht ohne meinen Bruder fahren, mein lieber Bruder“, rief er. Warum denn das? Es war doch gar nichts passiert. Alles war planmäßig gelaufen und jetzt diese Tränen. Wir hielten an und es stellte sich heraus, dass ihn das, was wir gerade erlebt hatten, offenbar emotional sehr belastete. Nun waren wir wirklich auf der anderen Seite der Grenze im Westen angekommen. Ronald, alle Omas, Opa und alle Freunde weg und überhaupt - wer weiß denn, was noch alles auf ihn zukommen würde.

Aber wir waren doch bei ihm, keine Flüchtlinge, wollten nur auf Zeit ausreisen. Früher oder später würden wir zurückkommen, das wusste Stefan doch. Warum dann trotzdem diese Reaktion von Traurigkeit? Wir haben es damals nicht verstanden, sondern nahmen an, dass der Stress der langen Fahrt dieses seelische Tief ausgelöst hatte. Sozialistische Länder kannte Stefan, die waren gut, aber der Westen, wer weiß… Also Papa, Mutti, wie konntet ihr bloß so etwas tun - war es das? Aber wir hatten doch vorher ausgiebig darüber gesprochen. Wir glaubten wirklich, ihn richtig auf das Abenteuer eingestellt zu haben. Und nun unerwartet diese Tränen… War das die Indoktrination des Systems, die Furcht vor dem „Eisernen Vorhang“, die eingeschliffene Vorstellung von den vermeintlich „bösen Menschen“ aus dem Westen? Als wir im Zuge der Entstehung dieses Buches noch einmal darüber sprachen, warum er damals so geweint hat, bestätigte Stefan dies: Ja, so war es. Er habe sich tatsächlich gefürchtet, als wir die Grenze auf der tschechoslowakischen Seite passierten, sich bedroht gefühlt von den, wie er empfand, schwer bewaffneten Grenzsoldaten.

Zum Glück fand Stefan seine Fassung in *Klein Haugsdorf* schnell zurück. Eigentlich waren wir ja ebenso berührt, hatten unsere Gefühle vielleicht nur besser im Griff. Aber so einfach war das nicht. Auch bei Sigrid kam keine Freude auf. Sie war, als wir die Grenze passierten, noch immer reserviert und skeptisch, was die Thematik Ausland anging. Diese Bedenken wurden hauptsächlich durch die familiäre Trennung zu Ronald genährt und bei aller Zuversicht auch von der nicht zu verdrängenden Ungewissheit, was uns die Zukunft des Auslandseinsatzes wohl bringen würde. Diese Zweifel haben sich im Laufe der Zeit so relativiert und zerstreut, dass Österreich noch heute unser Reiseland Nr.1 ist und wir gerne an die Zeit von damals zurückdenken.

Für mich überwogen bei dieser Grenzepisode eher rationale Aspekte. Ich verstand das Passieren dieser Grenze mehr als Folge eines Prozesses, dessen Wirkung sich jetzt zeigte. Trotzdem, wenn auch manche Emotion vielleicht in den Hintergrund verdrängt wurde, unberührt ließ mich diese Begebenheit nicht. Schließlich hatten wir gerade den „Eisernen Vorhang“ hinter uns gelassen. Ich konnte dieses Ereignis zwar irgendwie gefasst begegnen, denn viele Zusammenhänge kannte ich, doch ich wusste auch, dass für unzählig viele Menschen dieser Schritt von Ost nach West tabu war. Es wäre ökonomisch nicht machbar, hieß es, politisch unrealistisch und war damals, sage ich, auch gar nicht gewollt. Solche und ähnliche Gedanken kamen einem schon und ließen in mir kein Glücksgefühl aufkommen. Die Realität war so, wie sie war. Damit musste jeder leben und ich war jetzt gespannt auf das Neue und die damit verbundenen Herausforderungen im Westen. In der Gefühlsskala zwischen Angst und Freude, Erregung und Beruhigung, Lust und Unlust, Anspannung und Erleichterung überwog letztlich eine optimistische Gemütslage, in der sich die angestauten Unwägbarkeiten sowie die Gefühls- und Stimmungswelt der zurückliegenden zwei, drei Jahre - in denen ja auf diesen Grenzgang hingearbeitet wurde- in Genugtuung und positives Denken auflösten: In jedem Wagnis eine Chance! Wenn auch nicht ohne Risiko, so doch kalkulierbar, zumindest mehr oder weniger, wie mir schien.

Nun ging es aber weiter. Gleich nach der Grenze führte die Straße durch die ersten Weinberge. Wir hielten an und ließen das neue Umfeld auf uns wirken. Die ersten Ortschaften grüßten in der Ferne und *Wien*, das sich noch hinter dem *Wiener Wald* versteckte, schon fast zum Greifen nahe. Sanfte Hügel erst, noch keine hohen Berge, auch noch kein Zwiebelturm oder Spitzhaube in Sicht wie in *Bayern*, aber doch wirklich *Österreich*.

Wir machten uns wieder auf den Weg. Schon in *Hollabrunn*, dem ersten größeren Ort nach der Grenze, fiel uns neben der unübersehbaren Reklame die Buntheit der Fassaden auf. Auf einmal gab es wieder Farben, was wir als sehr angenehm empfanden. Es ging also auch anders als grau in grau - die „chronische Mangelerscheinung des Sozialismus" im Häuserbau, wie ich später einmal las. In *Stockerau* fuhren wir auf die Autobahn, die sich der *Donau* entlang bis nach *Wien* hineinzieht. Von blau und schön war an diesem Tag, an dem die Sonne sich nur vereinzelt zeigte, wenig zu sehen, aber diesem Klischee konnte der Fluss später noch alle Ehre machen. Beim Anblick der *Donau* fiel mir sofort ein Spruch aus der Schulzeit ein, mit dem ich mir einige ihrer Nebenflüsse einprägte: *Iller, Lech, Isar, Inn*, fließen zu der *Donau* hin; *Altmühl, Naab* und *Regen* fließen ihr entgegen.

Zunächst aber surrte unter unseren Autorädern noch die Autobahn. Es war ein anderes Geräusch als wir es von unserer Autobahn her kannten. Das Surren erinnerte an das gedämpfte Geräusch eines Gebläses - ein völlig neues Autobahngefühl.

Korneuburg und *Klosterneuburg* waren die nächsten Orte, bevor sich dann hinter den Hausbergen *Wiens* die Stadt zeigte. Vom linken Donauufer grüßten Donauturm und *UNO-City*, dann weiter über die Reichsbrücke, am *Prater* vorbei in die gleichnamige Straße bis zur *Unteren Donau-Straße*, wo die Ständige Vertretung ihren Sitz hatte. Gegen 17.00 Uhr, nach etwa. 12 Stunden Fahrt, waren wir am Ziel.

Nachdem uns Botschafter und Personal empfangen hatten und erste Informationen ausgetauscht waren, lotste uns ein Mitarbeiter der Ständigen Vertretung durch die Stadt nach *Hietzing*. Dort bezogen wir in der *Hietzinger Hauptstraße* unser erstes Quartier, das wir aber bald wieder wechselten. Auch die zweite Wohnung war eine Zwischenlösung, bis wir dann im Herbst in der *Auhofstraße*, mitten unter Wienern, unsere endgültige Wohnung fanden. Es war eine rund hundert Quadratmeter große Dreizimmerwohnung im ersten Obergeschoss mit einem 20-m^2-Balkon in Gartenlage auf der Südseite und einem Autoabstellplatz in einer Tiefgarage. Wir waren mit unserem Los zufrieden. Stefan besuchte die Botschaftsschule, Sigrid fand bald Arbeit in der Botschaft und ich stürzte mich in meine Tätigkeit in der Ständigen Vertretung. Von hier aus sollte und wollte ich den Sprung in die *UNIDO* schaffen. UNO-gemäß wohnten wir ja bereits.

22 Im Dienste der Republik

Jetzt war ich Diplomat. Wann hätte ich jemals geglaubt, mich auf diplomatischem Parkett, der Welt des Protokolls und der Etikette, wiederzufinden. Wie doch das Leben so spielt.

Zunächst mussten Visitenkarten her, die ein wichtiges praktisches Hilfsmittel für die Arbeit sind, im diplomatischen Dienst besonders. Auf meinen stand nun schwarz auf weiß *Wissenschaftlicher Berater des Ständigen Vertreters der DDR bei den Internationalen Organisationen in Wien*. In dieser Funktion hatte ich Aufgaben der ökonomisch-technischen Zusammenarbeit der DDR mit der *UNIDO* zu koordinieren und diplomatische Aufgaben zu erfüllen, die sich aus der Arbeit der Vertretung ergaben. Konkret hieß das: Vermittlerdienste für DDR-Firmen erledigen, Gespräche anbahnen und führen, Arbeitskontakte aufbauen und pflegen, Veranstaltungen besuchen, Entwicklungen verfolgen, Informationen austauschen, Vorschläge erarbeiten, verhandeln, Kompromisse ausloten...

Ein Schwerpunkt war die Vorbereitung und Durchführung von Tagungen, wie die Jahrestagungen des *UNIDO*-Rates, die 4. Generalkonferenz der *UNIDO* und Treffen zur Umwandlung der *UNIDO* in eine Spezialorganisation der Vereinten Nationen. Mit dem Letzteren war eine Reihe analytischer und konzeptioneller Arbeit verbunden, denn um jede Veränderung in den Organisationen der Vereinten Nationen wurde heftig gerungen. Alles Für und Wider galt es sorgfältig abzuwägen, mit den zuständigen Stellen in *Berlin* und den Vertretern der verbündeten Länder in *Wien* abzustimmen. In der Zeit des „Lagerdenkens“ waren der Politik gemeinsame Positionen und Vorgehensweisen der verbündeten Länder immer besonders wichtig und das auch noch zu der Zeit, als die Solidarnosc-Bewegung in *Polen* und Gorbatschows Idee der Perestroika die Front der sozialistischen Länder und das „natürliche“ Bündnis mit den Entwicklungsländern mehr und mehr aufzubröckeln begann.

Doch das „Schubladendenken“, wonach die sozialistischen Länder auf der einen, die kapitalistischen Länder auf der anderen Seite und dazwischen die Entwicklungsländer standen, taugte ohnehin nur für unzutreffende Klischees. In Wahrheit verliefen die Grenzen je nach Sachproblem und Interessenlage der Länder schon immer quer durch die einzelnen Gruppierungen, ob verbündet oder nicht, denn die Interessen sind insgesamt sehr heterogen, immer objektiv und subjektiv gefärbt. Bei allem „Blockdenken", das es ohne Zweifel gab, war deshalb für mich als „Amateurdiplomat" immer interessant, wie differenziert sich die Positionen der Länder darstellte. Manchmal wurde auch, wie es mir schien, um des „Kaisers Bart" gestritten. Dann wurde buchstäblich ums Komma oder ein bestimmtes Wort gerungen, wo für jemanden wie mich, der eher nach rationalen Gesichtspunkten zu urteilen pflegte, beim besten Willen kein Streitpotenzial auszumachen war.

Besonders stressig war es, wenn ein augenscheinlicher Konsens, mit dem eigentlich alle leben konnten, erreicht war, dieser aber wegen einer solchen Nichtigkeit doch wieder ins Wanken kam. Dann war auf einmal diese oder jene *eckige Klammer* im Text wieder da und die Verhandlung konnte sich sogar in eine Richtung entwickeln, die vorher so nicht gesehen wurde. Manchmal verbarg sich dahinter Taktik, manchmal die Profilierungssucht Einzelner - auch das gab es - manchmal war es aber auch der ernsthafte Versuch, der Verhandlung auf diese Weise, durch die Hintertür sozusagen, doch noch eine andere Entwicklung zu geben. So konnte gegebenenfalls, wenn die Kontrahenten nicht aufpassten, noch erreicht werden, was vorher nicht machbar erschien.

Diplomatie ist nichts anderes als die Wahrnehmung eigener Interessen, sagt man, wobei die eigenen Interessen jedoch die Ziele des Staates sind, den man vertritt. Diplomatie gleicht aber auch einem Schachspiel, in dem eine vermeintlich gleichwertige oder verlorene Position durch einen geschickten Schachzug offen gehalten, in einen Vorteil umgemünzt oder eine vorteilhafte Stellung ausgebaut bzw. auch verloren werden kann. Je flexibler die Strategie, je verdeckter der Angriff, desto größer die Aussicht auf Erfolg. Aber all diese Gratwanderungen, bei der mit diplomatischen Geschick viel erreicht, durch falsche Weichenstellung jedoch auch viel verspielt werden kann, möge den Berufsdiplomaten vorbehalten bleiben. Eins habe ich jedenfalls verinnerlichen können: Ein Diplomat muss nicht alles sagen, was er denkt, doch was er sagt, muss stimmen. Ein hehrer Anspruch. Nicht nur in der Diplomatie.

Obwohl ich, wie andere mir bescheinigten, Verhandlungsgeschick besaß, den Beraterjob voll ausfüllte und diese Tätigkeit interessant fand, eine dauerhafte Beschäftigung als Berater des DDR-Botschafters konnte ich mir, soweit ich das steuern konnte, nicht vorstellen. Für mich war viel wichtiger, Einstiegsmöglichkeiten in der *UNIDO* zu finden, um dort mein Geld zu verdienen. Und so baute ich im Sekretariat der *UNIDO* insbesondere dort Beziehungen auf, wo die Chancen am größten schienen.

Ich wusste auch, dass die *UNIDO* niemanden einstellen würde, der seine fachliche Eignung nicht als Experte oder dergleichen nachgewiesen hatte. Im Frühjahr 1984 bot sich dafür eine Möglichkeit als *UNIDO*-Consultant. Ich bewarb mich und bekam einen befristeten Vertrag. Auf dieser Grundlage hatte ich für ein Konsultationstreffen 1985 in *Stockholm* eine Fallstudie zu erarbeiten. Das Thema behandelte *Erfahrungen und Ergebnisse der DDR in der Investitionsgüterindustrie energiebezogener Ausrüstungen und Technologien und Möglichkeiten der Kooperation.*

In Abstimmung mit unserem Botschafter zog ich mich aus den operativen Aufgaben der Vertretung zurück und begann mit der Erarbeitung des Materials. Zuvor hatte ich mit einer renommierten Consulting-Firma in *Berlin* Kontakte geknüpft, war dienstlich dort und hatte mir Ansprechpartner gesucht, mit denen ich über inhaltliche Fragen der Studie sprechen konnte. Die Consulting-Firma versorgte mich auch mit Literatur und Hintergrundinformationen, die ich für die Studie benötigte. Der Generaldirektor der Firma sollte die Studie vor der Veröffentlichung abzeichnen, oder wie er es nannte - „abnicken". Damit sollte sichergestellt werden, dass keine aus Sicht der DDR schutzwürdigen oder zu anderen offiziellen Publikationen widersprüchlichen Informationen veröffentlicht werden konnten. So ein „Abnicken" liebten die Chefs von DDR-Firmen gar nicht, denn so lange alles o.k. war, gab es keinen Ärger, aber was, wenn hier oder dort eine nicht autorisierte Zahl durchrutschen oder diese oder jene Aussage plötzlich einen ungewollten Zusammenhang preisgeben würde? So etwas ist im Rahmen einer solchen Ausarbeitung denkbar. Für solche Ungereimtheiten war die zentral geleitete Wirtschaft sehr sensibel und allergisch. An meiner Fallstudie war diesbezüglich jedoch, so hoffe ich, wenig herumzumäkeln. Ich kannte die Problematik und achtete schon selbst auf eine korrekte Darstellung. Als Gegenleistung für ihr Engagement wurde die Consulting-Firma ökonomisch am Ergebnis der Studie beteiligt. Ein kleiner Anreiz, der zählte.

Unsere Wohnung in *Wien* wurde jetzt Büro. Zumindest ein Zimmer wurde in eine Studier- und Schreibstube umfunktioniert. Dorthin konnte ich mich zurückziehen und an meiner Studie basteln. Ich erschrak, als mich eines Tages der Herr unter uns ansprach und danach fragte, was ich denn wohl spät abends in unserer Wohnung so treibe und ob das um die Zeit noch sein müsse. Es würde wie das Ticken einer Schreibmaschine oder eines Druckers klingen. Was es auch sei, es störe sehr beim Schlafen… Wer kann aber auch wissen, dass ich meinen Arbeitsplatz genau über dem Schlafzimmer des Ehepaares eingerichtet hatte. Ich sagte einige aufklärende Worte in Richtung Terminarbeit und entschuldigte mich, denn der Einwand war natürlich berechtigt.

Ab sofort verlegte ich meine Schreibarbeit, wenn es denn spät wurde, in die Essecke unseres Wohnzimmers. Außerdem dämmte künftig eine dicke Filzmatte den Schall der Schreibmaschine. Da ich auch in der *UNIDO* arbeiten, die Bibliothek und alle technischen Mittel nutzen und involvierte Mitarbeiter jederzeit sprechen konnte, hatte ich insgesamt, wie ich fand, ausgezeichnete Arbeitsbedingungen.

Die verfügbare Zeit war relativ knapp - laut Vertrag genau zwei Monate. Die Studie sollte - ohne Anlagen gerechnet - etwa fünfzig Schreibmaschinenseiten umfassen und musste natürlich in Englisch vorgelegt werden. Bei Erfüllung des Auftrags würden 3.000 US-Dollar plus anfallende Reisekosten gezahlt. Ich legte mich mächtig ins Zeug, stimmte meine konzeptionellen Vorstellungen mit der *UNIDO* und *Berlin* ab und füllte das Papier entsprechend den *Terms of Reference*, den Vertragskonditionen, mit Inhalt. So nahm die Studie nach und nach Gestalt an und wurde schließlich ein in sich geschlossenes Dokument. Ich war mir einigermaßen sicher, dass ich es vorzeigen konnte. Ohne Anlagen waren es 78 Seiten geworden, insgesamt 106, alles in Englisch und eigenhändig getippt.

Die Studie wurde planmäßig fertig, präsentiert und erfolgreich verteidigt. Es war sozusagen meine Referenz für den Einstieg in die *UNIDO*. Jetzt würde sich die Waage so oder so nach oben oder unten neigen. Unser Botschafter schob gegenüber der Organisation nochmals seine Erwartung hinsichtlich meiner Bewerbung nach und veranlasste noch diese und jene Korrespondenz.

Ende August erhielt ich dann schließlich ein offizielles Angebot für einen Posten im *UNIDO*-Sekretariat in *Wien*. Obwohl es nicht mein „Traumjob" war - schließlich war ich ja kein Maschinenbauer und hatte mehr auf eine Stelle in der Speziellen Energieberatergruppe gehofft, die direkt beim Generaldirektor der *UNIDO* angesiedelt war - nahm ich das Angebot an. Entscheidend würde ohnehin sein, was ich daraus machen würde.

Am 15. Oktober 1984 nahm ich, wie inzwischen vereinbart, meine Tätigkeit als *Industrial Development Officer* in der *Engineering Industries Branch* auf. Bei einer fünfstufigen Planstellenskala war eine P4-Stelle, auf der ich jetzt angesiedelt war, ein wohl angemessener Posten. Es war geschafft - und das in einer Phase angespannter Finanzen und eines bestehenden Einstellungsstopps im *UNIDO*-Sekretariat. Ich konnte endlich durchatmen und war insgesamt zufrieden. Außerdem hatte der Einsatz als Consultant noch einen, wenn auch bescheidenen, ökonomischen Nutzen für die DDR gebracht.

23 In der UNIDO

Die *UNIDO*, hervorgegangen aus dem *Zentrum für Internationale Entwicklung (CID)*, ist 1967 auf Empfehlung des *Wirtschafts- und Sozialrates (ECOSOC)* von der Vollversammlung der Vereinten Nationen gegründet worden. Ziel war, die Industrialisierung in den Entwicklungsländern zu fördern und zu beschleunigen. Im Wesentlichen leistet sie industrielle und technologische Hilfe zur Selbsthilfe.

Seit 1979 ist *Wien* Ständiger Sitz der Organisation. Mitte der 80er Jahre waren hier etwa 1.750 Mitarbeiter aus allen Ländern untergebracht, zirka ein Drittel davon, zu denen jetzt auch ich gehörte, waren gewissermaßen Beamte mit fachlicher Ausbildung. Darüber hinaus beschäftigte die *UNIDO* damals noch etwa 1.100 Sachverständige im Außendienst, darunter Feldexperten und leitende Außendienstberater.

Seit 1986 ist die *UNIDO* eine *Sonderorganisation der UNO* und damit von *New York* unabhängig. Aufgaben und Budget werden seitdem in *Wien* bestimmt. Die Selbständigkeit der Organisation wurde damit zweifelsohne größer, doch der Preis dafür war, was sich in der Folgezeit auch zeigte, ein Verlust an Sicherheit.

Mit Haushaltskürzungen zwischen 1993 und 1996 wurde der Mitarbeiterstab auf rund 780 Beschäftigte reduziert. Die *USA*, mit 25 Prozent der größte Beitragszahler, was bei einem 2-Jahres-Etat der *UNIDO* von zirka 200 Millionen US-Dollar (1996/97) etwa 25 Millionen US-Dollar pro Jahr entspricht, trat 1996 aus der *UNIDO* aus. Schon in den Jahren davor haben die *Vereinigten Staaten* nur einen Teil ihrer Beiträge bezahlt und waren so gegenüber der *UNIDO* hoch verschuldet. Sie hielten die *UNIDO* für überflüssig, weil sich die Industrialisierung besser auf bilateraler Ebene oder durch Privatfirmen fördern lasse. Außerdem gab es ja die Weltbank und andere Organisationen, die ebenfalls in diesem Bereich tätig waren, wo die *USA* aber viel stärker das Sagen hatten. Wozu dann also die *UNIDO*, der doch auch andere Industriestaaten mangelnde Effizienz vorwarfen.

Doch die eigentliche Frage ist, ob solche Organisationen politisch gewollt sind oder nicht. Wenn nicht, wird es immer wieder Gründe geben, die dagegen sprechen. Auf dem Gebiet der Industrialisierung hat die *UNIDO* aber ihren Platz in jedem Fall, denke ich. Das Statut ist Auftrag genug. Schließlich gibt es gerade unter den Bedingungen der Globalisierung in den Entwicklungsländern Herausforderungen, die nur durch eine internationale Organisation im Interesse aller gelöst werden können. Dazu gehören Fragen der Energieversorgung, der Entwicklung von Produktionskapazitäten, der Erhaltung und Bewahrung der Umwelt, der Klimaveränderung und viele andere Probleme, die mit der Industrialisierung der Dritten Welt verbunden sind. Die Kräfte des Marktes allein können diese Probleme nicht wirklich lösen, sondern führen zwangsläufig zur Ausbeutung des Schwächeren durch den Stärkeren. Formen der Wirtschaft und Kooperation, die solche Verhältnisse stärken, sind der falsche Weg, die Unterentwicklung der Dritten Welt zu überwinden und gehören abgeschafft oder reformiert.

Internationale Organisationen wie die *UNIDO* sind ausgezeichnet legitimiert, die Entwicklungsländer beim Aufbau ihrer nationalen Industrien, der Überwindung von Rückständigkeit und Abhängigkeit auf demokratischer und gerechter Grundlage zu unterstützen. Die Festigung des staatlichen Sektors, wie von den sozialistischen Ländern einst verfolgt, gehört dazu. Auch dann, wenn die *UNIDO* heute aufgrund der Rahmenbedingungen immer mehr mit der Privatindustrie kooperiert. Andernfalls können die negativen Auswirkungen der neoliberalen Praktiken der Monopole und der Globalisierung auf die Entwicklungsländer nicht eingegrenzt werden.

Es gibt Experten, die die Existenz der Organisation überhaupt gefährdet sehen, obwohl der administrative Kostenanteil bei technischen Projekten inzwischen deutlich gesenkt wurde. Die Existenz der *UNIDO* muss aber nicht zwangsläufig gefährdet sein, wenn es gelingt, dem Missbrauch der Organisation durch das internationale Kapital und einer zügellosen Marktwirtschaft entgegenzuwirken.

Im Zweijahreszeitraum 1984/1985, als ich in die *UNIDO* kam, belief sich der reguläre Haushalt der *UNIDO*, aus dem die Verwaltung finanziert wird, auf 75,7 Millionen US-Dollar. 1986/1987 betrugen diese Ausgaben 112,7 Millionen US-Dollar. Verwaltung umfasst hier die administrative und personelle Betreuung von Verwaltungs- und Entwicklungsaufgaben, spezielle Beratungsdienste sowie einige Ausbildungs- und Sonderprogramme.

Die Finanzierung der Projekte erfolgt aus mehreren Quellen. In den 80er Jahren kamen rund 2/3 der Mittel aus dem *Entwicklungsprogramm der Vereinten Nationen (UNDP),* der übrige Teil aus dem *UN-Fonds für industrielle Entwicklung (IDF),* dem Regulären *UN-Programm für technische Hilfe* und anderen. 1985 führte die *UNIDO* zum Beispiel 1.694 Projekte im Wert von zirka 95 Millionen US-Dollar durch. Darunter gab es erfolgreiche und sicherlich auch verfehlte Projekte. Insgesamt waren die Ergebnisse jedoch bestimmt nicht schlechter als in anderen vergleichbaren Organisationen.

Den „Absturz" der Organisation, die aufgrund ihrer begrenzten Ressourcen wie andere internationale Organisationen „nur" Hilfe zur Selbsthilfe leisten kann, habe ich nicht mehr miterlebt. In meiner *UNIDO*-Zeit stand die Existenz der Organisation jedoch nicht wirklich auf dem Spiel, auch wenn der berechtigte Ruf nach mehr Effizienz und strukturellen Veränderungen Dauerthema war. Aber Fragen der Effektivität sind ja überall aktuell, wo wirtschaftliche Prozesse im Mittelpunkt stehen und das ist auch richtig. Da macht die *UNIDO* keine Ausnahme.

Laut Jahresbericht der *UNIDO* 1999 belief sich das reguläre Budget für die Jahre 2000/2001 auf 132,9 Millionen US-Dollar. Die Gesamtzahl der Mitarbeiter am Hauptsitz *Wien* und im Feld wird darin mit 703 angegeben. Die Anzahl der Mitgliedsländer war zu der Zeit durch den Zerfall der ehemaligen *Sowjetunion* und der *Balkanregion* in eigenständige Nationalstaaten auf 169 gestiegen. Alles in allem kann man sagen, dass die *UNIDO* auch unter den veränderten Bedingungen eine äußerst wichtige Arbeit leistet. Mit den Erfahrungen ihrer inzwischen mehr als 35-jährigen Tätigkeit ist die Organisation weltweit der erfahrenste Problemlöser im Bereich der Industrialisierung der Dritten Welt.

24 Technische Hilfe

Ich wollte meine Aufgabe ordentlich machen und mit meinen Möglichkeiten Entwicklungshilfe leisten. Das war meine Vorstellung und sicher schwer genug. Weltverbesserer wollte ich nicht sein, auch die Organisation würde ich nicht ändern wollen oder können. Das war und ist Aufgabe der Mitgliedsländer, die letzten Endes in den dafür bestimmten richtunggebenden Gremien selbst darüber entscheiden, welchen Kurs sie auf dem Weg zum industriellen Fortschritt einschlagen wollen.

Für mich als Mitarbeiter war die *UNIDO* wie sie war. Dazu gehörte, dass die Arbeit des Sekretariats schon damals von marktwirtschaftlichen Leitungsprinzipien und in hohem Maße durch die Persönlichkeit und Ambitionen der jeweiligen Chefs dominiert wurde.

Mein Abteilungsleiter war Amerikaner, mein Direktor des Bereiches *Industrielle Dienste* Russe. Mit beiden verband mich ein guter Draht. Die Hauptbotschaft bei meinem Arbeitsantritt war die, dass ich machen könne, was immer ich wolle, nur die Projekte müssten kommen, die der Organisation helfen, die Probleme zu lösen und zu überleben. Fachlich zuständig sei ich für meine Arbeit selbst, da könne mir niemand helfen und wolle mir niemand hineinreden, da müsste ich selber durch. Im Übrigen könne und solle ich alle Möglichkeiten, welche die *UNO-City Wien* biete, nutzen, um maximale Ergebnisse zu erreichen.

Und diese Möglichkeiten waren in der Tat hervorragend: UNO-Bibliothek, rechnergestützte Leitungs- und Informationssysteme, hoch motivierte Mitarbeiter und Sekretärinnen, gut ausgestattete Sekretariate, ausgezeichnete Kopiermöglichkeiten und ein riesiger Commissary-Shop.

In diesem Supermarkt, wo UNO-Angestellte und akkreditierte Diplomaten zahlreiche Waren des täglichen Gebrauchs bequem (direkt im Haus) und günstig (zoll- und steuerfrei) einkaufen konnten, wurden beachtliche Mengen ausländischer Waren - und zwar ausschließlich ausländische Produkte - umgesetzt. Die *Wiener UNO-City*, in der Boulevardpresse auch *Wiener UNO-Paradies* genannt, war ob der großzügigen Privilegien, die angeblich die von *Genf* und *New York* weit übertrafen, häufig im Visier der Öffentlichkeit. Ein ausgesprochenes Reizthema.

Für DDR-Bürger, die Begriffe wie Brutto/Netto, Rabatte, Mehrwertsteuer, Ein-/Ausfuhrzölle etc. bis zur Wende eher als abstrakte Fremdwörter kannten, war es ohnehin eine andere Welt, die man so nahm, wie sie war. Also kauften wir dort im Rahmen des Erlaubten wie alle anderen auch. Allerdings fanden wir es schon etwas sonderbar, dass es in diesem Exquisit-Laden offenbar nur ein einziges DDR-Produkt gab - den *Nordhäuser Doppelkorn*.

Mit welcher Sichtweise auch gegen oder für die geltenden Privilegien argumentiert wurde, die Arbeitsbedingungen waren ausgezeichnet. Jeder hatte sein eigenes Arbeitszimmer. Alles war optimal auf eine produktive und effektive Arbeit zugeschnitten. Bei den Mitarbeitern waren vor allem fachliche Kompetenz und eigenverantwortliches Handeln gefragt. Dynamische Kader mit Sachkompetenz waren besonders willkommen.

Bald war klar, dass es ein sich selbst regulierendes System war, in das ich geraten war - je mehr ich arbeitete, desto mehr Arbeit kam und je mehr Arbeit kam, desto mehr musste ich arbeiten. Insofern hatte man einen gewissen Spielraum, sich seinen Job einzurichten. Ich glaube aber nicht, dass dies missbraucht wurde. Letztlich wollte jeder etwas leisten und das Rekrutierungsprinzip basierte ja darauf, dass eine gewisse Vorauswahl stattfand, so dass man davon ausgehen konnte, dass jeder Angestellte Prüfungen hinsichtlich seiner Eignung bestanden hatte.

Dennoch gab es bei den Mitarbeitern, wie mir schien, erhebliche Leistungsunterschiede. Keinem war auf Anhieb nachzusagen, wie groß fachliche Kompetenz und wie viel politischer Druck trotz Ausschreibungsverfahren für seine Einstellung maßgeblich gewesen waren. Wer sich schwer tat, hatte in der Regel wohl fachliche Probleme oder war nicht kreativ genug, die Anforderungen so zu managen, dass wenigstens der Anschein von Sachkompetenz gewahrt blieb. Auf Dauer waren solche Schwächen nicht zu verheimlichen, in vornehmlich fachlich arbeitenden Struktureinheiten gar nicht, in Querschnittsabteilungen schon eher. Was überhaupt kein Mittel sein konnte, war blinder Eifer, übertriebener Aktionismus, der irgendwann kontraproduktiv wurde, mögliche Freiräume verbaute oder eigene Nachteile beförderte.

Das Management neigte dazu, die Tätigkeit der Mitarbeiter in unserem Bereich ausschließlich an der Implementierung zu messen, das heißt an dem finanziellen Umfang realisierter Projekte. Bedingungen, Besonderheiten der Projekte (große, kleine, Struktur, Qualität usw.) blieben dabei auf der Strecke, weil letztlich alles auf eine einzige Zahl reduziert wurde, nämlich auf die, wie viel US-Dollar realisiert wurden. Nach dieser Methode waren Großprojekte mit möglichst großen Ausrüstungskomponenten besonders lukrativ. Kleine Vorhaben konnten im Grunde den gleichen Aufwand und manchmal sogar noch mehr Arbeit erfordern, sich jedoch in der Bilanz äußerst bescheidener niederschlagen.

So ungerecht eine solche Herangehensweise bei der Bewertung auch sein kann, sie ist für die Leistungsbemessung einfach, stimuliert und schafft Zwänge für eine ergebnisorientierte Arbeit. Auch wenn dadurch negative Verhaltensweisen gefördert und Schwächen überdeckt werden können. 13 Prozent jedes realisierten Projektes stellten reale Einnahmen dar, mit denen die Arbeit des Sekretariats mitfinanziert wurde und das war schließlich wichtig. Unser Stellvertreterbereich *Operative Dienste* und jede einzelne Stelle mussten sich finanziell selbst tragen. Insofern verdiente ich mein eigenes Geld und lag niemandem auf der Tasche. Das war mir wichtig, na klar.

Natürlich habe auch ich Lehrgeld gezahlt. Anfangs glaubte ich zum Beispiel, überall sparen zu müssen, denn die Mittel waren knapp. Bald merkte ich aber, dass man so absolut ins Hintertreffen geraten konnte und nichts damit erreichte außer einer geschmälerten Durchführung. Also änderte ich rasch meine Strategie. Meine Aufgaben in der *Engineering Industries Branch* konzentrierten sich auf Energieprojekte, Vorhaben der Energietechnik, Elektrotechnik/Elektronik und Metallverarbeitung. Die meisten dieser Projekte waren ohnehin kleinerer Natur. Trotzdem ließen mich meine Aktivitäten auf dem Gebiet neuer und erneuerbarer Energiequellen, Kleinwasserkraft- und Windkraftanlagen, Solartechnik - also alles Projekte zur Nutzung von Wasser, Sonne, Wind - zu einem gefragten Anlaufpartner in der *UNIDO* werden. Bei unserem

Management war ich bald ob des Arbeitsschwerpunktes *alternative Energiekonzepte* der „sunny Official“. Jedenfalls habe ich das schriftlich und zwar eher anerkennend als scherzhaft gemeint. Allerdings waren meine Projekte eher von kleinerer Struktur, so dass ich mich mächtig strecken musste, um meinen finanziellen Beitrag auch quantitativ zu leisten.

Als *klein* galten Projekte mit einem Gesamtumfang von unter 100.000 US-Dollar, als mittlere solche bis 400.000 US-Dollar und große darüber. Damals entfielen ca. 10 Prozent aller Aktivitäten der technischen Hilfe auf Energieprojekte. Davon betrug der Anteil regenerativer Energien Anfang der 80er Jahre zirka 0,5 Prozent, Ende der 80er waren es etwa 3 Prozent. Gemessen am riesigen Potential ist die Nutzung erneuerbarer Energien auch heute noch immer viel zu bescheiden. Der Grund dafür ist die Wirtschaftlichkeit, aber auch der Widerstand derer, die der konservativen Energie-Lobby nahe stehen. Aufgrund der begrenzten fossilen Energieträger, der Tschernobyl-Problematik, der Gefahren von „Atommüll“-Endlagern etc. gehört den alternativen Energien ohne Zweifel die Zukunft. Außerdem sind die geographischen und klimatischen Bedingungen für die Nutzung erneuerbarer Energien gerade in der Dritten Welt äußerst günstig.

Es würde mich wundern, wenn bis Mitte des 21. Jahrhunderts nicht etwa die Hälfte des künftigen Weltenergiebedarfs allein durch Sonnenenergie gedeckt wird. Schließlich herrscht weitgehend Einigkeit darüber, dass die katastrophalen Veränderungen des Weltklimas nur mit Hilfe von erneuerbaren Energien zu verhindern sind. Ohne eine wirkliche Energiewende geht das aber nicht.

25 Unterwegs in Asien

Dienstreisen brachten mich in 16 Länder Europas, Asiens, des Nahen Ostens, Afrikas und Nordamerikas - nicht mitgerechnet die Länder, wo ich Zwischenaufenthalte hatte. In einigen Ländern war ich mehrfach.

Hauptzweck dieser Reisen war es, Projekte zu entwickeln, den Stand laufender Maßnahmen zu kontrollieren oder die *UNIDO* auf Tagungen zu vertreten. Meistens waren das ausgesprochen Arbeitsreisen. Oft verwandelten sich dabei meine Hotelzimmer in Büros oder ich saß Wochen oder Monate nach der Arbeit und an Wochenenden an der Vorbereitung solcher Missionen, denn oft liefen diese Vorbereitungen zusätzlich und parallel zum „normalen“ Tagesjob. Voraussetzung für die Teilnahme an Tagungen und Konferenzen war neben der Delegierung durch die *UNIDO* die Vorbereitung entsprechender Beiträge. Das konnten fachliche Vorträge sein, Präsentationen über Aktivitäten und Ergebnisse der eigenen Projektarbeit und der *UNIDO*-Tätigkeit insgesamt.

Zugleich habe ich Möglichkeiten genutzt, Beiträge zu publizieren. Das hat meine inhaltliche Arbeit im Sekretariat bereichert, auch wenn es zusätzliche Mühen gekostet hat, die andere nicht auf sich nehmen wollten oder konnten. Aber ich habe mich auch, wenn es mir gelegen und möglich erschien, vor Dienstreisen gedrückt. Zum Beispiel dann, wenn es um Aufgaben ging, die mir nicht zusagten oder ich das Gefühl hatte, dass andere keine Lust hatten und ich „Ausputzer“ gespielt hätte.

Auf jeden Fall empfand ich Reisen als eine sehr interessante Bereicherung meiner Tätigkeit. Auf diese Weise lernte ich mit eigenen Augen die Welt kennen, begegnete trotz der vielen Arbeit andere Menschen und Kulturen, sah ein Stück vom Glanz und Elend dieser Erde und konnte mir ein Bild von dem machen, wie schön oder trist Leben und Natur anderswo sein konnten. Diese Chance auf Entdeckung und Abenteuer wollte ich mir nicht entgehen lassen und es ist bemerkenswert, wie diese Reisen mein Selbstverständnis von dieser Welt bereichert haben.

Hätte ich sonst jemals auf so eine angenehme Art und Weise

eine wirkliche Vorstellung von Ländern wie den *Philippinen, Thailand, Vietnam, Nordkorea, Singapur, Sri Lanka* bekommen? Wäre ich sonst jemals den liebenswürdigen, bescheidenen Menschen in dieser Region und anderen Teilen der Erde begegnet, denen ich so begegnen konnte? Hätte ich mir sonst ein solches Bild machen können von dem geschundenen *Vietnam* oder was den Alltag angeht in *Nordkorea*? Die freundliche Mentalität der Thais, die strahlend schöne, üppige Natur der Tropen mit ihrer vielfältigen Fauna und Flora, aber auch die potenziellen Gefahren und sozialen Gegensätze - ein in jeder Hinsicht faszinierender Kontinent, geprägt von Mythos und Geschichte der dort lebenden Völker sowie einer Bevölkerungsexplosion, die viele asiatische Länder hinsichtlich der Existenzsicherung ihrer Bürger vor schier unlösbare Probleme stellt.

Die erste große Reise führte mich schon nach sechs Wochen *UNIDO* auf die *Philippinen*, nachdem gerade eine Dienstreise nach *Bulgarien* hinter mir lag und ich in *Wien* noch schnell meine Einstandsparty gegeben hatte. Der Hinflug ging mit der DC 10 der *Lufthansa* über *Frankfurt*, *Karachi* und *Bangkok* und ist mir als Fliegen total mit Essen und Trinken und Kino und 10 Wahlprogrammen in Stereo und alles in der Business Class in Erinnerung.

In *Manila*, wo ich die *UNIDO* auf einer Tagung des Verwaltungsrates des *RNAM (Regional Network on Agricultural Machinery)* vertrat, konnte ich weihnachtliches Flair unter Palmen erleben - eine kuriose Erfahrung, über die ich bisher nur gelesen hatte. Untergebracht war ich im noblen Manila-Hilton-Hotel, wo auch die Tagung stattfand. Aber ich geriet auch in Slums ähnliche Ecken, wo ich zum Glück schnell wieder herausfand. Ich schämte mich, als mir jemand unzweideutige Geschäfte anbot. So war *Manila* ein erstes Wechselbad der Gefühle. Jedenfalls hatte ich das Gefühl, die *UNIDO* und mich ordentlich präsentiert zu haben.

Auf dem Rückweg hatte ich mehrere Tage in *Bangkok* zu tun. Dabei konnte ich die aufregende Stadt mit ihren angenehmen Menschen und vielen Sehenswürdigkeiten kennen lernen. Dann ging es mit der *Thai Airways* nach *Hanoi*, wo ich nur eine Nacht blieb, aber wegen eines Projektes mit *UNIDO*-Vertretern im Lande sprechen und Unterlagen übergeben musste. Es war, um es mal vorsichtig zu formulieren, ein mittleres Chaos, das mir dort begegnete, denn ab Flughafen Hanoi ging nichts mehr, weder Telefon, noch Taxi, noch Busse. Zufällig sah ich irgendwann, es mögen Stunden gewesen sein, ein UNO-Fahrzeug und ein Sprung durch das Fenster des Terminals sicherte mir dann doch den Anschluss. Ich kam in die Stadt, konnte meine Geschäftssache abwickeln und dank der Unterstützung durch die *UNDP-Vertretung* vor Ort meinen Weiterflug nach *Ho-Chi-Minh-Stadt* (früher *Saigon*) organisieren, der bereits am nächsten Morgen geplant war.

Zusammen mit einem *UNDP*-Vertreter und einem Auto seiner Dienststelle erreichte ich den Ho-Chi-Minh-Stadt-Flieger. Das war jetzt eine vietnamesische Maschine und ich war froh, als der Flug glücklich überstanden war, denn das Flugzeug war wohl in keinem Zustand, der auf die Passagiere beruhigend wirken konnte.

Um so größer war die Freude, als ich in *Ho-Chi-Minh-Stadt* vom *Chief Technical Adviser* des Projektes, einem Inder, sogar mit Blumen empfangen wurde und von diesem Moment an wieder alles wie am Schnürchen lief - die Fahrt durch die Stadt, die ein ganz anderes Flair ausstrahlte als *Hanoi*, die Besprechung mit dem Projektpartner, die Rückfahrt zum Flughafen. Mit einer Boeing 747 der *Air France* ging es dann von *Ho-Chi-Minh-Stadt* über *Bangkok*, *Neu Delhi*, *Karachi* nach *Paris* und von dort mit einem „Zubringer" - allerdings wegen Nebel mit erheblicher Verspätung - nach *Wien*.

So oder ähnlich verliefen auch spätere Reisen in diese oder andere Regionen. Nur, dass so mancher Aha-Effekt ein anderer war.

So traf ich zum Beispiel auf meiner Nordkorea-Reise im Flugzeug nach *Peking* Herrn Ogimura aus *Japan*, den ehemaligen Tischtennis-Weltmeister, der für mich *der* Verteidigungskünstler in dieser Sportart war. Dessen Klasse hatte ich oft nachgeeifert, aber natürlich nie erreicht. Als den Tischtennis-Ogimura erkannte ich ihn erst, als wir unsere Visitenkarten austauschten und ich ihn fragte, ob er denn tatsächlich der sei, den ich vom Namen und Fernsehen her kenne. Sein Kärtchen wies ihn nämlich aus als *„ICHIRO OGIMURA, Präsident der Internationalen Tischtennis Föderation, Direktor der Japanischen Amateur Sport Assoziation,*

Exekutivmitglied des Japanischen Olympischen Komitees". Das musste doch der Weltmeister sein, wer denn sonst. So eine Überraschung. Dabei hatten wir uns schon im Flugzeug längere Zeit miteinander unterhalten - auch über *Pyongyang*, woher wir kamen und wohin wir gerade wieder zurückflogen -, denn der Flughafen von *Peking* war wieder mal wegen Nebel geschlossen. Am nächsten Tag musste die Maschine nicht umkehren, schaffte den Anschlussflug nach *Singapur* jedoch dennoch nicht, so dass mir auch auf *Singapur*, der „intelligenten" Südseeinsel, ein Tag Aufenthalt vergönnt war, bis es mit dem Weiterflug nach Europa klappte.

Ein Rückblick nach *Sri Lanka:* Die Insel liegt wie ein „Tropfen" an der Südspitze *Indiens* im Indischen Ozean, nur wenig nördlich des Äquators, von der Größe her etwa vergleichbar mit *Bayern*. Die Bevölkerung (1981: 14,85 Millionen) hat sich seit der Unabhängigkeit 1948 mehr als verdoppelt und wächst rasch weiter an. Hinzu kommen die ethnischen Probleme zwischen den Singhalesen und den Tamilen, die zusammen zirka 90 Prozent der Bevölkerung ausmachen.

Mehrfach musste ich die Reise wegen Unruhen im Lande verschieben. 1987 konnte ich endlich reisen. Ein Jahr zuvor war noch der Bahnhof in *Colombo* durch einen Terroranschlag in die Luft geflogen. Ein Experte aus *Polen* begleitete mich jetzt. Partner meines CAD/CAM-Projektes war die Universität von *Moratuwa*. Dort drängte man schon lange, dass die Reise zustande kam. Es war ein in jeder Hinsicht erfolgreiches Unternehmen, denn am Schluss stand das Projekt.

Mit einem netten Reiseführer hatten wir unter anderem eine unvergessliche Tagestour ins Landesinnere nach *Kandy*, dem religiösen Zentrum der Insel mit dem wertvollsten Schatz Sri Lankas und dem Siegel seiner Souveränität - der Zahnreliquie Buddhas - im dortigen Zahntempel. Es war zugleich ein Tag Geschichtsunterricht über das Land, seine Bevölkerung *(insgesamt etwa 15 Millionen, davon rund 11 Millionen Singhalesen, zirka 2,7 Millionen Tamilen, 1 Million Mauren und nicht mal mehr 100 Nachkommen der Ureinwohner der Veddhas...)*, Religion *(Buddhismus, Hinduismus, Islam, Christentum)* und Diskussionen zum damaligen „Peace-Accord" zwischen

Indien und *Sri Lanka* - einer Chance von damals auf ein friedliches Zusammenleben aller. Zugleich gab es eine interessante Begegnung mit Elefanten, bei der der Respekt vor diesen grauen Riesen letztlich doch größer war als der Mut, sie zu besteigen.

Auch einen Besuch beim Botschafter in *Colombo* gab es. In dieser Ferne, wo eigene Landsleute eher selten vorbeikamen, war ein Austausch an Informationen über Reiseziele und das gesellschaftliche Umfeld des Inselstaates eine willkommene Auflockerung des Arbeitsprogramms. Zeit und Ort ließen ein solches Gespräch jedenfalls zu und deshalb war ich zufrieden, dass es zustande kam.

Alles in allem war ich von den freundlichen Menschen und der Schönheit des Landes sehr beeindruckt. Die Weite des Indischen Ozeans mit seinen endlosen Palmenstränden und reizvollen Buchten, die Stadt *Colombo* und ihr Großraum mit der höchsten Bevölkerungskonzentration der Insel werden mir noch lange in Erinnerung bleiben. Es war ein wunderschönes Septembererlebnis. Die Route führte über *Amsterdam, Abu Dhabi, Karachi, Colombo*, den *Malediven* und wieder mal über *Rom*, wo ich einen Tag Zwischenstation machte, um mir die Stadt anzusehen - ein zusätzliches Sahnehäubchen dieses Ausflugs.

Doch so interessant der Abstecher nach *Rom* auch war, das Kernerlebnis dieser Reise war die wunderschöne Tropeninsel *Sri Lanka*. Einer Legende nach soll dort das Paradies gewesen sein. Der *Adams Peak*, der heilige Berg östlich von *Colombo*, den Marco Polo einst auf der Suche nach dem Garten Eden bestieg und an dem wir auf unserer Fahrt nach *Kandy* vorbei kamen, sei dafür ein Indiz, heißt es. Auf dem Gipfel des 2.243 m hohen Berges befindet sich eine 1,5 m lange und zirka 75 cm breite Vertiefung in Form eines menschlichen Fußes. Hier soll Adam, als er aus dem überirdischen Paradies verstoßen wurde, seinen Fuß zuerst niedergesetzt haben. Nach muslimischer Auffassung wurde Adam bestraft, indem er an dieser Stelle tausend Jahre lang auf einem Fuß stehen musste.

Je nach religiöser bzw. kultureller Tradition gibt es aber auch andere Erklärungen, wie diese Vertiefung entstanden ist. Für die Buddhisten sei sie ein Fußabdruck Buddhas, der entstand, als er *Sri*

Lanka verlassen musste. Für die Hindus handele es sich um einen Fußabdruck ihres Gottes Shiva.

Welche erbauliche oder lehrhafte Absicht hinter diesen Interpretationen auch stehen mag - möge die Insel endlich wirklichen Frieden finden, damit das vermeintliche Paradies, welches das Land sein könnte, durch die vielen ethnischen Konflikte nicht zur Hölle verkommt. Die Menschen scheinen aber, wenn man die Entwicklung verfolgt, nur schwer oder gar nicht zu lernen, der Insel nachhaltig Frieden zu bringen.

Nach 19 Jahren Bürgerkrieg endlich ein Lichtblick, oder ein historischer Durchbruch? Im Dezember 2002 haben sich die Regierung des Landes und die Rebellenbewegung der *Tamilen-Tiger (LTTE)* in *Oslo* auf ein friedliches Miteinander in einer Föderation verständigt. Der Föderationsvertrag soll den Bürgerkrieg beenden. Hoffentlich!

26 Afrika

Vielleicht ist ja Afrika die Wiege der Menschheit? Nach dem gegenwärtigen Erkenntnisstand sprechen archäologische Funde sehr dafür. Ich sah diesen Kontinent lange mit den Augen von *Hanzelka* und *Zikmund*, deren fesselnde Reisebeschreibungen in ihrem Buch über Afrika meine jugendliche Vorstellungskraft über diesen von schreienden Gegensätzen geprägten Kontinent beflügelte. Später prägten dann das Schicksal des ermordeten *Patrice Lumumba* und der Fall des Kolonialismus mein Bewusstsein, als in der zweiten Hälfte der 50er Jahre zunächst *Marokko, Sudan, Ghana, Guinea* unabhängig wurden und dann allein 1960 siebzehn neue Staaten auf der politischen Landkarte erschienen. Bis 1980 kamen weitere vierundzwanzig Länder hinzu, die in Afrika ihre Unabhängigkeit errangen. Das schürte Hoffnungen. In der Zeit des real existierenden Sozialismus hatten die afrikanischen Länder mit sozialistischer Orientierung zumindest, wie ich fand, treue Verbündete.

Heute ist Afrika jedoch nach wie vor die am wenigsten entwickelte Region der Welt und viele afrikanische Staaten orientieren sich weiter oder wieder an ihren früheren Kolonialmächten. Dabei gibt es eigentlich bis heute keine wirkliche Entschuldigung für Sklaverei und Kolonialismus, von einer gerechten Entschädigung oder Wiedergutmachung durch die ehemaligen Kolonialmächte ganz zu schweigen. Als ob es diese Zeit, die schätzungsweise 50 Millionen Sklaven und die rücksichtslose Ausplünderung der Reichtümer der Kolonien nie gegeben hätte. Schließlich habe der Kolonialismus auch Positives bewirkt. „*Sklaverei und Sklavenhandel waren Verbrechen gegen die Menschheit und hatten es immer sein sollen*" heißt die Kompromissformulierung der UN-Rassismus-Konferenz von 2001 im südafrikanischen *Durban* und es bleibt abzuwarten, wie das in Aussicht gestellte Paket wirtschaftlicher Hilfen durch die europäischen Staaten konkret umgesetzt wird.

Politisch stabile Länder gibt es in dieser Region kaum. Hoffnungen auf demokratische Entwicklungen, die schließlich sozialen und wirtschaftlichen Fortschritt ermöglichen, haben sich immer wieder zerschlagen. Als ob Afrika auf Dauer zu einem Erdteil der Sklaverei verdammt ist. 80 Prozent seiner Menschen sind ausschließlich mit dem Überlebenskampf beschäftigt. Die Zahl der Hungernden hat sich in den letzten 20 Jahren verdoppelt. Immer mehr ziehen sich wegen der vermeintlichen Aussichtslosigkeit ihrer Lage ins Private zurück. Warum kämpfen, wenn es sowieso aussichtslos ist? Ist es das? Dabei sind stärker als je politisch interessierte Menschen nötig, sonst stirbt wirklich jede Hoffnung auf positive Veränderungen.

Die gegebenen Rahmenbedingungen sind schwierig - das extreme Klima, die Globalisierung. Aber es gibt auch viele hausgemachte Probleme - lokale Kriegsfürsten *(Sierra Leone, Liberia)*, Bürgerkriege *(Sudan, Angola, Kongo)*, Grenzkonflikte *(Äthiopien, Eritrea)*, Völkermord *(Ruanda, Burundi)*, Tendenzen der Rechtsunsicherheit, Korruption und Militarisierung, Überschuldung, Bevölkerungsexplosion. In Afrika lebten im Jahre 2000 schätzungsweise 805 Millionen Menschen. Die Bevölkerung nahm in den 90er Jahren um zirka 30 Millionen pro Jahr zu. Durch Aids droht sich dieser Trend in einigen Ländern jedoch umzukehren.

Die Militärausgaben sind zum Teil unverhältnismäßig bzw. ähnlich hoch wie in den Industriestaaten. Letztere lagen in den 90er Jahren bei zirka 9 Prozent. Ins Gesundheitswesen flossen 4 und in den Bildungssektor 13 Prozent des Haushalts (Industriestaaten zirka 14 bzw. 4 Prozent). Die Verteilung des Einkommens ist so ungleich wie sonst nur noch in Lateinamerika. In den Ländern südlich der Sahara teilen sich die ärmsten 40 Prozent der Bevölkerung ganze 11 Prozent der gesamten Einkommen. Auf das reichste Fünftel der Bevölkerung entfallen dagegen 58 Prozent. Zum Vergleich: In den Industriestaaten sind es 19 bzw. 41 Prozent.

Gemessen am Bruttosozialprodukt pro Kopf gehört Afrika gemeinsam mit Südasien zu den ärmsten Regionen der Welt. Ohne die relativ wohlhabenden Mittelmeerländer gerechnet, hat jeder Afrikaner pro Jahr zirka 624 US-Dollar zur Verfügung - weniger als 2 Dollar am Tag. 43 Prozent müssen mit weniger als 1 Dollar pro Tag auskommen. Von den 48 Staaten, welche die UNO zur Gruppe der „am wenigsten entwickelten Länder“ zählen, gehören 33 zu Afrika!

Für einen Kontinent mit diesen Problemen, die vor allem durch die Politik und nicht durch das Klima verursacht sind, muss man sich einfach engagieren. In der *UNIDO* konnte ich das hervorragend tun. Meine Aktivitäten führten mich nach *Ägypten* und *Äthiopien* - eines der reichen und der ärmsten Länder Afrikas.

27 Mythos und Visionen

Ägypten, das Land der Pharaonen und Pyramiden, sagenumwobener Könige wie Cheops, Ramses, Echnaton, Tutanchamun, das Land Nofretetes und Kleopatras, das Hauptland des *Nils* mit der größten afrikanische Stadt *Kairo* und einer jahrtausendealten Kultur. Im Ägyptischen Museum konnte ich viele außergewöhnliche Kulturschätze der Menschheit bewundern. Leider war die Zeit dafür viel zu kurz. Aber den Mythos *Ägyptens* spürte ich schon. Auf der Cheops-Pyramide konnte ich auch kein Nachtlager aufschlagen wie einst *Hanzelka* und *Zikmund*, doch nun stand ich plötzlich am Fuße eines der sieben Weltwunder, bestieg einige Felsquader und „sog" auf Höhe des Pyramideneingangs und im Innern die zirka 5.000 Jahre alte Geschichte der königlichen Grabstätte in mich hinein. Nicht entziehen konnte ich mich dem Touristenrummel im Umkreis der Pyramiden und der Sphinx. Das Resultat war ein Kamelritt durch die Wüste mit einem erpressten Entgelt, wie ihn der junge Kamelführer wahrscheinlich lange nicht erzielt hatte. Aber es beeindruckte mich schon, wie er das schaffte.

Kairo hat viele Gesichter. Die Stadt gilt, bedingt durch die dort konzentrierte Industrie und den Verkehr, als eine der schmutzigsten Hauptstädte der Welt. In einer Zeitung las ich einst über diese Stadt, *dass in Kairo monatlich etwa 50 Tonnen Staub auf jeden Quadratkilometer herabsinken. Hinzu kommen 10.000 Tonnen Müll, die täglich beseitigt werden müssten. Viel jedoch bleibe liegen. Trotz all seiner negativen Erscheinungen ist Kairo ein unvergessliches Erlebnis. Die Menschen sind laut, lebenslustig, freundlich, zuvorkommend. Je weniger sie haben, umso ausgeprägter sind diese Eigenschaften. Der Verkehr ist chaotisch, auf seine Weise jedoch geregelt. Wer rollt oder vorne ist, hat Vorfahrt - das ist die in der Praxis einzig gültige Regel. Man kann sich auf sie verlassen, mehr als auf die Ampeln jedenfalls …* Das kann ich nur bestätigen. Zu den markantesten Augenblicken zähle ich die nicht überhörbaren Verkehrsdelikte mit anschließender Selbstjustiz, die das Chaos noch vergrößerten. In solchen Fällen hieß die Devise - nicht einmischen und weg.

Es waren Projekte und nicht touristische Sehenswürdigkeiten, die mich in diese Länder führten und das bedeutete in der Regel viel Arbeit. In *Ägypten* hatte ich beispielsweise zusammen mit einem Experten aus Dänemark ein großes Windparkprojekt entwickelt. Ziel war, auf Lizenzbasis mittels Technologietransfer eigene lokale Produktionskapazitäten für Windkrafträder aufzubauen. Dazu die erforderlichen Testeinrichtungen. Zugleich sollten im Rahmen des Projektes 100 Windkraftanlagen mit einer Leistung von jeweils 90 kW für den Verbund- und eine Modellanlage mit 15 kW für den Inselbetrieb produziert, getestet und in Betrieb genommen werden. Dazu gehörte auch die Ausbildung der erforderlichen Fachkräfte im Lande durch Training vor Ort und bei Lizenzpartnern. Zur Unterstützung wurden unter anderem geeignete Studientouren zu führenden Herstellern und Betreibern von Windkraftanlagen im Ausland geplant. Finanziert werden sollte dies alles mit einem *UNDP*-Beitrag in Höhe von 1,5 Millionen US-Dollar und beträchtlichen Mitteln seitens der ägyptischen Regierung.

Entlang des *Suezkanals* und an der Westküste des *Roten Meeres* gibt es hervorragende Bedingungen, Windräder aufzustellen und Energie zu erzeugen. Zum Vergleich: In Dänemark, ein Land mit großem Windenergiepotenzial, beträgt die durchschnittliche Windgeschwindigkeit übers Jahr maximal 6, meistens nur 5,5 m/s. An den von uns favorisierten Standorten am *Suezkanal* und *Roten Meer* 8,2 bzw. 6,2 m/s.

Außerdem gab es örtliche Betriebe und Einrichtungen, die in der Lage waren, bei entsprechender technischer Hilfe die Fertigung von Komponenten wie Türme, Rotorblätter, Generatoren, Getriebe, Steuer- und Regeleinrichtungen zu übernehmen. Ohne Transfer von Know-how und Modernisierung der lokalen Design-, Fertigungs- und Testkapazitäten war das natürlich nicht zu machen, denn die technischen Schwierigkeiten sind nicht zu unterschätzen. Die Auslegung und Fertigung von Windkraftanlagen ist eine komplexe und anspruchsvolle Aufgabe, wenn die Anlagen sicher und optimal funktionieren und modernen Qualitätsstandards genügen sollen. Deshalb dieses Projekt und ich war guter Dinge, dass unser Konzept sinnvoll und erfolgversprechend war. Die Windenergienutzung bot sich hier geradezu an, entwickelt zu werden.

In unserem technischen Bericht für die ägyptische Regierung stellten wir ein auf lange Sicht nutzbares Potenzial für 50.000 Windkraftanlagen dar. Bei 90-kW-Maschinen eine installierte Leistung von 4.500 Megawatt, was unter den gegebenen Windverhältnissen eine verfügbare Leistung von zirka 1.600 Megawatt bedeuten würde. Mit entsprechenden Übertragungsleitungen, eingebunden in die 500-kV-Trasse den Nil entlang, könnte diese Leistung schließlich in den Großraum *Kairo* transportiert werden. Bei einem damals für 2005 kalkulierten Elektroenergieverbrauch Ägyptens von insgesamt 11.000 Megawatt würden dann immerhin etwa 15 Prozent durch Windenergie abgedeckt. Für den ägyptischen Energieminister war dies ein erstrebenswertes Szenario und eine faszinierende Vision. *Ägypten* im Hinblick auf Windenergie das Kalifornien von Afrika. Ein neuer Mythos *Ägyptens*?

In *Äthiopien* betreute ich ein Kleinwasserkraftwerk-Projekt, das den Aufschwung einer ganzen Region und insbesondere die Entwicklung des örtlichen Kleingewerbes fördern sollte. Der gefundene Standort lag in der Nähe von *Asosa* an der Grenze zum *Sudan*, etwa 725 km westlich von *Addis Abeba*. Die *UNIDO* hatte die Projektfinanzierung sichergestellt und eine renommierte Firma mit der Überprüfung der vorliegenden Studien und der Bestätigung der technisch-wirtschaftlichen Durchführbarkeit beauftragt. Es war geplant, als heimische Energiequelle die *Hoha River* Wasserfälle, die an einer Geländestufe zirka 70 Meter in Kaskaden in die Tiefe stürzen, für den Betrieb einer 650-kW-Anlage zu nutzen. Der *Hoha-Fluss* ist ein Nebenfluss des *Dabu River*, der in den *Blauen Nil* mündet. Die Energie sollte über eine rund 15 Kilometer lange 15-kV-Hochspannungsleitung nach Asosa übertragen und dort in das Ortsnetz eingespeist werden, das zu der Zeit ausschließlich aus einer Dieselgeneratorstation im Inselbetrieb versorgt wurde.

Aus einer stillgelegten Anlage in einem anderen Landesteil stand eine passende Turbineneinheit zur Verfügung, die jedoch überholt werden musste. Dabei waren unter anderem Verschleiß- und Transportschäden zu beheben. Das nationale Stromversorgungsunternehmen stellte technisches Personal sowie seine organisatorische und technische Infrastruktur zur Verfügung.

Im Verlaufe mehrerer Feldmissionen wurde ein neues Projektkonzept entwickelt und die Durchführbarkeit bestätigt. Alle wichtigen Anlagenteile wurden neu dimensioniert. Beim Entwurf der Bauwerke wurde darauf geachtet, dass sie möglichst mit örtlich verfügbaren Materialien und Techniken errichtet werden können. Außerdem wurde ein schrittweiser Aufbau der Ausbauleistung konzipiert - Phase 1 und 2 mit je einer Einheit von 300 bzw. 350 Kilowatt. Da diese Anlage in der Trockenzeit den Bedarf nicht decken kann, wurde als Phase 3 die Errichtung einer zirka 25 Meter hohen Talsperre ins Auge gefasst, die eine Vergleichmäßigung des Wasserdargebotes und eine bessere Anpassung der Energieerzeugung an den schwankenden Bedarf erlaubt.

Alle Arbeiten sollten unter aktiver Beteiligung des Personals und der Werkstattkapazitäten des nationalen Energieversorgungsunternhmens (EVU) erfolgen, so dass ein ständiger Technologietransfer gesichert war. Der Transfer von Know-how ist neben der Projektfinanzierung einer der wichtigsten Beiträge, die internationale Organisationen im Rahmen ihrer technischen Hilfe in allen Projekten leisten können. Hier bot es sich geradezu an, die lokalen Kapazitäten und die erstaunliche Kompetenz des Personals des nationalen EVU für das Projekt zu nutzen.

Bei den Feldmissionen ging es von *Addis Abeba* aus mit einem kleinen „gecharterten" Motorflugzeug mit amerikanischen Piloten bis nach *Asosa* und von dort per Jeeps in die Nähe des *Hoha-Flusses.* Ich sehe noch immer die Kinder, die uns entgegen stürmten, als wir im Dorf einfuhren, in dessen Nähe der Standort der Anlage lag. „Begrüßung auf afrikanisch" steht unter einem dieser Bilder in meinem Album. Andere Fotos, die alle oder einzelne Teilnehmer dieser Unternehmung am *Hoha-River* zeigen, vermitteln den Eindruck einer spannenden Expedition unter der glühenden Sonne Afrikas, allerdings eher im „Safarilook" als im Stile europäischer „Blaumänner" oder Entwicklungshelfer.

Einmal unternahmen wir zur Inaugenscheinnahme des gesamten Geländes auch einen Rundflug mit unserer „Chartermaschine" über das Gebiet. Das war eine aufregende Geschichte, denn neben den topografischen Eindrücken vom Standort des geplanten

Kleinwasserkraftwerkes, die wir mit unseren Kameras festhielten, waren auch die Strohhütten der Dorfbewohner zum Greifen nahe. Natürlich gibt es auch davon Luftaufnahmen, die mich heute noch bewegen und Erinnerungen wecken. Ein Dorfmeeting oder so etwas Ähnliches ist auch darunter. Die Bewohner haben sich bestimmt gewundert, was denn der große „Vogel" über ihnen wohl vorhat.

Und neben allen Bildern vom Projekt sah ich bei dieser Reise das erste Mal Mangobäume. Mangos sind schmackhaft, aber das Essen der Früchte will irgendwie gekonnt sein. Ich muss mich etwas ungeschickt angestellt haben, denn bei aller Vorsicht konnte ich nicht vermeiden, dass der Saft klebrige Spuren auf Händen, Gesicht und Kleidung hinterließ.

Schließlich habe ich auch ein Bild vom damals ersten Karl-Marx-Monument auf afrikanischem Boden in *Addis Abeba* gemacht, das von der DDR errichtet und von *Erich Honecker* eingeweiht wurde. Ob es das Denkmal heute noch gibt oder inzwischen auch weggeräumt wurde wie andere Denkmäler anderswo?

28 Im Nahen Osten

In bester Erinnerung ist mir *Jordanien*, ein Zentrum der arabischen Welt, das vom *Tiberias-See* im Norden bis zum *Golf von Akaba* im Süden reicht. In *Amman* und *Jerash* konnte ich auf Spuren der alten Römer wandeln. Letztere gilt als eine der besterhaltenen römischen Städte im Nahen Orient. Nicht weit davon *Jerusalem* und *Bethlehem*, Orte, die ich aus historischen und religiösen Gründen gerne aufgesucht hätte, die jedoch für mich damals unerreichbar waren. Näher als ins *Jordantal* und ans *Tote Meer* kam ich auf jordanischer Seite nicht an diese heiligen Orte heran.

Auf der Fahrt nach *Akaba*, wo ich ein Projekt zur industriellen Nutzung von Solarenergie betreute, fuhr ich, den Grenzzaun oft im Blick, viele Kilometer an der israelischen Grenze entlang, doch nach Israel hinein kam ich nicht. War das nicht ungefähr so wie an der innerdeutschen Grenze? Na ja, sicherlich war es anders, aber es erinnerte mich daran. Im Dreiländereck am *Golf von Akaba* - ein herrliches Urlauberparadies, wo *Israel, Jordanien* und *Ägypten* zusammentreffen - hatte ich einen wunderschönen Aufenthalt.

Auf dem Weg zurück nach *Amman* machten wir einen Abstecher in die antike, in Stein gemeißelte Felsenstadt *Petra*. Dort habe Moses, heißt es, an den Fels geschlagen und Wasser daraus fließen lassen. *Petra* war die einstige Hauptstadt des Nabatäerreiches (4.Jh. v.Chr. - 106 n.Chr.) im hellenistischen und römischen Zeitalter. Damals hatte die Stadt eine geradezu anziehende Kraft für Händler und Reisende aus der antiken Welt. Heute ist die Stadt für viele Jordanienbesucher wegen ihrer Geheimnisse, ihrer architektonischen und landschaftlichen Schönheit einer der Hauptanziehungspunkte im Land. Bizarre Berge, Täler und Klippen zeigen sich in wechselnden Farben - von rosa bis lila.

Zu den Sehenswürdigkeiten in dem fast 20 Quadratkilometer großen Becken von *Petra* gehören die über einen Kilometer lange Zugangsschlucht, ein ausgetüfteltes Wasserleitungssystem in gemeißelten Felsrinnen, nabatäische Tempel, byzantinische Kirchen, Monumente, Grabanlagen, Felsreliefs und viele individuelle Kostbarkeiten und Details.

Als auf der Rückfahrt *Amman* ins Blickfeld rückte, fielen auch wieder die vielen Solarkollektoren auf, die auf den Dächern installiert sind. So wie es bei uns vor der Zeit des Kabelfernsehens die vielen Antennen auf den Dächern gab, so sah man hier fast auf jedem Haus Sonnenkollektoren zur Warmwasseraufbereitung. Auf diese Weise wird ein Großteil des häuslichen Bedarfs an Warmwasser kostengünstig durch Sonnenenergie gedeckt und das ist gut so.

Im Hinblick auf die thermische Nutzung von Solarenergie war Jordanien ein Musterland. Deshalb war *Amman* ausgewählt worden, um zusammen mit dem Solarenergie-Forschungszentrum der *Royal Scientific Society* des Landes zu dieser Problematik ein praktisches Ausbildungsseminar mit Teilnehmern aus der Dritten Welt zu organisieren und durchzuführen. Und das tat ich dann auch.

Im Ergebnis konnte jeder Teilnehmer schließlich solche Anlagen berechnen und bauen und seinen Kollektor, den er während des Workshops gefertigt hatte, als Prototyp mit nach Hause nehmen. Ein Videoteam der *UNIDO* hat das alles gefilmt, Presse und Fernsehen Jordaniens haben darüber berichtet. Ein gelungenes und nützliches Projekt im Sinne praktischer Entwicklungshilfe.

Übrigens traf ich in *Amman* überraschend, wie der Zufall das so will, den Ehemann meiner Sekretärin, der zu der Zeit im besetzten *Palästina* im Auftrag des UNO-Hilfswerks für Palästina-Flüchtlinge als „Häuserbauer“ unterwegs war - Grund genug für ein herzliches Hallo, Anstoßen und gemeinsames Abendessen. Und meine Sekretärin konnte ich nach meiner Rückkehr nach *Wien* mit einem interessanten Foto grüßen. Die Welt ist eben klein…

29 Blickpunkt Religion

Kein Ausflug in den *Nahen Osten* ohne Begegnung mit Fragen über Religion und *Palästina.* So hatte ich in *Jordanien* auch anregende Gespräche über Gott und die Welt, die Lage im *Nahen Osten* und die Situation der Palästinenser.

Einer meiner Begleiter erzählte mir mit Anspielung auf den Islam, dass es Gott wirklich gäbe. So sei da wenigstens eine Autorität, der sich jeder stellen müsse, egal ob König oder Bettler. Niemand unter uns könne also glauben, er sei unfehlbar, das Maß aller Dinge. Und das sei gut. Er könne sich jedenfalls nicht vorstellen, dass nach dem Tode nichts mehr käme. Deshalb würde er sein ganzes Leben darauf abstellen und versuchen, im Sinne des Islam zu leben: *Es gibt keinen Gott außer Gott und Mohammed ist der Gesandte Gottes.* Wer das glaubt und bekennt, ist Muslim. So einfach sei das*, denn Gott weiß es am besten.*

Im Übrigen sei der wahre Islam seinem Wesen nach tolerant und friedfertig. Dafür sei der Koran - die heilige Schrift des Islam, deren Offenbarungen auf göttlichen Eingebungen beruhe - für die Muslime *die Mutter aller göttlichen Bücher.* Darin stehe auch, dass es *keinen Zwang in der Religion gebe.* Dass durch die unterschiedliche Auslegung des Korans die Vielgestaltigkeit und Widersprüchlichkeit des Islam resultiere, sei eine andere Geschichte, ändere jedoch nichts am Wesen dieser Religion. Das manifestiere sich unter anderem in der eigentlich einzigen religiösen Pflicht, Gott zu verehren und sich von ihm leiten zu lassen.

Das aber ist, wie das Leben zeigt, schwierig genug. Selbst Mohammed war nicht nur religiöser Verkünder, sondern auf dem Gipfel seiner Herrschaft oberster Heerführer, Gesetzgeber, Richter, Steuereintreiber und ein mit absoluter Machtvollkommenheit regierender König. Er wurde der Gründer eines mächtigen weltlichen Staates, der nicht ohne skrupellose Waffengänge entstand. Daran ändert auch nichts, dass er für sich nur das Amt eines Vollstreckers göttlicher Befehle in Anspruch nahm und eine einfache Lebensführung beibehielt - wenn man von guten Speisen, wohligen Düften und Frauen absieht, von denen er angeblich nicht lassen konnte.

Auch nach dem Tod ihres Propheten haben die Muslime ihren Glauben fanatisch und gewaltsam in der Welt zu verbreiten versucht, denn mit den Heiden, lehrt der Koran, müsse so lange gekämpft werden, bis sie den Islam angenommen haben. Ein toleranter und friedfertiger Islam also doch nur ein abgegriffenes Klischee? Wozu das Gebot des Heiligen Krieges, das der Ausbreitung der Religion des Propheten dienen soll, wenn nicht zur Rechtfertigung von Gewalt? Der Koran lässt also offenbar in letzter Konsequenz auch keine andere Wahl für Andersgläubige als die zwischen Tod oder Unterwerfung?

Warum so radikal und unduldsam? Mir will das nicht in den Kopf. Es kommt wohl immer dann zu solch extremen Auswüchsen, wenn eine Religionsgemeinschaft ihren eigenen Glauben für den einzig wahren hält und ihn als höchsten Ausdruck der absoluten Wahrheit versteht, alle anderen Lehren aber für geringwertiger oder falsch hält.

Was ich in den Gesprächen von meinem Begleiter über den Islam erfuhr, beschäftigte mich nachhaltig. Später habe ich manches nachlesen und vertiefen können. So wäre es auch unrichtig zu behaupten, die Bekehrung eines großen Teils der Welt zum Islam sei lediglich durch das Schwert erfolgt. Die einfache Fasslichkeit des Islam, seine werbenden Ideen und sozialen Vorzüge machen ihn offenbar für viele Menschen zugänglich und somit nicht unattraktiv.

Als jüngste Religion, sagen die Muslime, trage der Islam alle Wahrheiten in sich, habe er *alle* Irrtümer der Religionsgeschichte ausgeschieden. Na ja, gewisse Wahrheiten und Irrtümer vielleicht, aber *alle*? Das wäre doch sehr anmaßend und dogmatisch. Vielleicht wurden ja sogar neue Irrtümer hinzugefügt? Es gibt keinen rationalen Grund, so etwas auszuschließen, denn auch der Islam besitzt die absolute Wahrheit nicht. Aber was auch immer behauptet wird - der Islam ist scheinbar wie keine andere Religion in der Lage, seinen Bekennern eine Gemeinsamkeit aufzuprägen, bei der selbst ethnische Unterschiede in den Hintergrund rücken.

Dem Selbstbewusstsein der Muslime und ihrem zur Schau getragenen Gefühl der Überlegenheit liegt wohl in hohem Maße der feste Glaube zu Grunde, dass nur dem Islam die Zukunft gehört. Schließlich sei Mohammed, der größte und letzte Prophet, allen Menschen gleichermaßen gesandt. Seitdem ist keine große Religion mehr geschaffen worden. Es gab lediglich Variationen bestehender. Dem Koran zufolge wird auch Christus nach seiner Wiederkunft am Ende der Zeiten den Islam annehmen und noch vor dem Jüngsten Gericht neben Mohammed in *Medina* beigesetzt werden…

Unduldsamkeit und Fanatismus gegen andere Auffassungen sind eines der traurigsten Kapitel der Religionsgeschichte. In jeder Glaubensrichtung gibt es tolerante und intolerante Vertreter. Insgesamt sollen Moslems nach dem, was ich gehört und gelesen habe, von größerer Duldsamkeit sein als Christen. Der barbarische Terroranschlag am 11. September 2001 hat bei vielen Menschen diesen Nimbus beschädigt. Auch wenn nicht *der Islam* schlechthin, sondern irregeleitete islamische Terroristen, die sich in zynischer Weise auch noch „Gotteskrieger“ nennen, die Verbrechen begingen - solche Untaten schaden dem Ruf des Islam und schüren Hass zwischen den Religionen.

Was zählt da schon, dass eher Christen den Moslems Intoleranz lehrten als umgekehrt. Die Kreuzzüge, Türkenkriege, die weltweiten Expansions- und Missionierungsfeldzüge der Europäer sowie die finstersten Kapitel der Inquisition belegen das, auch wenn die nach Mohammeds Tod fortgesetzten Eroberungszüge der Araber mit der mohammedanischen Missionierung und den teilweise vorgenommenen Zwangsbekehrungen zum Islam nicht weniger Unrecht bedeuteten. Für den fanatischen Christenhass der Muslime bzw. die ungerechtfertigte christliche Kritik, die am Islam nichts Gutes lässt, gibt es jedoch keinen vernünftigen Grund.

In diesem Zusammenhang einige Worte zu den christlichen Kirchen, die sich alle auf *Jesus Christus* und *die Bibel* berufen. Obwohl sich die vielen Konfessionen in Gottesdienst, Lehre und Lebensweise unterscheiden, gibt es eine erkennbare Gemeinsamkeit der Welt-Christenheit. Mit *Jesus von Nazareth*, durch den *Gott Mensch geworden sei* und der der Bibel nach in die Rolle des Messias hinein wächst, verweisen die Christen auf die Gewaltlosigkeit, Barmherzigkeit und bedingungslose Nächstenliebe ihrer Lehre. *Liebe deinen Nächsten wie dich selbst, liebet eure Feinde…* Die Bergpredigt - eine Fundgrube christlicher Lebensführung. Und mehr noch - Gott vergibt auch jenen, die gesündigt haben, wenn sie nur darum bitten und beten…

Für das Judentum - die Religion des Volkes Israel -, aus dem Christentum und Islam hervorgingen, bestimmen die *Thora* - die fünf Bücher Moses - den Verhaltenskodex der Menschen untereinander und ihr Verhältnis zu Gott. Davon zeugen unter anderem die *Zehn Gebote.*

In diesen Gesprächen über religiöse Fragen verinnerlichte ich, dass *Judentum, Christentum und Islam* monotheistische Religionen sind, also einen - eigentlich den gleichen - Gott verehren und auf Abraham zurückgehen, den Gott einst ins „Gelobte Land" führte und den die Muslime Ibrahim nennen.

Dieser Abraham, von dem der religiöse Stammbaum über Sem, Noah zurück zu Adam führt, ist also der Urvater der Juden, Christen und des Islam. Laut Altem Testament hatte er mit Sklavin Hagra einen ersten Sohn, den sie Ismael nannten. Ihn betrachten die Muslime als ihren Stammvater. Später brachte Abrahams Frau Sara Sohn Isaak zur Welt. Ihn betrachten die Juden als rechtmäßigen Erben und direkten Nachfolger Abrahams. Abraham, Isaak, Jakob und dessen Söhne - die Stammväter Israels.

Während Abraham der Stammvater des, wie es heißt, von Gott auserwählten Nomadenvolkes war, gilt Isaak als Stammvater jener Stämme, die sich zum Bund der Israeliten zusammenschlossen. Jakob, Sohn von Isaak und seiner Frau Rebekka, der seinen (Zwillings)Bruder Esau als Erstgeborenen um den väterlichen Segen betrog und aus Furcht vor Esaus Rache zu seinem Onkel floh, wo er deren beide Töchter Lea und Rahel heiratete, erhielt den Überlieferungen nach den Namen Israel von Gott verliehen, sozusagen in Erfüllung des Eids, den Gott Jakobs Vater Abraham einst geschworen hatte. Somit ist Jakob der eigentliche Stammvater der Israeliten. Genau genommen verkaufte aber Esau, der eigentlich zuerst geborene (Zwillings)Sohn, Jakob seine Erstgeburt auf dessen Verlangen, wodurch Esau sein Erstgeburt-Recht verwirkte.

Jakobs beide Frauen und ihre Dienerinnen Silpa und Bilha gebaren ihm zwölf Söhne. Diese wurden die Ahnherren der zwölf Stämme Israels. So also soll das mit der Entstehung Israels gewesen sein.

Da das Christentum auch einen jüdischen Hintergrund hat, denn Jesus war Jude, haben alle drei Religionen die gleiche Wurzel. Im Grunde sind alle Religionen ein und dieselbe - sie verehren den gleichen Gott, möchten das Gute befördern, das Böse verhindern und so die Welt verbessern. Alle berufen sich auf Gott, für alle gibt es nur den einen, also muss es doch der gleiche sein?

Und wenn das so ist, warum all diese religiösen, ethnischen und politischen Auseinandersetzungen seit Menschengedenken? Ist es denn nicht unerheblich, in welcher Weise jeder seine religiöse und weltliche Überzeugung lebt? Wenn er doch nur dem Anderen das gleiche Recht zubilligt, das er selbst beansprucht. Jakob und Esau oder Joseph, der die Israeliten nach *Ägypten* brachte, und seine Brüder, die ihn nach dorthin verkauften, haben sich doch auch wieder versöhnt. Es geht also.

Soll doch der Islam die Lehre von der Erbsünde ablehnen und Adam, da Gott ihm seinen Sündenfall vergab, nachdem er ihn aus dem Paradies vertrieb, als ersten und Mohammed als letzten Propheten betrachten. Sollen die Muslime doch glauben, dass der Koran die letztgültige und vollkommene Offenbarung Gottes ist und alle früheren Offenbarungen vollendet und aufhebt. Na und - wer weiß das schon genau? Mohammed mag die geheiligten jüdischen Schriften für Verfälschungen der ursprünglichen Lehren gehalten haben. Die Gültigkeit des Judentums stellte er doch nicht grundsätzlich in Frage. Wichtige Elemente des Judentums und des Christentums wurden sogar in den Islam aufgenommen. Andererseits liegen die kulturellen Wurzeln des Islam, wie sollte es auch anders sein, in den vorislamischen arabischen Traditionen. Also gibt es natürlich auch historisch gewachsene Unterschiede in diesen Religionen und andere religiöse Rituale. Islamische Normen wie Gastfreundschaft und Mitgefühl, vor allem aber die Fähigkeit zu glauben, sind trotzdem sprichwörtlich in der arabischen Welt.

Oder soll doch das Christentum den „alten Bund“ zwischen Gott und Israel durch den „neuen Bund“ ersetzen, den Jesus zwischen Gott und *allen* Menschen geschlossen hat. Na und? Geburt, Leben und Wirken und das vermeintliche Wunder der Auferstehung geben Jesus nun mal seine göttliche Aura. Aber wer weiß denn schon genau, was damals passierte, was Realität oder Legende ist. Der Fund der *Qumran-Rollen* vom *Toten Meer* zwischen 1947 und 1956, ihre Enträtselung und ihr teilweiser Verschluss durch den Klerus haben in Bezug auf Jesus viele Fragen aufgeworfen. Hat es ihn so wie in der Bibel, anders oder überhaupt gegeben? Und wenn ja, *wer war Jesus wirklich*?

Ahmed Osman schreibt in seinem gleichnamigen Buch, dass „uns kein zeitgenössisches Zeugnis über Jesu Leben, sein Leiden und seinen Tod bleibt", wenn die in historischen Schriften als gefälscht identifizierten Einfügungen außer acht gelassen werden. Auf jeden Fall ist Jesus, historisch betrachtet, eine rätselhafte Gestalt, denn es gibt keinerlei historische Beweise, dass er im ersten Jahrhundert gelebt hat.

Ahmed Osman, der erste, der eine Verbindung zwischen einer biblischen Gestalt und einer historischen Person der ägyptischen Geschichte herstellte, zeigt, dass die Spuren des historischen Jesus und seiner Vorfahren in das alte *Ägypten* führen. Demnach sei der, den die Christen heute als Gottessohn verehren, identisch mit Josua/Jesus aus dem Alten Testament und dem Pharao Tutanchamun (ca.1346 -1337 v.Chr.). *Ahmed Osman* fand nämlich heraus, dass Juja - ein Minister des Pharao Thutmosis IV.(ca. 1413-1405 v. Chr.) -, dessen Mumie 1905 im Tal der Könige gefunden wurde, mit Joseph, dem Lieblingssohn Jakobs, identisch ist, der die Israeliten nach Ägypten brachte. Wenn das so stimmt, und Fakten sprechen dafür, dann erscheint die Geschichte Israels in einem anderen Licht und die alten Lehren der Kirche sind herausgefordert:

> Tutanchamun der historische Jesus, der also Jahrhunderte früher lebte als bisher angenommen; Nofretete (um 1350 v.Chr.) die Maria und Mutter von Jesus; Echnaton (ca. 1362-1346 v.Chr.), der den Aufstand am Götterhimmel als erster probte, der biblische Moses; Amenophis III. (ca. 1400-1364 v.Chr.) - Echnatons Vater - der biblische Salomo; Thutmosis

III. (ca.1490-1436 v.Chr.) - der berühmteste Pharao und größte König der Alten Welt - der David der Bibel.
Die Ankunft der Israeliten in *Ägypten* ca. 200 Jahre später als bisher verlautet, die Dauer ihres Aufenthalts vier Generationen statt vier Jahrhunderte…
Der biblische König David eine „Verschmelzung“ aus dem Kriegerkönig David (Thutmosis III.) und dem Stammeskönig David (1000-960 v.Chr.)...
Abraham lediglich der Adoptivvater Isaaks, Thutmosis III. hingegen der richtige Vater von Isaak *und* der zwölf Stämme Israels…

Das rüttelt an den Grundfesten der Religionsgeschichte und lässt in mir, gestehe ich, wenn ich das lese, Gänsehaut aufkommen. Im Lichte der *Qumran-Rollen* und der Entdeckungen des *Ahmed Osman* ist sicherlich auch das christlich-jüdische Verhältnis neu zu bewerten und umzuschreiben, denn auf Dauer wird die Priesterschaft und ihre Lobby die Wahrheit vor der Welt nicht verstecken können. Wäre das nicht auch eine Chance, den scheinbar unversöhnlichen Ausgleich zwischen Juden, Christen und Muslime zu begraben? Stattdessen spielen die Erkenntnisse *Ahmed Osmans*, die wahrlich nicht alltäglich sind, in der öffentlichen Diskussion keine Rolle. Oder kenne ich sie nur nicht? Oder kann nicht wahr sein, was nicht wahr sein darf?

Was im Hinblick auf die Authentizität der Religionen und die Analogien der biblischen und historischen Ereignisse auch immer zutreffen mag - mögen doch die Juden weiter auf ihren Erlöser warten. Wenn der biblische Jesus für sie noch nicht der Messias war, mit dem das Zeitalter des ewigen Friedens für Israel und die gesamte Menschheit anbrechen sollte und sie eine andere Vorstellung von der erwarteten Ankunft ihres Heilbringers aus dem Hause König Davids haben, dann sollen sie es glauben. Im Grunde ist es doch egal, was jeder glaubt.

Wichtig ist, wie kompromissbereit, tolerant und sensibel die religiösen Eigenheiten von Andersgläubigen respektiert werden. Der gemeinsame Glaubensvorrat ist für einen dauerhaften

Religionsfrieden groß genug. Die religiöse Gläubigkeit drückt sich im Grunde doch so oder so in allen drei westlichen Religionen durch die praktische Erfüllung der Gesetze Gottes aus. Einen ewigen persönlichen Gott, die Einmaligkeit von Schöpfung und Gericht, Himmel und Hölle akzeptieren doch alle drei Religionen.

Solange eine Religion die Wahrheit für sich nicht allein beansprucht und andere Glaubensrichtungen toleriert, können doch alle mit den religiösen Interpretationsmöglichkeiten der Glaubensgrundsätze und Kultformen leben. Ein „Reich Gottes" ausschließlich jüdisch, christlich oder islamitisch? Gottesfürchtige, fromme Menschen gibt es doch in allen Religionen und außerhalb.

Die großen östlichen Religionen des ewigen Weltgesetzes *(Hinduismus, Buddhismus, Konfuzianismus, Taoismus)* sind ja auch noch da. Sie sind zwar stärker philosophisch und viel deutlicher von überkonfessioneller Glaubensbereitschaft geprägt, weisen aber letztlich auch einen Weg, nämlich ihren, in die universelle Harmonie und Erlösung.

Und was ist mit denen, die keiner Religion angehören, sich aber den humanistischen Idealen der Menschheit verbunden fühlen? Sind sie etwa weniger gut oder böse? Nein.

Wenn es einen vollkommenen und gerechten Gott gibt, dann wird er, glaube ich, jeden Menschen nach seinem praktischen Leben und Tun und nicht nach seiner Religion oder irgendeinem Etikett am Revers beurteilen. Glauben an Gott bedeutet nicht zwangsläufig, einer Religion angehören zu müssen und deren Rituale zu huldigen. Um an Gott zu glauben, seien wir ehrlich, braucht man im Grunde auch keine Institution oder Vermittler.

Warum also nicht trotz aller Unterschiede ein friedliches Miteinander als oberste Maxime? Der Vorrat an Gemeinsamkeiten der heiligen Schriften aller Glaubensrichtungen, der Werte und Normen des Humanismus bis hin zur Charta der Menschenrechte ist so breit, dass auch noch genug Raum für die Ausprägung der Vielfältigkeit und eines verträglichen Nebeneinander aller Religionen bleibt. Das Verbindende leben, Unterschiede mit Vernunft tolerieren und re-

spektieren, niemanden zwingen, seine eigene Identität aufzugeben. Das wäre doch schon eine ganze Menge.
Mahatma Gandhi entgegnete einmal einem Missionar, als der zu ihm meinte, er würde ihn für einen Jünger Jesu halten: *„Das bin ich auch, wenn auch in anderem Sinne, als Sie es vielleicht meinen. Ich bin nämlich auch ein Jünger Buddhas, Krishnas und Mohammeds. Sie alle wollen ja dasselbe: Wahrheit, Liebe und Gerechtigkeit.“* *„Aber Christus“*, erwiderte darauf der Missionar, *„hat nach meiner Überzeugung die höchste Wahrheit gebracht, und zwar als Offenbarung Gottes.“* *„Wenn ich diese Überzeugung auch hätte“*, antwortete Gandhi freundlich lächelnd, *„dann müsste ich mich auch taufen lassen.“*

Ein in vieler Hinsicht aufschlussreiches Beispiel für Gandhis Denkweise bezüglich Wahrheitsanspruch einer Religion, Glaubensbereitschaft und Toleranz. Das Potenzial für ein friedliches Mit- und Nebeneinander der Kulturen ist groß. Indes scheint es heute notwendiger denn je, dass sich jeder Einzelne mehr an seiner Gesinnung und Güte messen lassen möge als an Macht und Erfolg.

Bei den vielen religiösen Anschauungen auf der Welt hat es eine einheitliche Religion nie gegeben. Es wird sie auch niemals geben. Keine Religion ist etwas Endgültiges, sondern ist, wie alles andere auch, historischem Wandel unterworfen und ändert sich mit dem Erkenntnisstand der Menschen.

Das Rätsel aller Rätsel nach dem Primat der Idee oder Materie, Anfang und Ende des Universums (oder Universen), dem woher und wohin - das Welträtsel also -, wird ohnehin niemals vollständig gelöst, denn jede Antwort wirft neue Fragen auf. Daran werden wohl auch bei der Suche nach der *Weltformel* - der ersehnten Urgleichung, deren Lösung die ganze Welt beschreibt - die letzten Erkenntnisse der *(Super)Stringtheorie*, in der die fundamentalen Elementar-“Teilchen“ nicht mehr punktförmig sind und die Vorstellungen über Raum und Zeit in höherdimensionale, unsichtbare, von uns nicht mehr wahrnehmbare Dimensionen führen, nichts ändern, auch wenn der Platz für einen Gott immer enger zu werden scheint - zumindest für die Zeit vom Urknall vor rund 14 Milliarden Jahren bis heute, für die sich die Geschichte der Entstehung und Entwicklung der Welt rational nachvollziehen lässt.

Wer mehr verinnerlichen möchte, der lese *Professor Hoimar v. Ditfurths* Buch *„Im Anfang war der Wasserstoff „*, in dem er auf anschauliche Weise ein beeindruckendes Gesamtbild der Naturgeschichte entwarf. Oder man vertiefe sich in die faszinierende Theorie der *Strings*, den fadenförmigen, vibrierenden Elementarteilchen, wo unser vertrautes Verständnis über Raum, Zeit und Materie seine Gültigkeit verliert. Die moderne Wissenschaft hofft, auf Basis dieses revolutionären Denkkonzeptes den Ursprung der Materie und das Universum in seiner Komplexität tatsächlich einmal rational verstehen zu können. *Brian Greene*, ein führender Physiker auf dem Gebiet der *Superstringtheorie*, gibt in seinem Buch *„Das elegante Universum"* eine äußerst spannende Darstellung dieser Vorstellungswelt und ihrer Weiterentwicklung zur so genannten *M-Theorie*, mit der sich - so der große Traum der Wissenschaftler - jede fundamentale Eigenschaft des Universums erklären lässt. Doch der Autor sagt auch, dass bisher wirklich *niemand weiß, ob diese Ideen richtig oder falsch sind. Wenn die Stringtheorie stimmt,* schreibt Brian Greene, *ist die mikroskopische Struktur unseres Universums ein vielfältig verflochtenes, mehrdimensionales Labyrinth, in dem sich die Strings des Universums endlos drehen und schwingen und rhythmisch die Gesetze des Kosmos trommeln.* Eine wunderschöne Metapher, finde ich, vom Universum als kosmische Symphonie mit der Musik der Stringphysik, gespielt von den schwingenden Strings, den Saiten-Instrumenten eines zauberhaften kosmischen String-Orchesters, das dirigiert wird von den Gesetzen des Alls und sich letztlich manifestiert in der „Theorie von Allem", dieser *eindeutigen, einheitlichen, allumfassenden, endgültigen* Theorie oder „Weltformel", wie die *Stringtheorie* auch genannt wird. Die Eigenschaften der fundamentalen Bausteine und die Komposition des Kosmos also keineswegs zufällig, sondern in *innigem Zusammenhang mit der Struktur von Raum und Zeit* - eine harmonische Himmelsmusik nach den Bestimmungen der Schöpfung - ein sich selbst regulierendes System wie nach einem göttlichen Plan in einem ewigen Kreislauf, *in dem,* wie Friedrich Engels in seiner Einleitung zur *„Dialektik der Natur"* feststellt, *jede endliche Daseinsweise der Materie vergänglich ist und nichts ewig ist als die ewig sich* *verändernde, ewig sich bewegende Materie und die Gesetze, nach denen sie sich bewegt und verändert.*

Und angenommen das Universum, d.h. alle Materie und Naturkräfte, bestünde nun tatsächlich im Innersten aus diesen Superstrings, den *schwingenden Saiten* also - unvorstellbare Winzlinge mit einem Durchmesser von etwa 10^{-33} cm -, oder ließe sich zumindest mit diesen faszinierenden Gebilden und den ihnen innewohnenden Schwingungsmustern schlüssig erklären, es werden sich trotzdem immer wieder neue Aspekte ergeben, die unerklärt bleiben. Insofern bleibt unser Dasein, was die Fragen aller Fragen angeht, rätselhaft. In der Suche nach den letzten Geheimnissen unserer Existenz gibt es schließlich keinen Endpunkt...

Nehmen wir es somit objektiv als gegeben, dass es eine andere Realität jenseits von unseren Vorstellungsvermögen über Raum, Zeit und Materie gibt, die uns verschlossen bleibt, da jedem experimentellen Nachweis entzogen und sinnlich nicht erfassbar. Unsere Existenz bleibt also offenbar in ihrer tiefsten Kausalität auch im Lichte der letzten Erkenntnisse der Stringphysik mit der Aura eines religiösen Geheimnisses behaftet - zumindest für diejenigen, die sich eine solche Sichtweise zu eigen machen. Auch spektakuläre Fortschritte auf anderen Gebieten, wie beispielsweise in der Genforschung, ändern nichts daran. Bei aller Rationalität im Denken und Tun und eines im Prinzip unbegrenzt möglichen Erkenntnisfortschritts gibt es eben Grenzen, die zu überschreiten der Mensch nicht in der Lage ist. Insofern hat Religion - in welcher Ausprägung auch immer - ihren Platz auf der Erde. Mit ihren sittlichen und moralischen Grundsätzen kann sie Orientierung und Halt geben, das Gute fördern, gesellschaftlichen Ausgleich schaffen und somit für viele Lebenshilfe sein. Dazu kommt völlig unbestritten ihre seelsorgerische und soziale Funktion sowie das religiöse Selbstverständnis von der Heimstatt des Glaubens und der Hoffnung.

30 Palästina

Immer wenn der Name *Palästina* bzw. eine damit assoziierte Frage auftauchte - auf Arbeit, unterwegs, zu Hause oder im Bekanntenkreis - kam allgemeine Unsicherheit in mir auf, wofür dieser Begriff eigentlich stehe und ob ich mit ihm wohl richtig umgehe - historisch, geographisch, politisch. Oder ich ertappte mich, wie das Gefühl von Unwissenheit langsam in mir hochstieg und meinen Erklärungsdrang spürbar bremste, weil doch mein Hintergrundwissen zu diesem Thema eher bescheiden war. Anderen soll es ähnlich gegangen sein.

Inzwischen habe ich viel über *Palästina* erfahren - zunächst aus den Medien, dann während der Vorbereitung auf meinen Auslandseinsatz in der *UNIDO*, später durch meine Arbeit in Wien und meine Reisen in den *Nahen Osten* als Entwicklungshelfer vor Ort. Oft griff ich auch noch nach der Wende zu dem 8-seitigen Sonderteil der Zeitschrift „Horizont“ (Nr.46/1982) über *Palästina und der Zionismus*, der einen guten Gesamtüberblick - natürlich aus Sicht der DDR - zu dieser Problematik vermittelt.

Eines sei gleich vorangestellt: Die Solidarität der DDR mit der Befreiungsbewegung der Palästinenser - ab 1.Juni 1964 PLO - und dem palästinensischen Volk fand ich bei allem Scham und Respekt vor dem Leid und dem Holocaust der Juden durch Nazideutschland hoch anständig.

Ich teile die Auffassung, dass die Resolution 181 der UNO vom 29.11.1947, mit der *Palästina* geteilt und die Gründung eines arabischen und eines jüdischen Staates vorgeschlagen wurde, eine progressive Tendenz hatte und - von Einzelheiten abgesehen, die sich aus dem Kompromiss ergaben - beiden Seiten gerecht wurde. Sie garantierte Arabern und Juden in beiden zu schaffenden Staaten gleiche Rechte in zivilen, politischen, ökonomischen und religiösen Angelegenheiten. Die ökonomische Einheit sollte durch eine Wirtschaftsunion und eine einheitliche Währung gewahrt und *Jerusalem* als Ort der Begegnung von Moslems, Juden und Christen internationalisiert werden. Weiter bestimmt die Resolution, dass beide Staaten nach ihrer Proklamation Mitglied der UNO werden. Das Recht auf Selbstbestimmung für Araber und Juden war in der

Entschließung verbürgt. Alles in allem, wie es schien, ein realistisches Konzept.

Doch die Entwicklung bestätigte die schlimmsten Befürchtungen, dass die Praxis anders verlaufen würde, als es die Resolution 181 vorsah. *Israel* hat nach seiner Aufnahme in die UNO die Resolution formell anerkannt, sie jedoch von Anfang an, wie die Entwicklung beweist, mit Füßen getreten. Die Zionisten - jene Juden, die mit Rückgriff auf die Geschichte vor 3.000 Jahren ganz *Palästina* auf Kosten der dort lebenden Araber beanspruchen - vertreten den Gedanken eines eigenen jüdischen Staates und der Auswanderung nach *Palästina.* Ihre Grundthese ist, dass die Juden ein Volk und nicht nur eine Religionsgemeinschaft sind. Ihr Ziel ist *ein Erez Israel, das biblische Kanaan*, *Gelobtes Land der Juden* in den Grenzen der biblischen Legende. Für sie war der Teilungsplan der Resolution 181 ohnehin nur ein erster Schritt in Richtung „Groß-Israel".

Die Araber, für die *Palästina* seit jeher angestammte Heimat ist, lehnten die Resolution ab, reaktionäre arabische Vertreter - die weder einen jüdischen noch arabischen Staat der Palästinenser wollten und auf ihre eigene Herrschaft über dieses Gebiet spekulierten - sowieso. Aus dieser Situation erwuchs der bis heute ungelöste Nahostkonflikt, der, genau genommen, so lang ist wie der Stammbaum der Religionen.

Das eigentliche Dilemma besteht darin, dass es bis heute keinen arabischen Staat auf dem Gebiet *Palästinas* gibt, dafür aber ein dauerhaftes Streitobjekt der Konfliktparteien dieser Region und ihrer strategischen Verbündeten. Das weitere Vorgehen ist umstritten. Natürlich lässt sich alles ohne Ende auf- und abrechnen und die Spirale der Gewalt immer weiter drehen. Wohin das führt, können sich alle ausrechnen. Eine nicht enden wollende Leidensgeschichte, die in eine Katastrophe führt, wenn die Beteiligten nicht bald ernsthaft eine tragfähige Lösung finden.

Vielleicht sollten die Juden und Araber dafür bei *Uri Avnery* Anleihe nehmen, der 1933 von den Nazis aus seiner Heimatstadt *Hamburg* vertrieben wurde. In *Palästina* war er Mechaniker, Soldat und Journalist. 1965 bis 1972 und 1979 bis 1981 Abgeordneter der Linken in der Knesset. Der Träger des alternativen Nobelpreises

2001, der vom Verdacht einer einseitigen Betrachtung erhaben sein dürfte, erklärt in der *Zeitschrift profil 17/2000*, woher die Nahostkriege kommen und wie ein Friede zu haben wäre:

„Für die Palästinenser ist der Holocaust ein israelisches Propagandainstrument. Sie sehen nicht ein, warum gerade sie den Preis für die Gräueltaten der Europäer zahlen sollen. Sie definieren sich als Opfer der Opfer. Die zionistische Bewegung war eine Reaktion auf den wachsenden Antisemitismus in Europa.... Das schlechte Gewissen des Westens nach dem Holocaust hat die Vereinten Nationen veranlasst, einen jüdischen Staat in Palästina zu befürworten. Der Rest sollte ein palästinensisch-arabischer Staat werden. Die Araber, für die Palästina seit 13 Jahrhunderten ihr Heimatland ist, weigerten sich natürlich, das zu akzeptieren. Damit begann der Krieg ...

Noch vor einem Jahr meinten viele, auch in Israel, dass die Lösung nahe wäre. Der Berufsmilitär Ehud Barak dachte, er könne den Palästinensern eine Lösung diktieren. Er forderte die Palästinenser nicht nur auf, seine Vorschläge bedingungslos anzunehmen, sondern auch zu unterschreiben, dass der Konflikt damit ‚beendet' sei. Das hätte bedeutet, dass die Palästinenser für immer auf drei Grundforderungen verzichten: das Recht auf Rückkehr der Flüchtlinge, die Souveränität über Ostjerusalem (mit dem Tempelberg) und die Aufhebung der jüdischen Siedlungen in den besetzten Gebieten. Beim Camp-David-Gipfel im Sommer 2000 lehnte Yasser Arafat das ab. Damit war die Karriere Baraks zu Ende. Für die überwiegende Mehrheit der Israelis sieht das so aus: Barak hat den Palästinensern unglaubliche Zugeständnisse gemacht. Statt dies dankend anzunehmen, hat Arafat es abgelehnt und einen Krieg angezettelt. Ergo: Die Palästinenser wollen ja gar keinen Frieden, sie wollen die Juden ins Meer werfen, sie wollen einen zweiten Holocaust...

Das hat ... zur Wahl von Ariel Sharon geführt ..., ein rechtsradikaler General, der seit Jahrzehnten die Erweiterung der Siedlungen in den besetzten Gebieten als seine Lebensaufgabe betrachtet. Er hat viele Dutzend Siedlungen geplant und aufgebaut, mit dem Ziel, die Rückgabe des Westjordanlandes und des Gazastreifens an einen zukünftigen Palästina-Staat zu verhindern. Der Siedlungsplan ist so gestaltet, dass er das palästinensische Gebiet von Nord nach Süd und von West nach Ost durchschneidet. Ein Netz von ‚Umgehungsstraßen' verbindet die Siedlungen miteinander, nicht aber mit den arabischen Dörfern und Städten, die voneinander abgeschnitten sind. Das heißt, wenn Sharon jemals einen Palästina-Staat genehmigt, würde dieser aus einer Reihe von Enklaven bestehen, die von israelischen Siedlern und Soldaten umzingelt sind, ähnlich den früheren südafrikanischen ‚Bantustans'.

Im Teilungsplan von 1947 haben die Vereinten Nationen der jüdischen Bevölkerung Palästinas (damals ein Drittel der Gesamtbevölkerung) 55 Prozent des Landes zugesprochen. In dem darauf folgenden Krieg, der von der arabischen Seite begonnen wurde, hat Israel weitere 23 Prozent des Landes erobert, macht insgesamt 78 Prozent. Jetzt geht es um die restlichen 22 Prozent. Wenn Sharon bereit ist, den Palästinensern 40 Prozent der besetzten Gebiete zurückzugeben, wie er manchmal andeutet, heißt das, dass die Palästinenser sich mit weniger als zehn Prozent ihres ehemaligen Heimatlandes begnügen sollen. In diesen Gebieten leben heute 2,5 Millionen Palästinenser. Eine weitere Million Palästinenser lebt in Israel als offizielle Staatsbürger. Aber ungefähr 4 Millionen Palästinenser fristen ihr Leben als Flüchtlinge im Libanon, Syrien, Jordanien und anderswo. Sie verlangen das prinzipielle Recht, in ihre alten Wohnstätten zurückkommen zu dürfen, obwohl sie wahrscheinlich bereit wären, die Zahl der Rückkehrer zu beschränken. Die israelische Regierung besteht aber darauf, dass eine Rückkehr - theoretisch wie praktisch - gar nicht erlaubt wird. Dazu kommt das Problem Ostjerusalem und besonders der Tempelberg. Auf diesem Hügel stehen seit mehr als tausend Jahren die drittheiligsten Moscheen des Islams: die goldene Kuppel des herrlichen Felsendoms und die Aksa-Moschee. Kein palästinensischer, arabischer oder überhaupt muslimischer Führer in der Welt könnte es wagen, auf die Souveränität über diesen Hügel zu verzichten. Für die Juden ist es aber der Ort des Tempels, der von den Römern vor 1930 Jahren zerstört worden ist. Er ist der heiligste Ort der Juden…

Gibt es eine politische Lösung? Eine wäre, dass die israelische Besatzung beendet wird. Der Staat Palästina entsteht auf dem ganzen Gebiet des Westjordanlandes und des Gazastreifens. Die vor 1967 existierende Grenze (‚Grüne Linie') würde die Grenze zwischen Israel und Palästina. Möglicherweise könnte ein begrenzter Gebietsaustausch stattfinden, der es einigen Siedlungen hart an dieser Grenze erlauben würde, bestehen zu bleiben, und bei dem die Palästinenser Gebiete im Negev bekämen. Alle anderen Siedler würden abgezogen und die Siedlungen den Palästinensern intakt übergeben, damit sie dort Flüchtlinge ansiedeln können. Jerusalem muss die Hauptstadt beider Staaten werden - Ostjerusalem die Hauptstadt Palästinas, Westjerusalem die Hauptstadt Israels. Wahrscheinlich wäre es möglich, die Einheit der Stadt auf der Gemeindeebene zu bewahren. Wer Jerusalem liebt - Moslem, Jude oder Christ, muss das wollen. Der Tempelberg muss der palästinensischen Souveränität unterstehen.

Das brenzligste Problem ist die Flüchtlingsfrage. Es handelt sich um Millionen, die ihr Leben im Elend fristen, die meisten ohne jegliche Rechte, viele auch in ständiger physischer Gefahr, etwa im Libanon. Das Recht der Flüchtlinge auf Rückkehr ist moralisch und gesetzlich unantastbar. Sie müssen das Recht haben, zwischen Wiedergutmachung und Rückkehr zu wählen. Israel und die internationale Gemeinschaft müssen für eine großzügige Wiedergutmachung bürgen. Natürlich erhalten alle Flüchtlinge automatisch die palästinensische Bürgerschaft."

„Man fragt sich" schreibt Uri Avnery weiter, *„wie Shimon Peres es fertig bringt, als Sharons Propagandaminister zu fungieren. Der vielgepriesene Friedensnobelpreisträger ist nicht nur Sharons Feigenblatt, er ist auch dessen aktivster Fürsprecher in der Welt. Laut Volksmund ist Peres ein Mensch, der bereit ist, seine Großmutter für einen Tag an der Macht zu verkaufen, auch wenn es nur der Schein von Macht ist. Sein Anteil am Osloer Abkommen von 1993 war nur ein Abstecher in einer langen Laufbahn, die er als Falke begann und die er jetzt als Falke beendet. Er war der Vater der israelischen Atomwaffenproduktion, ein Anreger des französisch-israelischen Abenteuers gegen Ägypten 1957 (Suezkrieg), der Gründer der ersten israelischen Siedlung inmitten der palästinensischen Bevölkerung des Westjordanlandes (Kedumim). Was Peres und Sharon gemeinsam*

haben, ist das Ziel eines homogenen jüdischen Staates auf einem möglichst großen Gebiet Palästinas. Bei Peres sind demografische Bedenken ausschlaggebend: Er möchte lieber auf gewisse Gebiete 'verzichten', als weitere Millionen von Nicht-Juden zu israelischen Staatsbürgern zu machen (schon jetzt ist jeder sechste Israeli Palästinenser). Für Sharon sind die territorialen Bestrebungen ausschlaggebend: Er will soviel Gebiet wie möglich annektieren, denkt aber nicht daran, den palästinensischen Einwohnern die Staatsbürgerschaft zu gewähren. Vielleicht hofft er insgeheim, die Palästinenser bei Gelegenheit loszuwerden.

Keiner der beiden glaubt an einen modernen, liberalen Staat nach amerikanischem Muster, in dem die Staatsbürgerschaft nichts mit ethnischer oder religiöser Herkunft zu tun hat. Sie sind Gefangene der alten, europäischen, ethnozentrischen Auffassung, die in der Zeit herrschte, in der die zionistische Bewegung entstanden ist.

Wie lange wird es dauern, bis in Israel eine neue Ideenwelt entsteht? Es ist die Aufgabe einer neuen Friedensbewegung, an der meine Freunde und ich arbeiten."

Die Problematik *Palästina* und der *Nahe Osten* sind bestimmt noch viel facettenreicher als hier skizziert. Aber den Kern des Konfliktes und Ansätze für eine denkbare Lösung hat *Uri Avnery*, finde ich, treffend dargestellt. Inzwischen gibt es natürlich neue Entwicklungen. Die Namen der handelnden Akteure und die Rahmenbedingungen mögen sich ändern, doch auf Dauer und überhaupt ist das Problem nur mit einem Staat *Palästina* und einem fairen und gerechten Frieden für die Palästinenser und *Israel* zu lösen. Ich wünschte mir, die Friedensaktivisten auf beiden Seiten hätten Erfolg. Hoffentlich bald und ohne weitere Katastrophen in der Region. Die Geschichte wird es zeigen.

31 Hilfe zur Selbsthilfe

Zurück zur Entwicklungshilfe. Solche Hilfe muss sein und wird von den Empfängerländern dankbar angenommen. Ich bin jedenfalls überall freundlich und dankend empfangen worden. Schließlich leistet ein Entwicklungshelfer praktische Unterstützung, sei es als Berater, Fachexperte oder Initiator neuer Projekte. Die Erwartungen der Projektpartner sind meistens groß und übersteigen oft die realen Möglichkeiten. Dann ist das Machbare gefragt, muss um eine möglichst weitgehende Erfüllung der Erwartungen gekämpft werden. Die Sinnhaftigkeit der Projekte und der Ruf des Auftraggebers gehören jedoch immer ins Blickfeld.

Ein Einzelner kann nur einen bescheidenen Beitrag leisten. Aber die Aktivitäten aller in der Entwicklungshilfe Tätigen - zusammen genommen - können schon etwas bewirken und mehr sein als ein Tropfen auf dem heißen Stein. Deshalb ist *Hilfe zur Selbsthilfe* sinnvoll und nicht nur eine Parole. Das zeigte sich besonders bei erfolgreichen Projekten.

Entwicklungshilfe kann der Wirtschaft Türen öffnen und auch Initiativen zur Innovation fördern - also *Hilfe zur Innovation* leisten -, die über Selbsthilfe hinausgeht. Verstärkt notwendig ist die Suche nach Konzepten und Initiativen mit der Tendenz zu präventiven Reformen und Auswegen aus der Armutsfalle. Nichts ist so gut, als dass es nicht noch besser gemacht werden könnte. Aber wenn das Machbare gelingt und technische Hilfe die Voraussetzungen zur Selbsthilfe verbessert, ist schon viel gekonnt. Jedenfalls hat sich Hilfe zur Selbsthilfe, die den Menschen hilft, sich selbst und ihr Umfeld zu entwickeln, in der Praxis bewährt. Ob auf multilateraler oder bilateraler Grundlage, ist sekundär.

Wichtig ist, dass es Hilfe für Entwicklung gibt und vor allem die Menschen in den Empfängerländern davon profitieren. Wenn dadurch Unter- und Ungleichentwicklung abgebaut werden, dann nützt das auch den Industrieländern. Mehr noch - Entwicklungshilfe ist eine Existenzbedingung für die entwickelten Länder selbst. Leider wird das noch lange nicht überall so verstanden und politisch umgesetzt. Erst dann können richtige Schlussfolgerungen folgen.

Solange die Ursachen für die Rückständigkeit der Dritten Welt nicht beseitigt sind, ist auch Entwicklungshilfe notwendig, denn das ist praktische Solidarität und trägt zu einem gerechten Ausgleich bei. Dadurch kann eine weltweite Sozialpolitik, auch wenn das als Utopie erscheint, Impulse gewinnen. Wie auch immer, wenn Entwicklungshilfe nicht zu Almosen verkommt, kann sie auf jeden Fall Gegensätze und Ungerechtigkeiten in der Dritten Welt durch wirtschaftlichen Ausgleich mildern. Davon wird schließlich auch der soziale Ausgleich profitieren - lokal, regional, global.

In einer Zeit, da die Schere zwischen Arm und Reich in der Welt größer statt kleiner wird, wird die Industrialisierung in der Dritten Welt immer mehr zu einer Schlüsselfrage. Überwindung von Rückständigkeit, Schulden, Hunger, Krankheiten, Analphabetentum und anderen Hemmnissen erfordert die Entwicklung der eigenen Ressourcen in diesen Ländern und die Unterstützung von außen. Ohne ein grundsätzliches Umdenken geht das nicht. Ein Beispiel ist die Verschuldung. Die Länder der Dritten Welt, die immer mehr ausbluten, wenn die Wirtschaft der Industrieländer - einem nimmersatten Moloch gleich - ungezügelt weitere Märkte verschlingt, sind nicht in der Lage, sich aus eigener Kraft aus der Schuldenfalle zu befreien. Wie sollte das denn geschehen, wenn nicht mal die laufenden Zinsen gezahlt, geschweige denn die aufgelaufenen Schulden getilgt werden können? Schuldenerlass tut deshalb not!

Und nicht nur das - im Zuge der Globalisierung sind weltstaatliche Strukturen erforderlich, die den Grundregeln von Gerechtigkeit, Demokratie, Rechtsstaatlichkeit und Menschenrechte folgen und der Dritten Welt eine faire Chance bieten für eine eigene nachhaltige Entwicklung. Außerdem können die globalen Bedrohungen dieser Welt die reichen und armen Länder nur gemeinsam abwehren. Die UNO - die gegenwärtige und auch künftige - bietet dafür wohl immer noch den besten Rahmen. Eine neue Weltordnung, die mehr ist als eine Neue Internationale Weltwirtschaftsordnung, muss gemeinsamen Grundregeln folgen, die allen Ländern, auch den afrikanischen, asiatischen und lateinamerikanischen eine faire Mitbestimmung ermöglichen und sie als gleichberechtigte Partner respektieren. Ohne mehr Stimmrecht für die Dritte Welt in den

Gremien, in denen über den Fortgang der Globalisierung gestritten und entschieden wird, geht das nicht. Die Alternative auf längere Sicht wäre die Weltunordnung, das Chaos.

Die Anzahl der am wenigsten entwickelten Länder, in denen der jährliche Durchschnittsverdienst pro Kopf der Bevölkerung unter 2.000 US-Dollar liegt, hat sich in den letzten 30 Jahren des zwanzigsten Jahrhunderts etwa verdoppelt. Wohlgemerkt - der Durchschnitt. Die Ärmsten der Armen besitzen nicht mal das. Sie haben buchstäblich nichts außer ihr nacktes Leben, weder Ein- noch Auskommen und, wenn diese Entwicklung so anhält, keine Chance oder Hoffnung auf ein menschenwürdiges Leben überhaupt.

Laut Beschluss der Welthungerhilfe aus dem Jahr 2000 soll die Armut weltweit bis 2015 halbiert werden. Doch wie? Scheint die Menschheit nicht eher ohnmächtig? Noch heute hungern ca. 800 Millionen Menschen auf dieser Erde. Täglich verhungern nach offiziellen Angaben rund 24.000, das sind zirka 9 Millionen pro Jahr. Der Club der Reichen wird hingegen immer reicher. Mit unverbindlichen Absichtserklärungen und Worten wird übertüncht, was unser Gewissen - also unser Verständnis bzw. Gefühl für Recht und Unrecht - berührt oder in Konflikt bringen könnte.

Die Rahmenbedingungen sind heute so, dass fairer Wettbewerb und Chancengleichheit zwischen den entwickelten und den Entwicklungsländern zur Farce geworden sind. Der Markt, auch der globale, wird dieses Dilemma nicht ausräumen, sondern verschärfen. Solange das Kapital die Entwicklung dominiert, sich Macht in den Händen weniger konzentriert, werden mehr und mehr soziale und ökologische Belange auf der Strecke bleiben, wird Unrecht wachsen und zum gedeihlichen Nährboden für Gewalt.

Die Menschen müssen Ausgleich und Gerechtigkeit wollen, dies ermöglichen und politisch gestalten, sonst droht der geographische, soziale und soziologische Super-GAU. Dieser wird wiederum zu einer unkontrollierbaren Migration der Weltbevölkerung führen und zu noch mehr Terror - der letzten Waffe der Perspektiv- und Hoffnungslosigkeit. Auf dem G-8-Gipfel von *Kanaskis* in 2002 scheinen Afrikaner und die G-8-Vertreter mit dem Aktionsplan eine erste neue Partnerschaft zwischen Afrika und den Industrieländern wagen zu wollen. Es wäre ein Anfang, wenn es denn nicht bei Worten bliebe…

Aber auch die Gegensätze in der Dritten Welt selbst sind schockierend. In den ärmsten Ländern sind die gesellschaftlichen Verwerfungen oft noch stärker als anderswo. Auffallend ist zum Teil auch die Diskrepanz zwischen militärischem und zivilem Sektor. Wenn es auch an allem fehlt - für Waffen scheint es immer noch zu reichen. Zum Krieg ist offenbar kein Land zu arm! Gewiss, jeder und jedes Land hat das Recht auf Selbstverteidigung, soll, darf und muss seine legitimen Interessen verteidigen. Aber was ist schon legitim? Meist sind es diktatorische, korrupte Regime, die der Bevölkerung unverhältnismäßige Rüstungslasten aufzwingen und kriegerische Auseinandersetzungen unter dem Deckmantel von Bedrohungslügen, Verteidigungslegenden, Nationalismus, Patriotismus, Rassismus, Religion oder sonstigen falschen oder gefälschten Idealen anzetteln. Dabei wird grenzenlos manipuliert und geheuchelt. Je primitiver oder intelligenter - wo ist da der Unterschied, muss man sich manchmal fragen -, desto besser.

Mit Speck fängt man schließlich Mäuse. Es werden die niedrigsten Instinkte geweckt und skrupellos ausgenutzt, wenn sie nur der eigenen Sache dienen. „Ausbaden“ dürfen die Konflikte ohnehin die Schwächsten der Gesellschaft. Für den Militärdienst ist jeder gut genug, als dass er ihn nicht leisten könnte. Die das sagen, meinen aber meistens die Anderen und nicht sich. Wer möchte schon den Gefahren der Front ins Auge sehen, als Kanonenfutter dienen oder die schrecklichen Folgen eines Krieges unter der Zivilbevölkerung solidarisch teilen? Die es können, ziehen sich lieber in ihre Regierstuben und Bunker zurück, schotten sich ab, tun aber so, als ob die Sorge um ihre Mitbürger ihr erstes Anliegen sei. Dabei geht es ihnen in erster Linie um die eigenen Interessen und die ihrer Klientel. Besonders dort, wo es den Regimes an demokratischer Kontrolle mangelt, ist Macht noch mehr verführerisch, verleitet zum Missbrauch, macht korrupt, verstößt gegen jede politische Ethik und normative Sittlichkeit.

Aber auch dort, wo es vermeintlich demokratisch zugeht, muss stets kritisch hinterfragt und kontrolliert werden. Jede Demokratie lebt von ihrer „Verpackung“ und die ist für Politiker oft wichtiger als das, was darin ist. So gewinnt man nun mal Wahlen. Auch in einer Demokratie ist das nicht anders. Das ist zwar kein Gütesiegel, aber wahr. Politik ist, zugegeben, ein schweres Feld, aber eins mit vielen Hintertüren. Und solange das so ist, braucht man sich über bestimmte Entwicklungen nicht zu wundern.

In der *UNIDO* waren die Mitarbeiter vom Statut her allein der Organisation verpflichtet und dazu angehalten, sich allen Mitgliedsländern gegenüber loyal zu verhalten und nichts als ihren Job zu tun. Die Politik blieb, soweit es ging, außen vor. Andererseits ist jedes Projekt, genau genommen, auch konkrete Politik. Als *Industrial Development Officer* - so nannte sich mein Job im Sekretariat - war ich Projektmanager auf internationaler Ebene und stand im harten Wettbewerb mit anderen. Daraus ergab sich ein breites Spannungsfeld nach innen und außen, was die Arbeit interessant und abwechslungsreich machte. Feldarbeit vor Ort gehörte auch dazu. Solche Missionen waren nicht immer ohne Risiko, aber wo gibt es schon eine risikofreie Tätigkeit?

Am meisten freute ich mich, wenn die Projekte liefen und die Realisierung stimmten. Jeder von uns war meistens ein Einzelkämpfer. Die Projekte wurden weitgehend von Wien aus gemanagt und von dort aus durch alle Instanzen hindurch abgewickelt. Viel lief über Telefon und Telex. Durch die weiten Entfernungen kannte man seine Projektpartner zum Teil nur telefonisch. Mir ging es zum Beispiel besonders mit Projekten in *Indien* so. Deshalb war ich, von Zwischenstopps mal abgesehen, niemals wirklich dort, obwohl ich sogar zahlen- und budgetmäßig relativ große Projekte in *Indien* betreute. Je erfolgreicher die Projekte liefen, desto weniger gab es Anlass zum Reisen. Wenn Dienstreisen anstanden, wurden im Rahmen des Möglichen auch für andere Aufgaben mit erledigt. Außerdem galt es immer, neue Projekte anzubahnen. So ließen sich Kosten sparen. Heute wird weltweit per E-Mail und Internet kommuniziert. Das ist praktisch und vorteilhaft, wie die Nutzung von Computern überhaupt.

In dem anspruchsvollen Job, den ich in der *UNIDO* ausüben konnte, wurde über gelungene Aktivitäten oder Erfolgsgeschichten kaum groß geredet. Schließlich wurde professionelle Arbeit erwartet. Deshalb freute man sich auch schon mal über bestimmte Signale, wenn sie die Sinnfälligkeit und den Erfolg der eigenen Arbeit irgendwie bestätigten. Ob das nun mit einem netten Schreiben oder in einer anderen Form geschah, war völlig egal.

Für ein Projekt auf den *Salomon Inseln* hatte die Regierung zum Beispiel einen Satz Sonderbriefmarken herausgegeben, die an die erfolgreiche Realisierung einer Mikro-Wasserkraftanlage erinnert. Das 50-kW-Pilotprojekt versorgt unter Nutzung der örtlichen Wasserressourcen ein entlegenes Dorf mit Elektroenergie und ermöglicht so die Beleuchtung und Arbeit in Haushalten sowie die Entwicklung von Kleingewerbe. Mein Vorgänger, ein Australier, hatte das Projekt konzipiert und realisiert. Danach hatten orkanartige Stürme Anlage und Damm beschädigt. Mir oblag es, die Reparatur und Sanierung der Anlage auf den Weg zu bringen. Für uns war das Projekt etwas ganz Normales, für die Dorfbewohner ein Quantensprung in die Moderne. Für die Regierung war die Sonderausgabe der Briefmarken eine originelle Geste, für alle Beteiligten aber eine schöne Erinnerung. Ansonsten waren die Freuden eines Entwicklungshelfers, wie schon erwähnt, eher rar. Das bestimmende war eben die Arbeit und das Wissen, etwas Sinnvolles zu tun.

32 Sommer ´88

1988 war ein erlebnisreicher Sommer. Die Sommerzeit war in allen Jahren unseres Auslandsaufenthalts immer etwas Besonderes und doch war es diesmal anders. Stefan kam Anfang Juli abends mit der *Interflug* nach *Wien*. Wir hatten uns lange darauf vorbereitet, aber ich musste noch am gleichen Tag früh erst mal nach Kanada. Als Stefan in *Wien* landete und Sigrid ihn vom Flughafen *Schwechat* abholte, da schwebte ich schon irgendwo über dem Atlantik mit Ziel *Toronto*. In diesen Tagen, als Stefan sich von der Mutti allein in *Wien* verwöhnen ließ - verdient wohlgemerkt, denn ein erfolgreiches Schuljahr lag wieder hinter ihm -, absolvierte ich mein Kanada-Programm.

Toronto, das waren die Internationale Konferenz und Ausstellung *Small Hydro ´88,* aber auch interessante technische und andere Besichtigungen wie die *Niagarafälle* und der Fernsehtower der Stadt, das damals höchste Bauwerk der Welt. Zu dieser Reise hatte ich mich erst nach vielem Überlegen entschlossen, denn ich hatte sie mir in meiner Freizeit mit einem Beitrag, den ich auf der Konferenz präsentierte, erarbeiten müssen. Es war allerdings, wie sich im Nachhinein sagen lässt, eine gute Entscheidung. Die Fotos im Familienalbum spiegeln beides wider - die Zufriedenheit über die gelungene Mission und die Freude, endlich wieder da zu sein und die vorgesehenen Ferien-Unternehmungen in Österreich angehen zu können, zumal meine Ankunft in *Wien* wegen eines abgebrochenen Starts der *Air Canada* in *Frankfurt* unplanmäßig war, was wiederum einige Irritationen bei Stefan und Sigrid in *Wien* hervorgerufen hatte.

Zu den schönsten Erinnerungen unseres letzten Sommers in Österreich zählen eine organisierte Wochenendfahrt zum 14. Geburtstag von Stefan zum *Wolfgangsee* im *Salzkammergut* mit einem Zahnradbahn-Ausflug auf den 1.783 Meter hohen *Schafsberg*, einem Besuch im *„Weißen"* und *„Schwarzen Rössl"* und eine Fahrt mit dem Elektroboot auf dem *Hallstätter See*. Mit Letzterem wurde Ronalds Ausflugsvorsprung in dieser Bootsklasse von Stefan sozusagen eingestellt. Erwähnenswert sind an dieser Stelle auch die bei sengender Hitze anstrengende Ersteigung der *Reisalpe* (1.399 m) und eine Exkursion in einen geschichtsträchtigen Steinbruch im *Burgenland.*

Wunderschön war die Reise nach *Flirsch am Arlberg* in *Tirol* mit Abstechern zur *Zugspitze* und, wenn man es genau nimmt, nach *Bayern.* Eine ausgesprochene Hochgebirgswanderung führte uns auf die *Greitspitze* (2.871 m) bei *Ischgl*, mit der alle Rekorde der Vorjahre ausgelöscht wurden. In den Bergen überschritten wir auch noch die Grenze zur *Schweiz*, so dass es, genau genommen, eine Dreiländerreise wurde.

Unsere Tour ging dann nach *Bregenz* zum *Bodensee* mit einer Schiffsfahrt in Richtung Rheinmündung, an *Lindau* vorbei und zurück zur Hauptstadt von *Vorarlberg* am Ostrand des „schwäbischen Meeres". Die Fahrt in den äußeren Westen *Österreichs* hatte sich Stefan gewünscht. Zurück fuhren wir über die *Silvretta Hochalpenstraße* und die *Bielerhöhe* (2.040 m), besuchten noch einmal *Innsbruck*, die Hauptstadt *Tirols*, die *Krimmler Wasserfälle* und andere Sehenswürdigkeiten, an denen wir auf dem Rückweg nach *Wien* vorbeikamen.

Unvergessen bleibt uns der Abschiedsheurige in *Grinzing*, wo wir nochmals mit Freunden die Atmosphäre eines österreichischen Weinlokals erleben konnten. Dazu kommt die Verabschiedung aus unserer kleinen „verschworenen" Gemeinschaft in der *Gregor-Mendel-Straße* durch Helga und Achim. Beste Wünsche und Abschiedsmenü haben in unserem Familienalbum einen bleibenden Platz. Das Menü war köstlich:

Sektpfirsiche
Champignon frittiert mit Sauce Tatare
Moules marinieres
Kesselgulasch
Käseschnitzel mit gedünstetem Obst
Himbeer-Halbgefrorenes
Rotwein „Blauer Portugieser", Österreich 1987
Weißwein „Riesling-Sylvaner", Österreich 1987
Sowjetischer Sekt

Ohne Frage - *Österreich* war in vieler Hinsicht eine Reise wert. Der Sommer ´88 war ein abschließender Höhepunkt, denn für Sigrid und Stefan hieß es Abschied zu nehmen von einem Land, das uns über 6 Jahre lang mehr als andere Stätten dieser Erde begleitet und gefordert hat. Mit dem Beginn des etappenweisen Rückzugs aus *Wien* begann auch für Stefan und Ronald wieder ein gewohntes Familienleben in *Berlin*. Beide haben selbst viel dazu beigetragen, dass wir unseren Auslandseinsatz erfolgreich bewältigen konnten. Großen Anteil haben auch die Großeltern, die über weite Zeiträume zu unserer vollen Zufriedenheit unsere Kinder betreuten. Dafür sind wir ihnen immer dankbar.

Wermutstropfen hatte der Sommer allerdings auch. Ronald war inzwischen 18 geworden und konnte uns nach geltendem DDR-Recht nicht mehr besuchen. Seinen letzten Wien-Besuch hatten wir deshalb für April/Mai, also kurz vor seinem achtzehnten Lebensjahr, organisiert. Aufgrund dieser Reisebeschränkung wollten wir am liebsten schon 1987 nach Hause zurück, denn Stefan war wegen der Schule ab Herbst ´85 auch nicht mehr in *Wien*, obwohl es in *Wien* sicher möglich gewesen wäre, dort in eine deutsche oder die internationale UNO-Schule zu gehen. Stefan hätte das bestimmt gepackt. Auf seine Schulzeugnisse waren wir immer stolz und auch so konnten wir uns auf ihn wie auf seinen Bruder verlassen. Er fand überall schnell Kontakt und gute Freunde. Aber der Besuch einer ausländischen oder internationalen Schule war für die DDR nicht vorstellbar. Diese Einschränkung fanden wir, genau wie andere, äußerst unglücklich, konnten aber nichts daran ändern.

Was Besuche anging, hielten sich hartnäckig Gerüchte, dass es bezüglich der Reisebestimmungen Lockerungen geben sollte. In der Praxis tat sich jedoch nichts. Deshalb wollten wir eigentlich, wie schon bemerkt, bereits 1987 zurück, hatten uns jedoch bereit erklärt, unseren Auslandseinsatz um ein Jahr zu verlängern. Auf diese Weise hatten wir 1988 noch einmal diesen wunderschönen Sommer. Danach blieb Sigrid in *Berlin*. Stefan konnte das Internat verlassen und ab September wieder seine angestammte Heimatschule besuchen.

Ich fuhr wieder nach *Wien* und bereitete meinen Ausstieg planmäßig vor. Der *UNIDO* hatte ich bisher nichts von meinen Absichten erzählt. Im unmittelbaren Arbeitsumfeld wusste man aber von den familiären Veränderungen. Auf Dauer hätte ich es ohnehin nicht verheimlichen können. So waren die, die es wissen sollten, letztlich doch informiert und andere wiederum noch nicht.

Anfang Dezember ´88 setzte ich nach einer Bereichsversammlung mit unserer Direktorin den Chef meiner Abteilung von meinen Rückzugsplänen in Kenntnis. Ich hatte also vor, meine Tätigkeit in der *UNIDO* im Frühjahr ´89 zu beenden. Sofern die *UNIDO* an einem Nachfolger aus der DDR interessiert war, wäre ich bereit, dessen Einarbeitung zu unterstützen. Und wie reagierte mein Chef?

Ob das ein Scherz sei, wollte er wissen. Er könne sich das nur schwer vorstellen und müsste einen solchen Schritt sehr bedauern. Schließlich würde ich zu denen gehören, die eine ausgesprochen kompetente Arbeit leisten. Was ich da vorhatte, sei für ihn eine ganz schlechte Nachricht. Einen möglichen Landsmann als Nachfolger könne er sich vorstellen, wenn bestimmte Voraussetzungen, wie fachliche Eignung und rechtzeitige Verfügbarkeit, gegeben sind. So etwa war seine spontane Reaktion.

„Flowers“ werden im Angelsächsischen des Öfteren verteilt, aber wer über Jahre mit seinem Chef zusammen gearbeitet hat wie ich, wer seine Gestik und Körpersprache genau kannte, der weiß, ob ein Kompliment als floskelhafte Höflichkeit, diplomatische Geste oder wirkliche Wertschätzung gemeint ist. Und ich kannte meinen Chef. Wenn ich meine Arbeitszeugnisse hernehme, meine Position in unserer Abteilung und der *UNIDO* insgesamt resümiere, dann war im Kern wohl nichts gespielt oder formal, denn mir war wiederholt eine ausgezeichnete Leistungsbilanz bestätigt worden.

Hinsichtlich meiner Beweggründe deutete ich an, welche anderen Aufgaben auf mich und meine Familie zu Hause warteten. Die familiären Gründe könne er verstehen und akzeptieren, meine berufliche Perspektive sei aber doch jederzeit regelbar, denn irgendein Direktor könne ich doch immer noch werden…

Na ja, so ähnlich hätte ich mich an seiner Stelle vielleicht auch geäußert. So einfach war die Wiederaufnahme eines Jobs zu Hause, wie sich später zeigte, aber doch nicht, auch wenn eine rechtliche Wiedereinstellung gesichert war und mir im Unterschied zur Arbeitswelt im Westen keine Arbeitslosigkeit drohte. Wie auch immer, ich habe den beruflichen Wiedereinstieg an dieser Stelle nicht vertieft. Vielmehr lag mir daran, mich über meine Tätigkeit in der *UNIDO* positiv zu äußern und meinem Abteilungschef ein paar „Flowers" für die gute Zusammenarbeit und seine Unterstützung zurückzugeben. Das tat ich auch und das fiel mir nicht schwer, denn es war ja wirklich meine Meinung.

Dass ich bestimmte Fragen der Sekretariatsarbeit, was die inhaltlichen Konzepte, Management, Aufgabenstruktur etc. angeht, kritisch beurteilte, wussten er und andere sowieso. Wir hatten unsere Meinungen darüber gelegentlich ausgetauscht, die Ansichten entsprechend diskutiert und kannten im Grunde die Positionen des Anderen. Ich habe es mir aus meiner Sicht - so empfinde ich es im Nachhinein - auch in der *UNIDO* mit allem nicht leicht gemacht.

Unnütze Querelen oder aggressive Dispute mag ich nicht - eher suche ich konstruktive Gespräche -, aber Auseinandersetzungen, welcher Art auch immer, gehe ich trotzdem nicht aus dem Weg, obwohl es oft einfacher und bequemer wäre. Wenn ich mir eine Meinung gebildet habe, dann stehe ich dazu und verhalte mich entsprechend. So war es auch in Wien und das war gut. Damit kann man Charakter zeigen und beim Gesprächspartner Respekt erzeugen. Diskussionen mit Mitarbeitern und anderen Partnern gehörten zum Alltag und wurden UNO-gemäß geführt. Ob ich immer ausreichend diplomatisch und vorteilhaft genug argumentierte, mag bei allem Verhandlungsgeschick dahingestellt bleiben. Mein Chef war mehr Taktiker als Stratege, sehr zugänglich und kompetent. Er konnte in der Tat ausgezeichnet verhandeln, sich und andere motivieren, Dinge rasch auf den Punkt bringen und auch vormachen, wenn nötig.

Nun würden wir uns aber bald trennen. Eigentlich war es schade, dass unsere vertrauensvolle Zusammenarbeit in absehbarer

Zeit zu Ende ging. Aber es war nicht zu ändern, denn der Umzug nach *Berlin* würde unabänderlich näher kommen. Unabänderlich? Sicherlich nicht, aber wer hätte damals ahnen können, welche politischen Veränderungen sich gerade im Jahr meiner Rückkehr nach *Berlin* noch anbahnen würden…

Rückkehr und Wende

33 Der Countdown

Arbeitsmäßig wurden die letzten Monate meines Aufenthaltes in Wien noch einmal stressig. Meine Familie in *Berlin* und ich allein in *Wien*. Für jemanden wie mich war so eine längere Zeit als Solist gefährlich. Ich würde noch mehr arbeiten als ich es sonst ohnehin schon tat, mich selbst versorgen müssen, Wäsche waschen, als „Eulentyp“ abends kein Ende finden, früh Probleme mit dem Aufstehen haben und anderes mehr. So dachten mit Sicherheit auch andere, die mich kannten. Und sie sollten Recht behalten. Aber ich war ja lernfähig und belastbar. Was wollte ich mehr...

Gleich nach dem Urlaub - ich hatte mich längst umgestellt und alles wieder im Griff, Sigrid und die Kinder in *Berlin* wohl auch - ging es im September nach *Dänemark*. Dort nahm ich an einer internationalen *Konferenz über erneuerbare Energien und lokale Produktion* teil, die im *Dänischen Zentrum für Erneuerbare Energie* in *Hurup*, im Nordwesten des Landes, stattfand. Mr. Peterson, mein exzellenter dänischer Windenergie-Experte, mit dem ich erfolgreiche Projekte in *Jordanien* und *Ägypten* entwickelt hatte, war auch dort und ließ es sich nicht nehmen, mir während der einwöchigen Tagung auch seine 1-MW -Windturbine zu zeigen, eine damals stattliche, wenn auch nicht mehr neuste, Anlage. Dänemark galt schon damals als Musterland der Windkraft.

Interessante Exkursionen zu Windfarmen, Biogas-, Solaranlagen und Herstellerfirmen verdeutlichten wieder mal sehr anschaulich das riesige Nutzungspotenzial der regenerativen Energien, wenn die Rahmenbedingungen stimmen. Den damaligen DDR-Botschafter in *Dänemark* begegnete ich dort auch. Ein DDR-Betrieb lieferte für eine dänische Firma Getriebe für Windkraftanlagen. Mir schwebte vor, diesen Betrieb, wenn irgend möglich, für mein Ägypten-Windkraftprojekt mit ins Boot zu bekommen. Das konnte ich natürlich nicht mit unserem Botschafter klären, aber dafür hatten wir eine Diskussion über die „Grünen“ in der DDR. Das war auch interessant.

Nach der Konferenz besuchte ich eine Reihe einschlägiger dänischer Herstellerfirmen für Windenergieanlagen, die Teststation für Windkraftanlagen in *Roskilde* und die *Internationale Dänische Entwicklungsagentur*. Auf diese Weise lernte ich durch die Konferenz und Exkursionen nicht nur den *Norden Jütlands*, sondern auch andere Regionen des Landes kennen. Die fruchtbare, dicht besiedelte und flach gewellte Halbinsel zwischen der Nord- und Ostsee mit ihren vielen Heiden und Mooren und sonstigen Reizen hat mich sehr beeindruckt.

Natürlich konnte ich mich auch den Sehenswürdigkeiten *Kopenhagens* nicht entziehen. So habe ich auch der bärenfellbemützten Garde vor *Schloss Amalienborg*, welche die königliche Residenz bewacht, und der kleinen Meerjungfrau, dem Wahrzeichen der Stadt, meinen Gruß entboten, auch wenn letztere etwas verlassen am steinigen Ufer der *Langelinie*, der Uferpromenade am Meer, sitzt. Schließlich schaffte ich noch einen Abstecher nach *Helsingor* und *Schloss Kronborg*, dem historischen Hintergrund des berühmtesten Trauerspiels Shakespeares und seines Titelhelden Hamlet. Von dort hat man auch einen lohnenden Blick hinüber auf das nahe liegende Schweden. Danach ging es aber wirklich zurück nach *Wien* mit einem Zwischenstopp in *Berlin* und einem Kurzbesuch der DDR-Getriebefirma in *Penig*.

In *Wien* stürzte ich mich dann wieder in die Arbeit. Es gab viel zu tun. Alles musste jetzt unter dem Blick meines vorgesehenen Ausstiegs aus der *UNIDO* erfolgen - aktuelle Projekte auf dem Laufenden halten, geplante Aktivitäten abschließen, neue und Pipelineprojekte bündeln, den Ausstieg offiziell machen, Wohnungsumzug und Abschiedsparty festlegen…

Ende Januar 1989 unterbreitete ich der *UNIDO* meine *Notice of Resignation*. Darin teilte ich mit Bezug auf meinen bestehenden Arbeitsvertrag, der bis Ende November ´89 gültig war, mit, dass ich meine Tätigkeit in der *UNIDO* Ende März beenden möchte. Damit war das entscheidende Signal, das mit den zuständigen Stellen zu Hause abgestimmt war, auf Rückkehr gestellt. Der Countdown lief. Jetzt gab es kein Zurück mehr. Noch einmal Geburtstagsblumen für Sigrid aus *Wien*, Weihnachten und Silvester in Familie und ich konnte auf die Zielgerade einbiegen.

Eine umfangreiche Studientour, die im Rahmen des ägyptischen Windkraftprojektes geplant war und auf die ich mich schon lange freute, konnte ich allerdings nicht mehr begleiten. Die Reise sollte durch mehrere europäische Länder und *Kalifornien* führen, musste aber auf Wunsch der ägyptischen Teilnehmer verschoben werden. Der Ramadan spielte wohl mit hinein. Diesen Kalifornien-Traum hätte ich mir gerne noch erfüllt. Aber es passte nicht mehr in den Zeitplan.

Bevor dann meine wirklich letzte Mission Anfang März ´89 nach *Jordanien* startete, sollte der Umzug nach *Berlin* erledigt sein. Dazu kam Sigrid noch einmal für ein paar Tage nach *Wien*. Wir hatten noch die Zeit für einen kurzen Winterausflug in die Berge, mehr aber nicht, denn Packen war angesagt. Mit einer professionellen Umzugsfirma, die ihren Job ausgezeichnet machte, war aber eigentlich alles ein Kinderspiel. Jedenfalls lief alles planmäßig - ein Packtag in *Wien* mit amtlicher Versiegelung der Fracht, ein Transporttag nach *Berlin*, zollrechtliche Freigabe und Auspacken am dritten Tag und alles war vorbei.

Danach schnell zurück nach *Wien* und weiter nach *Jordanien*. Der Workshop über Design und Fertigung von Solarkollektoren fand vom 28. Februar bis zum 12. März in *Amman* statt und wurde ein voller Erfolg. Auch die jordanische Presse und das Fernsehen berichteten darüber. Aus unserer *Engineering Abteilung* begleitete mich unser Programmassistent, Herr Petrus Prijapratama, der mich hervorragend unterstützte. Er war ein äußerst netter und hilfsbereiter Mitarbeiter, war Indonesier, schon seit langem bei der *UNIDO* und einer von denen, die zwar stets etwas im Hintergrund tätig sind, ohne die aber das Gesamtgeschäft eigentlich gar nicht so richtig funktioniert. Auf dem Rückflug war uns *Athen* noch einmal eine Zwischenlandung wert. Die herrliche *Akropolis*, das *Stadion der Olympiade* von 1896, der *Hafen von Piräus*…

Nach der Rückkehr aus *Jordanien* hieß es dann, langsam von Wien Abschied zu nehmen, denn die planmäßige Abreise war vorbereitet. Die letzten Anstrengungen galten der Vorbereitung meiner Abschiedsparty, zu der ich am 29. März 1989 um 16.30 Uhr eingeladen hatte. Auf diesem UNO-gemäßen Abschiedstrunk konnte dann noch einmal alles Revue passieren. Wenn ich möchte, dass sich diese Lebewohl-Atmosphäre etwas tiefer einstellt, dann nehme ich einfach meine einstigen Redenotizen und folge meinen *UNIDO*-Erinnerungen von damals…

Danach hieß es aber wirklich - mit einem weinenden und einem lachenden Auge - ab nach *Berlin*.

34 Wieder zu Hause

Jetzt aber hatte die DDR mich zurück. Ich wusste ja schon vor meinem Auslandseinsatz, dass dieser Tag kommen würde. Etwas Besonderes war das also nicht, eher etwas ganz Normales, zumindest die Regel. Trotzdem gab es immer wieder welche, wie ich es selbst miterlebt hatte, die der DDR den Rücken kehrten und abhauten, ihren Staat also, wie es im offiziellen Sprachgebrauch hieß, verrieten. Die Beweggründe waren sicherlich sehr vielschichtig - politisch, wirtschaftlich, beruflich, persönlich, wer weiß das schon. Vermutlich war in solchen Fällen Druck, Zwang oder Erpressung auch dabei. Mancher hat vielleicht sogar die Seiten auftragsgemäß gewechselt. Auszuschließen ist das nicht. Ich zog es jedenfalls vor, an der offenen Front zu kämpfen und freute mich auf mein neues altes Zuhause in *Berlin*.

Zugegeben, ich spürte schon irgendwie in *Wien*, dass nach meiner Rückkehr in die DDR nichts mehr so sein würde wie vorher - man las ja Zeitungen, sah fern, hatte briefliche und telefonische Kontakte und beteiligte sich am gesellschaftlichen Leben seiner Landsleute in *Wien*. Wenn mir aber damals jemand gesagt hätte, dass in einem halben Jahr die Mauer fällt, ich bin mir sicher, das hätte ich nicht geglaubt. Aus der Distanz sieht manches eben doch anders aus als vor Ort. Mein Gefühl, dass bestimmte Dinge einfach nicht mehr gingen, trog mich nicht. *Glasnost* und *Perestroika*, die seit 1985 von Gorbatschow propagierte Politik einer größeren Transparenz und Reform des Staats- und Wirtschaftssystems der *Sowjetunion*, hinterließen trotz des massiven Gegensteuerns auch in der DDR Wirkung. Gorbatschow hatte zwar kein schlüssiges Konzept für seine Visionen, aber die DDR-Führung auch keine taugliche Alternative. Was mit der Bürgerbewegung begann, sich mit dem Verbot der Zeitschrift „Sputnik“ und dem Hickhack der Ausreisewilligen über die *Tschechoslowakei* und *Ungarn* fortsetzte, entwickelte bald eine solche Eigendynamik, dass das Ende dieser DDR, wie es sie gab, irgendwann absehbar war.

Als die *Sowjetunion* die DDR fallen ließ, war das Schicksal der DDR besiegelt, zumal die wirtschaftliche Situation prekär war und sich eine politische und moralische Krise der *SED* abzuzeichnen begann. Die weitere Entwicklung der Ereignisse ist bekannt und machte mich sehr nachdenklich und traurig. Vor allem von dem Punkt an, als es nicht mehr um eine andere DDR, sondern um die Wiedervereinigung Deutschlands nach dem Muster der Bundesrepublik ging und die DDR-Bürger das Heft des Handelns aus ihren Händen gaben…

Die Ereignisse überschlugen sich. Massenflucht von DDR-Bürgern in die Bundesrepublik, als *Ungarn* im Sommer ´89 die Grenze zu *Österreich* öffnete, Massendemonstrationen in den Großstädten für Demokratie, Reise- und Meinungsfreiheit, friedliche Revolution im Herbst mit Rücktritt *Honeckers*, Öffnung der Berliner Mauer, neue Regierung unter *Hans Modrow*. Und 1990: Volkskammerwahl und Regierung der Großen Koalition unter *Lothar de Maiziere* im März, Verkündung des Ziels Beitritt der DDR zur BRD nach Art. 23 des Grundgesetzes, Währungs- Wirtschafts- und Sozialunion der beiden deutschen Staaten ab Juni, Einigungsvertrag vom 31. August, Zwei-plus-vier-Vertrag vom 12. September, Vollzug der Wiedervereinigung Deutschlands am 3. Oktober, erste gesamtdeutsche Bundestagswahl am 2. Dezember.

Mit dem Fall der Mauer normalisierten sich auch wieder die verwandtschaftlichen Beziehungen, die seit den vielen Jahren der Trennung verschüttet gegangen waren. Für mich bestand bis zur Wende aufgrund meiner Arbeit Kontaktverbot. Mit Öffnung der Grenzen konnte ich jetzt auch meine Tante aus *Zehlendorf*, zu der ich mich als Kind so hingezogen fühlte, nach *Lichtenberg* holen und ihr zeigen und erzählen, wo und wie ich mit meiner Familie seit 1968 in *Berlin* wohnte und lebte, wo wir überall waren und wie es uns in all den Jahren ergangen ist.

Auf Einladung ihrer Töchter feierten wir den ersten „gesamtdeutschen“ Geburtstag in unserer Verwandtschaft im Mai 1990 in *Lichtenrade*. Eine gemütliche Gartenparty mit vielen Gästen. Aber beim genauen Hinschauen wurde auch deutlich, dass wir nicht nur älter geworden waren. Vieles hatte sich verändert. Jeder war der, der er immer war und doch anders, geprägt von der Zeit und der Wirklichkeit seines Weges. Der Kreislauf des Lebens hatte inzwischen auch manche schmerzliche Lücke gerissen. Doch die Spuren der Zeit sind nicht auszulöschen, sie gehören zur Geschichte.

Was mit der Öffnung der Mauer für viele ein ersehnter Traum war, war für andere, für die eine ganze Welt zusammenbrach, ein Horror. Für mich war es, genau genommen, weder das eine noch das andere. Eher ein Geschenk, das es nun ermöglichte, verwandtschaftliche Beziehungen zu reaktivieren und Deutschland endlich in seiner ganzen Schönheit kennen zu lernen. Die DDR kannte ich, jetzt zog es mich an den *Rhein*, zur *Loreley*, an die *Mosel*, in die *Eifel*, zur *Nordsee*, auf die *Halligen*, in die *Lüneburger Heide*, ins *Ruhrgebiet*...

Was ich einst in der Schule lernte, konnte ich jetzt selbst erleben. Die Welt hatte ich gesehen, jetzt konnte ich mich im eigenen Land, das durch die Wiedervereinigung bedeutend größer geworden war, umsehen und bei Verwandten vorbeischauen. Zu allen, mit denen ich mich trotz Kontaktsperre verbunden fühlte, die mir wohlgesinnt waren, Verständnis zeigten und Anteil nahmen, war die menschliche Bindung im Grunde nie abgerissen. Warum auch, es sind einfache Leute wie wir. Sie lebten auch nicht im Schlaraffenland, haben mit ähnlichen Sorgen und Nöten des Alltags zu kämpfen und müssen ebenso hart arbeiten wie andere.

Mir war indes klar - das Leben würde auch nach der Wende so oder so weitergehen. Ich kannte den Kapitalismus aus meiner Arbeit in *Wien* und wusste, dass man sich mit etwas Glück und Zuversicht auf das eigene Können auch in der Marktwirtschaft behaupten konnte. Außerdem gab es auch gar keine andere Alternative. Zwar gab es vor der Wende noch die schützende Hand des Staates über mir, aber jetzt würde es neue Chancen geben, auch wenn die Risiken und sozialen Unsicherheiten um mich keinen Bogen mehr machen würden. Ganze Ministerien, Unternehmen, ja ganze Regionen wurden abgewickelt. Aber es wurde eben auch nicht nur abgewickelt und zerschlagen, es wurde auch Neues geschaffen. Nicht alles, was sich veränderte, war schlecht. Das gehört zur ganzen Wahrheit unbedingt dazu.

Natürlich hatte diese Entwicklung auch gravierende Auswirkungen auf meine neue Arbeit. Ich hatte eine Tätigkeit im *Organisationskomitee*

18. Weltgaskongress aufgenommen. Der Kongress fand im Juli 1991 in *Berlin* statt. Das *Organisationskomitee* war dem Präsidenten der *Internationalen Gas Union (IGU)*, dem damaligen Generaldirektor des *Gaskombinates Schwarze Pumpe*, unterstellt. Als Veranstaltungsmanager sollte ich bei der Vorbereitung und Durchführung dieser Konferenz meine Kompetenz und Erfahrung aus der internationalen Arbeit einbringen. Der Kongress war politisch hoch angebunden und mit der dazugehörigen Weltgasausstellung die bis dahin größte Veranstaltung dieser Art in der Geschichte der Gaswirtschaft. Es wurden über 3.000 Teilnehmer aus etwa 50 Ländern erwartet. Da waren auch meine Sprachkenntnisse gefragt.

Zu meinen Hauptaufgaben gehörte die konzeptionelle Vorbereitung, die inhaltliche Abstimmung und koordinierte Durchführung der Veranstaltungen sowie die vertragliche Bindung der notwendigen Lieferungen und Leistungen. Ich war also für das Haupt- und Rahmenprogramm, die assoziierten Sitzungen, technischen Besichtigungen und Nachkongressreisen verantwortlich. Außerdem waren die technischen Maßnahmen für die Konferenzdienste, Dolmetsch- und Übersetzungsaufgaben abzusichern. Das Technische Programm des Kongresses in den Fachkomitees stand unter Leitung des Direktors für Forschung und Entwicklung des *Gaskombinates Schwarze Pumpe*.

Als ich im Mai ´89 meine Arbeit als Stellvertretender Leiter des *Organisationskomitees* aufnahm, arbeitete das Komitee bereits seit längerer Zeit. Grundlage war ein Beschluss des Ministerrates vom April ´88. Man wartete schon auf mich, denn Arbeit gab es mehr als genug. Für alles mussten Konzepte her. Und dann diese rasante Entwicklung der Ereignisse. Zunächst wurde der Kongress - wie sollte es auch anders sein, die Ausrichtung war ja von der *IGU* an die DDR vergeben - im Ostteil der Stadt vorbereitet. Der *Palast der Republik*, wo die Mehrzahl der Veranstaltungen stattfinden sollte, war der Hauptstandort für den Kongress, das Freigelände am *Alexanderplatz* die Fläche für die Ausstellung. Viele andere Standorte wie *Kongresshalle, Palasthotel, Hotel Stadt Berlin, Humboldt-Universität* und so weiter waren ebenfalls einbezogen.

Nach Öffnung der Mauer erfolgte dann die Verlegung des Kongresses in das *ICC* und die *Ausstellungshallen am*

Funkturm im Westteil der Stadt. Daraus ergaben sich Termin- und Raumänderungen, so dass vieles neu zu machen war, auch wenn einiges von den Änderungen unberührt blieb und sich das Rahmenprogramm im Wesentlichen weiterhin im Ostteil der Stadt abspielte. Was etwa noch bis Juni 1990 unter der fachlichen Regie der Kammer der Technik stand, übernahm jetzt der *Deutsche Verein des Gas- und Wasserfaches (DVGW)*. Die bereits fertig gedruckten Ankündigungsprojekte für den Kongress wurden aber verwendet und durch eine Einlage den neuen Gegebenheiten angepasst. Insofern wurde nicht alles verworfen, aber kurios war manches schon.

Insgesamt hat der Kongress durch die Öffnung der Mauer und die nachfolgenden Entwicklungen an Qualität gewonnen. So konnte mehr Know-how der Wessis aus den Erfahrungen des 16. Weltgaskongresses, der 1985 in der Bundesrepublik in *München* stattfand, in unsere Arbeit einfließen. Ohne diese Impulse wäre manche Veranstaltung, wenn auch nicht schlechter, so doch anders gelaufen. Die spannende und lockere Abschlussveranstaltung, die auf der *Trabrennbahn Berlin-Mariendorf* durchgeführt wurde, kann dafür ein Beispiel sein.

Was nun jeder einzelne Mitarbeiter des *Organisationskomitees* von dem Einstieg der westdeutschen Fachleute auch gehalten haben mag, ich empfand die Zusammenarbeit insgesamt als angenehm und förderlich, auch wenn hier und da vielleicht auf beiden Seiten etwas geflunkert wurde. Wer weiß. Das differenzierte Selbstverständnis der Ossis und Wessis ist mit den Jahren der Teilung gewachsen und wird sich wohl erst über die Generation unserer Kinder und Kindeskinder verwischen. Nach meiner Erfahrung brachten die Fachkollegen aus dem Westen meistens Sachkompetenz und Teamfähigkeit mit, was der Sache nur dienlich sein konnte. Und das war auch in *Berlin* so. Jedenfalls sollten Ablauf und Niveau der Veranstaltungen den Traditionen bisheriger Weltgaskongresse entsprechen und ich glaube, das wurde voll erreicht.

Zu meinem Bedauern wurde ich allerdings wenige Tage vor der Eröffnung des Kongresses wegen eines akuten Bandscheibenvorfalls zur Operation in die Charite eingewiesen, so dass ich nicht miterleben konnte, ob und wie das alles funktionierte, was wir vorbereitet hatten. Doch es soll wirklich ausgezeichnet geklappt haben. Die Kongressvideos, die ich mir nach meiner Genesung anschauen konnte, zeigten das. Geärgert hab ich mich aber doch. Vor allem deshalb, weil mir das Missgeschick mit dem Bandscheibenvorfall nur deshalb ereilte, weil ich in meiner Gutmütigkeit mithalf, in unserem Büro einen zentnerschweren Tresor umzusetzen. Das hätte ich bei meiner gesundheitlichen Disposition niemals tun dürfen, aber hinterher ist man eben immer schlauer…

Nun ja, der Kongress fand trotzdem statt und hat nach dem, was ich gehört, gelesen und über Videos gesehen habe, die Erwartungen voll erfüllt. *Berlin* war jetzt als ungeteilte Metropole mit ihrem Ruf als Stadt des Friedens und der Künste noch attraktiver und anziehender. Eine andere Stadt, die so im Zentrum europäischer Veränderungen stand, gab es nicht. Eine bessere Werbung konnte es für den *18. Weltgaskongress* nicht geben.

35 Ein Wendepunkt

Ende September 1991 stellte das Organisationskomitee seine Arbeit ein. Meine vertraglichen Regelungen sicherten mir eine Tätigkeit in meiner früheren Dienststelle zu. Die gab es aber nicht mehr, Rechtsnachfolger war zu der Zeit die *Vereinigte Energiewerke Aktiengesellschaft (VEAG)*, auf die sämtliche Arbeitsverhältnisse übergegangen waren. Im Vorfeld dieser Veränderungen teilte ich deshalb der *VEAG* mit, dass ich Anfang Oktober 1991 meine Tätigkeit wieder aufnehmen würde. Weiter bat ich darum, meine Rückkehr entsprechend einzuordnen, mich in den Personalplan aufzunehmen und mich über Einsatzmöglichkeiten bzw. Stellenausschreibungen rechtzeitig zu informieren. Von Zeit zu Zeit suchte ich persönliche Kontakte und ließ nichts unversucht, mich meinem zukünftigen Arbeitgeber in Erinnerung zu bringen.

Auf der Verbundebene gab es in den neuen Bundesländern mittlerweile nur noch die *VEAG*, die im Zuge der Neuordnung der Energiewirtschaft der DDR aus der *Vereinigten Kraftwerks-AG Peitz* und der *Verbundnetz Elektroenergie AG (VENAG)* hervorgegangen war. Mein früheres Unternehmen, die *Hauptlastverteilung*, war bereits davor als Bereich in die *VENAG* integriert, der ich mein Anliegen nach Wiederaufnahme einer Beschäftigung ebenfalls mitgeteilt hatte. Persönliche Gespräche gab es auch hier, aber es war mehr oder weniger immer ein Hinhalten und Vertrösten, ein Verweisen auf andere Personen und ausstehende Entscheidungen. Der Rationalisierungsdruck war offenbar so groß, dass man dem Unternehmen den besten Dienst dadurch erweisen konnte, indem man sich selbst half, seinen Hut nahm und ging. Wieder einer weniger auf der Lohnliste, das rechnete sich…

Die rechtliche Verschmelzung und organisatorische Umstrukturierung der Unternehmensteile zur neuen *VEAG-Hauptverwaltung* behielt ich zwar im Blick, eine wirkliche Chance auf einen Job, wie ich ihn mir vorstellte, hatte ich, realistisch gesehen, kaum. Durch meine langjährige Tätigkeit im *Ausland* und im *Organisationskomitee 18. Weltgaskongress* war ich mit dem eigentlichen Kerngeschäft der *VEAG*, was die Praxis anging, nicht mehr vertraut. Insider waren da immer in Vorhand. Außerdem war ich, als die Weichen gestellt wurden, nicht verfügbar und als ich zur Verfügung stand, waren die Messen „gesungen“, wie es so schön heißt. Wenn überhaupt, dann blieben vielleicht Aufgaben, die mir nicht zusagten. Mit meinen Briefen und Bewerbungsschreiben kam ich jedenfalls nicht zum Zuge. So konnte ich bei der *VEAG* zwar formell anfangen, aber Arbeit, einen richtigen Arbeitsplatz, hatte ich nicht.

Wegen dieser für mich völlig unbefriedigenden Gesamtsituation entschloss ich mich, mit der *VEAG* einen Aufhebungsvertrag einzugehen, die dazugehörige Abfindung mitzunehmen und mich um meine berufliche Zukunft selbst zu kümmern. Arbeitskollegen hatten mir von einem solchen Schritt abgeraten. Aufgrund meiner langjährigen Betriebszugehörigkeit war ich eigentlich unkündbar und die Lage würde sich, meinten sie, mittel- und langfristig sowieso verbessern. Warum also diesen sozialen Anker lösen und sich auf den Weg der Ungewissheit begeben? Eine einvernehmliche Trennung könne ich später immer noch eingehen.

Sie mögen ja Recht gehabt haben. Ich hätte gewiss auch wieder einen Platz in der *VEAG* gefunden. Aber wann? Wie könnte ich mit dieser Situation leben? Ohne Arbeit, ohne richtigen Arbeitsplatz, vielleicht in der „Abstellbaracke“ des Unternehmens, drohende Kurzarbeit, am Standort keine wirkliche Perspektive. Jede Woche Nichtstun wäre eine verlorene Woche. Nein, das wollte ich mir nicht antun. Ich zählte mich überhaupt nicht zum alten Eisen. Mit meinen 47 Jahren wollte ich noch etwas leisten, mich den neuen Herausforderungen stellen. Dafür fühlte ich mich in jeder Hinsicht gerüstet. Schließlich hatte ich über mehrere Jahre Erfahrungen in der Marktwirtschaft gesammelt, konnte auf ausgezeichnete Referenzen verweisen, war sprachlich gut drauf und fachlich qualifiziert. Also trennte ich mich einvernehmlich von der *VEAG* und nahm mein Schicksal in die eigene Hand.

Gesundheitlich kam mir dieser Schritt sogar entgegen. Ich hatte nämlich gerade eine schwere Bandscheibenoperation und eine postoperative Rehabilitation hinter mir. Wenn ich meine gesundheitliche Belastung jetzt selbst ein wenig steuern konnte, dann tat mir das gut. Über meine Zukunft nachdenken, Stellenangebote prüfen, Bewerbungen schreiben, Weiterbildungsmaßnahmen sondieren etc. konnte ich allemal. Ein Wendepunkt in meinem Leben.

Der Weg zum örtlichen Arbeitsamt blieb mir natürlich nicht erspart. Von dort wurde ich allerdings schnell weiter vermittelt zur *Zentralstelle für Arbeitsvermittlung*, die unter anderem eine Niederlassung in *Berlin-Mitte* hatte. Die Managementvermittlung der *ZAV* hatte in Zusammenarbeit mit dem *DIHT* und der *Deutschen Gesellschaft für Personalführung* ein *Management-Training für Führungskräfte* aufgelegt, das an zehn Standorten in den neuen Bundesländern angelaufen war, darunter auch im Weiterbildungszentrum der *Technischen Akademie Wuppertal e.V.* in *Wildau* bei *Berlin.* Teil des etwa ein Jahr dauernden Trainings war ein rund 4-monatiges Betriebspraktikum.

Die Lehrveranstaltung bot eine ausgezeichnete Möglichkeit zur „Runderneuerung“ auf den Gebieten Controlling, Kostenrechnung und Finanzierung, Marketing und Vertrieb, Logistik und Personalmanagement. Mit einem erfolgreichen Abschluss würden die Lehrgangsteilnehmer über neuestes betriebswirtschaftliches Know-how verfügen und somit gute Chancen haben, eine Anstellung zu finden. Hoffentlich, dachte ich und stieg Anfang 1992 in *Wildau* in ein laufendes Management-Training ein, das für Führungskräfte der ehemaligen DDR durchgeführt wurde, kümmerte mich aber zugleich um eine neue Arbeitsstelle.

Ein Arbeitsvertrag mit der *DECON,* der *Deutschen -Energie-Consult* in *Bad Homburg* lag schon seit längerem zur Unterschrift auf meinem Tisch. Anfang Mai sollte es losgehen. Nur meine Unterschrift fehlte noch, alles andere war besprochen und abgestimmt, als ich ein interessantes Stellenangebot in der Berliner Morgenpost sah. Ein *mittelständisches Energieunternehmen mit Sitz in Westdeutschland*, das für Industrie und Kommunen Energiekonzepte prüfte, Investitionen vorbereitete, die Anlagen finanzierte und sie für die Erzeugung von Wärme und Strom betrieb, suchte für Akquisition und Projektbearbeitung den qualifizierten Leiter mit Dienstsitz im Großraum *Berlin-Potsdam.* Die Aufgaben schienen genau auf mich zugeschnitten. Die Anforderungen - fundierte Kenntnisse der energiewirtschaftlichen Zusammenhänge, Selbständigkeit und Initiative bei der Projektgestaltung, Kontaktfreude und Verhandlungsgeschick auf Geschäftsführungsebene - erfüllte ich.

Die Aufgabe reizte mich. Ich bewarb mich, wurde eingeladen, führte ein Bewerbungsgespräch und hatte ein paar Tage später einen zweiten Arbeitsvertrag vor mir. Wofür sollte ich mich nun entscheiden, für *Bad Homburg* oder *Ludwigsfelde*? Beides ging nicht. Schließlich entschied ich mich für die Aufbauarbeit in den neuen Bundesländern und sagte der *DECON*, der ich mein Kommen im Prinzip schon zugesagt hatte, mit Bedauern ab. Dort hätte die internationale Arbeit dominiert, jetzt zog es mich in die lokale Wirtschaft. Da ich einen unbefristeten Dienstvertrag bekam, konnte ich problemlos aus dem Management-Kurs in *Wildau* aussteigen. Das war einerseits bedauerlich, andererseits aber notwendig, denn die Jobangebote, die mir jetzt vorlagen, duldeten keinen Aufschub. „Learning by doing" hieß jetzt die Devise und das war mir nicht unrecht. Anfang Mai nahm ich die Tätigkeit auf.

Auch wenn ich auf diese Weise relativ schnell wieder Arbeit fand, bekam ich in dieser Zeit der Selbstfindung und Neuorientierung auf jeden Fall die Tücken des Arbeitsmarktes doch noch zu spüren. Arbeitslosigkeit - eine Geißel der Menschheit oder besser, des Kapitalismus, ohne die dieser nicht so funktionieren würde, wie er ist.

36 Gefunden

Nach der Wende rückte noch etwas anderes in den Mittelpunkt meines Lebens. Und zwar war ich noch immer auf der Suche nach meiner eigentlichen Herkunft und Identität. Wohin führten meine Wurzeln? Wo war mein leiblicher Vater? Lebte er noch und wenn ja, wo? Könnte man ihn finden? Die Suche in der DDR in meinen frühen Kinderjahren war erfolglos. Aber das musste ja nichts heißen. Jetzt waren die Grenzen in ganz Deutschland offen. Sollte man vielleicht nicht doch noch mal versuchen, ihn zu finden?

Wir wussten sehr vage, dass viele, die damals *Pommern* verlassen mussten, nach *Rügen* geflüchtet sind. Konnte mein Vater vielleicht nicht auch dort sein, irgendwo auf dieser Insel? Bekannte sollen ihn im Februar 1945 während der Flucht auf der *Insel Rügen* gesehen haben. War da etwas dran? Auf einem Heimattreffen in *Stralsund*, das nach der Wende stattfand, bekam meine Mutter die Adresse einer Frau, mit der sie in ihrer Jugend arbeitsmäßig zusammen war. In DDR-Zeiten waren solche Treffen verpönt ob des möglichen revanchistischen Gedankenguts, das auf solchen Zusammenkünften verbreitet werden konnte. Für uns brachte es den konkreten Hinweis, dass auf *Rügen* tatsächlich Bekannte aus unserer heimatlichen Gegend in *Pommern* lebten. Meine Mutter schrieb und erhielt umgehend Antwort.

Jawohl, es war Erika, mit der sie auf dem Gut in Stellung war - eine in der Küche und die andere als Stubenmädchen auf dem herrschaftlichen Anwesen in *Alt-Sandow*. Die Freude war natürlich groß. Und da diese Erika weitere aus dem einstigen Heimatdorf und dem Umfeld meiner Mutter kannte, die jetzt auf *Rügen* und in der Umgebung lebten, entstand schnell die Idee eines gemeinsamen Treffens. Es fand im Sommer ´92 in *Udars* statt.

Auf einmal waren auch das Kindermädchen vom herrschaftlichen Gut und andere wieder da. Nun konnte man endlich Erinnerungen aus der Schul- und Jugendzeit austauschen. Viel Persönliches und manches Schicksal kam zur Sprache. Eine bewegende Zusammenkunft von Frauen im bereits ehrwürdigen Alter. Vergangenes wurde gegenwärtig und lebte scheinbar wieder auf.

In der Erinnerung an die Vergangenheit wurde die Gegenwart zur Illusion.

Ich hatte meine Mutter und ihre älteste Schwester mit dem Auto zu diesem Treffen gebracht und insgeheim auch auf Hinweise zum Verbleib meines Vaters gehofft. Doch außer der Feststellung, dass ich ihm bildhaft ähnlich wäre, gab es diesbezüglich nichts Verwertbares. Auf *Rügen* sei er jedenfalls von den Anwesenden nicht gesehen worden. Mit diesem Stand fuhren wir wieder nach Hause. Meine Hoffnung, ihn irgendwann vielleicht doch noch zu finden, war damit aber nicht gestorben…

Eines Tages erzählte meine Mutter von einem Suchdienst aus *München*. Der würde auf Suchmeldungen von Hörern eingehen. Sie hätte das schon mehrfach im Rundfunk vernommen. Sollten wir uns auch mal dort hinwenden? Ich bat meine Mutter, ein paar Angaben über meinen Vater aufzuschreiben. Alles Weitere würde ich veranlassen. Bis zur Wende wusste ich über die persönlichen Umstände unserer Flucht und meinen Vater nur wenig. Mich hatte das bis dahin nicht wirklich interessiert. Entweder hörte ich nicht richtig hin, wenn im Kreis der Familie und Verwandtschaft darüber gesprochen wurde, oder es wurde so wenig darüber erzählt, dass ich nicht viel wissen konnte. Dabei waren wir in den siebziger Jahren sogar zweimal mit unserem Trabi in unserem damaligen Heimatdorf, das heute zu *Polen* gehört. Von dem Haus, in dem wir einst wohnten, waren nur noch Reste vom Fundament übrig, überwuchert von einem riesigen Brennnesselwald. Mir brennen noch heute Beine und Hände, wenn ich daran denke, wie wir uns den Weg durch das naturbelassene Gestrüpp und Unkrautdickicht bahnten. Das Haus war nach unserer Flucht in den Kriegswirren zerstört und abgebrannt.

Und mein leiblicher Vater? Sein Schicksal begann mich wieder mehr zu interessieren, als ich in der *UNIDO* war. Ich wusste inzwischen wie er hieß. Seine Spuren sollten irgendwie nach Italien führen. Wenn ich auf meinen Dienstreisen dorthin kam, dann blätterte ich ab und zu aus purer Neugier in Telefonbüchern und malte mir aus, wie das wohl wäre, wenn er wieder in *Italien* leben würde. Auszuschließen war das nicht. Gleichlautende Namen gibt es in *Italien* jedenfalls wie Sand am Meer. Ein hoffnungsloses Unterfangen, ihn so zu finden. Jetzt nach der Wende gab es aber diesen Suchdienst. Der hatte doch Erfahrung und Zugriff zu ganz anderen Unterlagen. Also wandte ich mich mit einem Brief dorthin. Das war im Juli 1992.

Der Suchdienst des Deutschen Roten Kreuzes *München* antwortete im September, dass in den Unterlagen keine Aufzeichnungen über den Gesuchten gefunden wurden, die Anfrage aber zuständigkeitshalber an die Heimatortskartei für Nordosteuropa, Abteilung *Pommern*, nach *Lübeck* weitergeleitet worden sei.

Die Antwort aus *Lübeck*, die wir im Oktober erhielten, war ebenfalls negativ - mein Vater sei weder in der Kartei für *Pyritz*, noch für *Alt-Sandow*, noch in der Pommerschen Namenskartei, die allerdings nicht ganz vollständig sei, verzeichnet. Ein Namensträger mit dem meines Vaters sei nicht auffindbar. Dann bekamen wir noch den Tipp, uns an die *Pommersche Zeitung* zu wenden und dort eine Suchanfrage aufzugeben. Vielleicht erinnert sich ja jemand an ihn. Also schrieb ich noch im Oktober an diese Zeitung und erklärte mein Anliegen. Nach Absprache einiger technischer Details erschien die Anzeige dann bereits im November in der Ausgabe 46/92.

An einem Sonntagvormittag, es muss der erste Sonntag nach dem Erscheinen meiner Anzeige in der *Pommerschen Zeitung* gewesen sein, klingelte bei uns in *Berlin* das Telefon. Es meldete sich eine Frau aus einem Ort in *Schleswig Holstein* und fragte, ob ich denn der Herr sowieso sei. Sie würde gerade frühstücken und hätte beim Lesen der *Pommerschen Zeitung* meine Anzeige entdeckt. Den Gesuchten kenne sie. Er würde in einem Dorf bei *Stargard* in *Polen* wohnen, sei verheiratet und habe Kinder. Möglicherweise habe er noch einen italienischen Pass. Sie habe mehrfach mit ihm gesprochen. Briefkontakte hätte sie auch.

Als ich verriet, dass es mein Vater ist, den ich da suche, war sie sehr überrascht und freute sich mit mir. Sie selbst sei aus *Sassenhagen*, habe in dem Ort, wo mein Vater jetzt lebt, gelernt und wäre des Öfteren dort gewesen. Mein Vater wäre dann immer

Ansprechpartner, weil er Deutsch spreche, die Gegend ausgezeichnet kenne und immer sehr nett und hilfreich wäre. Anschrift und Bild könne sie mir schicken.

Ich war baff und gerührt. Nach 48 Jahren diese heiße Spur. Wer hätte das gedacht. Das wäre wie ein Wunder. Gab es noch Zweifel? Bestimmt war er das, ich wünschte und hoffte es, die Fakten sprachen eindeutig dafür. Wie aber weiter? Ich bat meine Glücksbotin am Telefon, meinem Vater zu schreiben und ihm die Anzeige zu übermitteln. Ich wollte erst sehen, wie er darauf reagiert und ob es ihm recht war, dass ich jetzt so abrupt in sein Leben trat. Deshalb hielt ich mich noch zurück. Für die unschätzbare Hilfe aber, die mir die aufmerksame und freundliche Leserin der *Pommerschen Zeitung* erwies, bin ich ewig dankbar. So ein schöner Zufall. Nicht auszudenken, wenn sie die Anzeige übersehen hätte… Anschrift und Bild folgten prompt. Und wirklich, das musste er sein. Da stand er zwischen seiner Frau und seiner Entdeckerin aus *Schleswig-Holstein* vor einem Haus, in dem er offenbar wohnte. Unverkennbar mein Vater, wer hätte das gedacht…

Die Anzeige aus der Zeitung nahm also den abgesprochenen Weg nach *Polen* und bald hatte ich über den gleichen Weg die Antwort. Darin stand u.a. folgendes:

> *„… Das Schönste war die Annonce aus der Zeitung. Ich war erschüttert. So ein Zufall. Der Jürgen ist doch bestimmt der Sohn von mir und er sucht doch seinen Vater, … nach 50 Jahren. Ich war immer der Meinung, dass… keiner mehr lebt. Ich habe den Jürgen mit der Mutter das letzte Mal gesehen, wie er 9 Monate alt war. Sie waren… bei uns zu Hause. Sie wohnten in Neu-Sandow und wir… in Alt-Sandow. Die Geburtsdaten stimmen. Ich bin schon 2 Jahre auf Rente… Eine kleine Bitte hätte ich noch- seid doch bitte so gut und telefoniert nach Jürgen, ob er nicht schreiben möchte. Meine Adresse habt Ihr doch, gebt sie ihm auch… Es grüßen Euch Bruno und Janina.“*

Da stand es nun schwarz auf weiß - ich sollte schreiben. Nach 48 Jahren ein erster Brief an meinen Vater. Was sollte ich ihm aus meiner Lebenschronik mitteilen? Auf einmal saß ich da und dachte darüber nach, ob es denn überhaupt richtig war, die ganze Suchaktion zu starten. Wäre es nicht einfacher gewesen, die Vergangenheit ruhen zu lassen? Aber nein, das hätte ich mir später nicht verziehen. Ich wollte meine Wurzeln kennen, also wollte ich diese Zäsur. Ja, ich wollte ihn finden und kennen lernen, auch wenn mir der Gedanke jetzt, wo es ernst wurde, ein wenig Angst machte.

Alles, was ich dachte, kam auf einmal zusammen, wie ein Film - meine Kindheit, die erfolglose Suche meiner Mutter, mein Stiefvater, der mich wie sein eigenes Kind erzog; Oberschule und Studium; Sigrid und unsere Söhne; die Arbeit; die Fahrten zu den Überresten unserer Vergangenheit in unser pommersches Heimatdorf mit dem ehemaligen Schloss, das meine Mutter uns zeigte; dort war sie in Stellung, dort lernte sie meinen Vater kennen, der auf dem Gut zweiter Kutscher war, und dort planten beide ein gemeinsames Leben, bis der Krieg ihre Träume und uns jäh auseinanderriss.

Und nun hatte ich meinen richtigen Vater nach so langer Zeit doch noch gefunden. Also schrieb ich, wie tief es mich bewegt, nun endlich zu wissen, wo er ist, wie sehr mich sein Brief gefreut hat und wie gerne ich ihn sehen möchte. Dazu skizzierte ich einige Stationen meines Lebens und lud ihn ein, uns zu besuchen. Wenn gewünscht, würden wir auch nach *Polen* kommen. So ging der Brief in die Post.

Ich war erleichtert und zugleich bis aufs Äußerste gespannt. Vor Weihnachten dann ein Telegramm: „Kommt, wir warten.“ Kurz entschlossen telegrafierten wir zurück und machten uns drei Tage später mit der ganzen Familie auf den Weg. Zweieinhalb Stunden Fahrzeit - Grenzformalitäten in *Pomellen* eingerechnet -, zwei kleinere „Verfahrer“ und wir waren da.

Die Freude war riesengroß. Auch rührende Szenen gab es, was denn sonst. Es wurde fürstlich gegessen, festlich angestoßen und viel erzählt. Mit meinem Vater redeten wir Deutsch. Seine Muttersprache beherrschte er noch ausgezeichnet, nur das Schreiben bereitete ihm, wie er meinte, Mühe. Es fehlte die Übung. Mit seiner Frau, die aus der Ukraine stammte, sprach ich Russisch, mit ihrem Sohn aus erster Ehe, der zur See fuhr, Englisch und dazwischen das Polnisch der übrigen Verwandten. So erfuhr ich während dieses Besuches und der nachfolgenden Begegnungen - ob im Haus meines Vaters oder bei uns in Berlin - seine ganze Lebensgeschichte.

Die Eltern meines Vaters und er selbst waren damals, als die Russen kamen und wir überstürzt *Sandow* verlassen mussten, in *Pommern* geblieben. Zu der Zeit wohnten sie in *Neumühl*, wo sie 1944 aus *Sandow* hingezogen waren. Von dort kamen sie dann gezwungenermaßen in den Ort, wo er nun noch immer wohnte, als ich ihn schließlich fand. Seine Mutter war Polin, sein Vater Italiener - ein offenbar sehr unternehmungsfreudiger Mensch, der auch mal schnell Entschlüsse fasste und sie konsequent umsetzte, wenn er es für richtig hielt. So war es wohl auch mit dem Umzug von *Sandow* nach *Neumühl*. Mein Vater, noch jung an Jahren, musste natürlich mit.

Den Unternehmungsgeist meines Großvaters väterlicherseits sieht man auch daran, dass eine nach dem Zweiten Weltkrieg ernsthaft geplante und fast schon perfekte Auswanderung nach *Australien* nur daran scheiterte, dass seine Frau fast erblindete. Mein italienischer Großvater stammte aus der Gegend von *Beluno*, einer vorgelagerten Weinbauregion zu *Venedig*. In der Stadt der Gondolieri hat er schon als Kind Fische verkauft und so zum Lebensunterhalt der Familie beigetragen. Später kam er über *Österreich* und *Ungarn* nach *Schlesien* und *Pommern*, heiratete und hatte zwei Söhne. Ohne den jüngsten von beiden und dessen Liaison mit meiner Mutter würde es mich heute nicht geben…

Mein Vater hat sein Leben lang in der Landwirtschaft gearbeitet. Viele Jahre fuhr er einen schweren LKW, so dass er viel umherkam. Auch die damalige DDR hatte er so befahren. Zur Ironie des Schicksals gehört, dass er 1968 sogar in *Neubrandenburg* war, wo er im Hotel „Zu den vier Toren" übernachtete…

Er spielte gerne Fußball und Akkordeon, wirkt vital und jünger als er ist, ist intelligent und zugänglich im Wesen. Alles in allem ein herzensguter Mensch. Trotzdem sind die Jahre nicht spurlos an ihm vorüber gegangen. Deshalb verkaufte er sein Haus - zu dem auch ein großes Gartengrundstück gehörte - und zog in die Stadt nach *Stargard*. Ich habe mit meinem Vater einen liebenswürdigen und achtungswerten Menschen gewonnen und bin froh und dankbar, dass ich ihn fand.

Nach dem Tod seiner ersten Frau, als das Leben ihn zu überfordern schien und eine pflegebedürftige Mutter, Haus, Hof, Garten und alles, was dazu gehört, ihn in eine Lebenskrise zu reißen drohte, heiratete er wieder. So habe ich, wie das so ist, mit ihm auch seine ganze Verwandtschaft, seine nette Frau, seinen Sohn aus erster Ehe und dessen Familie, die anderen Kinder und die vielfältigen Erfahrungen polnischer Gastfreundschaft kennen gelernt.

Meine Wurzeln kenne ich jetzt. Wer meine Lebensgeschichte kennt, kann auch unschwer ermitteln, in welchem Maße welches Blut in meinen Adern fließt und welche genetischen Anlagen mich prägen. Die Stammbaumlücke ist geschlossen.

37 In der freien Wirtschaft

In den Tagen und Monaten, als ich meinen Vater suchte, fand und Kontakte aufbaute, die zu einer privaten Beziehung gehören, hatte ich mich längst in meinem neuen Betrieb etabliert. Es war die Zeit, da ganze Regionen, Ministerien und Unternehmen abgewickelt wurden und das Kapital sich in den neuen Bundesländern im Lichte des Einigungsvertrages seinen Weg bahnte. Der „Kuchen" DDR wurde aufgeteilt. Dementsprechend war die Stimmung und der Erfolgsdruck unter den komplexen Rahmenbedingungen des Marktes. Wer sich keinen Anteil sichern konnte, würde die Chance des Lebens verpassen. Welcher Unternehmer wollte das schon riskieren? Schließlich ging es um wachsen oder weichen.

Der Ostmarkt DDR als Konjunkturmotor für die westdeutsche Wirtschaft. Die Treuhand als oberste Behörde für Abwicklung und Privatisierung. Gängige Schlagwörter im Einheits-Jargon, die diesen Prozess begleiteten: rückübertragen, entschädigen, kaufen und verkaufen, pachten, mieten, leasen, ausgliedern, übernehmen, fusionieren, sanieren, aufbauen, abschmelzen, schließen, ausbluten…

Die Auflistung ließe sich fortsetzen. Die Zeit des Aufbruchs und Neubeginns. Herausforderungen und Freiräume für Pionierarbeit, aber auch für Wirtschaftskriminalität, dubiose Geschäfte und koloniale Praktiken - mit oder ohne Lobby, aber mit dem Know-how der Marktwirtschaft.

Ob „freie" oder „soziale" Marktwirtschaft - der Westen hatte sie in 40-jähriger Praxis gelernt. Dort saß auch das benötigte Kapital. Und das war für die Umgestaltung der einst zentral geplanten Staatswirtschaft in marktwirtschaftliche Strukturen gewiss kein Nachteil. Im Gegenteil. Andere Länder, die ähnliche Aufgaben zu bewältigen hatten, wie die ehemalige DDR, hatten einen solchen „reichen Onkel" nicht.

Doch gab und gibt es, wenn man tendenziösen Informationen glauben wollte, wirklich „nur" diese Transfers von West nach Ost? Wie hat eigentlich der Westen und insbesondere die Wirtschaft in den alten Bundesländern von der Wende profitiert? Sie war doch, denke ich, ein Glücksfall für die Wirtschaft. Keineswegs nur Einbahnstraße.

Zum Beispiel die ausgereichten Fördermittel. Wo sind sie im Endeffekt tatsächlich angekommen? Was haben sie wo bewirkt? Wer nennt die Gewinne und Ressourcen, die in den Westen flossen und fließen? Wie viele Arbeitsplätze hat der Absatzmarkt „Ostdeutschland" in den alten Bundesländern gesichert bzw. geschaffen? Wo sind belastbare Angaben? Stattdessen tendenzielle Darstellungen in den Medien. Ein neuer Autobahnabschnitt im Westen etwas anderes als im Osten. Eine „normale" Infrastrukturmaßnahme dort wird zur Transferleistung hier. Warum? Eine seltsame Logik, die niemand akzeptieren kann, der von Fairness etwas hält. Aber so ist sie eben, die Siegermentalität, ob gewollt oder nicht. Auch wenn nirgends aufgedruckt, den „Siegerstempel" trägt der Einigungsvertrag allemal - bei allem Respekt zu diesem Werk und ihren Autoren.

Man denke da nur an die vermögensrechtlichen Regelungen und die Renten, an die Praktiken von *rückübertragen vor entschädigen, privatisieren vor sanieren.* Chancengleichheit für alle? Hier wurden mögliche Weichenstellungen verpasst bzw. bewusst verdrängt oder verhindert. Die politischen Verhältnisse ließen offenbar anderes nicht zu. Manche Chance, Bewährtes in die Einheit einzubringen und in Teilbereichen Neues zu entwickeln, wurde so vertan, denn nicht alles war schlecht in der DDR.

Nehmen wir zum Beispiel den verfassungsrechtlichen Reformbedarf in Deutschland. Manche Anpassung des Grundgesetzes scheint geboten. Selbst renommierte Politikwissenschaftler räumen dies ein, dringend sogar. Von den großen Parteien war und ist das jedoch nicht gewollt, weder verfassungspolitisch, noch wirtschaftspolitisch, noch in anderen Teilbereichen der Gesellschaft. Es fehlt der politische Wille. Die großen Parteien haben sich eingerichtet in diesem Staat. Ihre Devise lautet - keine Experimente, die auch nur im Entferntesten eigenen Interessen und ihrer Klientel entgegenstehen.

Mehr plebiszitäre Elemente? Mehr Macht dem Volke? Am weltweit einmaligen Exekutivföderalismus etwas ändern? Die Kompetenzen von Bund und Ländern klarer regeln? Über das bestehende Wahlrecht nachdenken? Warum? Da wird nichts geändert und wenn, dann nur im Sinne der großen Parteien, wenn es nicht mehr zu verhindern geht oder ohnehin längst zur normativen Regel geworden ist. Die Annehmlichkeiten der Macht, Posten und Ämter bleiben ja, wenn es so ist wie es ist. So wird es aber auf Dauer nicht bleiben. Irgendwann setzt sich durch, was sich durchsetzen muss. Auch der Prozess zum Vereinten Europa erfordert strukturelle Veränderungen und Reformen, denn objektive Entwicklungen zwingen zum Handeln. Die Praxis wird zeigen, wohin eine Neuordnung der Machtverteilung zwischen Bund und Ländern führt und wie es hinsichtlich des Abbaus des Reformstaus weitergeht. Die Rentenreform im Lichte der demographischen Veränderungen, die Gesundheitsreform im Kontext der Kostenentwicklung und auch die so umstrittene Reform des Arbeitsmarktes sind Marksteine auf diesem Weg. Dabei geht es bei Reformen wie diesen vor allem um eine effiziente *und* gerechte sowie finanziell *und* sozial ausgewogene Ausgestaltung und Umsetzung der daraus resultierenden Maßnahmen.

Als die Fördermittel also noch wie warmer Regen niedergingen, kam ich in den „Speckgürtel" von *Berlin*. Zwar noch Umland, weil nicht *Berlin*, aber eigentlich doch schon fast Hauptstadt und damit alle Vorteile der administrativen Nähe zu den Entscheidungsträgern und Schaltzentralen der Wirtschaft und des Staates.

Das mittelständische Unternehmen, für das ich ab Mai 1992 tätig war, hatte seine Operationsbasis in *Ludwigsfelde*, lag also in diesem strategisch günstigen Raum. Dort wurde 1991 im Industriepark die Versorgungswirtschaft des ehemadigen IFA-Automobilwerkes ausgegliedert und privatisiert. Eine mittelständische Unternehmensgruppe übernahm die Geschäftsanteile und führte die Aufgaben im Rahmen einer eigenständigen Tochtergesellschaft weiter. Zugleich wurde am Standort umfangreich investiert. Es entstand ein völlig neues und modernes Energieerzeugungs- und Verteilungssystem. Sichtbares Zeichen war ein neues Heizkraftwerk für bis zu 100 Megawatt Fernwärme und 10 Megawatt Strom.

Mit dieser wirtschaftlichen und umweltfreundlichen Kraft-

Wärme-Kopplung, die 1992/93 errichtet wurde, konnte der Bedarf an Wärme und Elektroenergie für den Industriepark sowie der Fernwärmebedarf der Stadt gedeckt werden. Am Standort wurden zahlreiche Industriekunden mit Wärme, Elektroenergie, Gas, Wasser versorgt, Abwässer entsorgt und die notwendigen Serviceleistungen zur Verfügung gestellt - alles aus einer Hand -, wie es sich für einen modernen Dienstleister gehört. Das dabei erworbene Know-how sollte im Rahmen der Unternehmensgruppe für die Projektentwicklung, Finanzierung und Realisierung weiterer Vorhaben eingesetzt werden.

Als Projektleiter, der diese Aufgabe federführend leiten und koordinieren sollte, war ich vornehmlich für Akquisition und Projektbearbeitung zuständig: Kundenkontakte entwickeln, Vorhaben technisch und energiewirtschaftlich bewerten, Konzepte und Angebote zur Finanzierung und Realisierung der Projekte erarbeiten und umsetzen, Verträge für die Projektdurchführung verhandeln und abwickeln. Im Vordergrund des Geschäftsinteresses standen Contracting-Konzepte und Betreibermodelle für Energiedienstleistungen.

Bei diesen unternehmerischen Aktivitäten übernimmt ein Contracting-Anbieter auf vertraglicher Grundlage für eine definierte Vertragszeit Energiedienstleistungen für interessierte Unternehmen und Einrichtungen (Contracting-Nehmer), ohne deren finanzielle und personelle Ressourcen in Anspruch zu nehmen. Contracting - was so viel heißt wie sich vertraglich verpflichten - kann somit ein vorteilhaftes Dienstleistungskonzept und Finanzierungsinstrument zur Modernisierung und effizienteren Nutzung vorhandener Energieversorgungsanlagen oder zur Durchführung von Neuinvestitionen sein und Energiekosten optimieren.

Der Contracting-Nehmer kann somit - je nach Wahl und Ausgestaltung des Betreibermodells - in den Genuss wirtschaftlicher Vorteile kommen: günstigere Energiebezugskosten als bei einer Eigenversorgung, zumindest aber Kostengleichheit; es wird kein Eigenkapital für „produktionsferne" Energieanlagen gebunden; freie finanzielle Ressourcen sind für produktive Investitionen einsetzbar; Entlastung von der Vorbereitung und Realisierung von Investitionen; garantierte Nutzung einer modernen, umweltfreundlichen und wirtschaftlichen Energieversorgung.

Ein Hauptmerkmal dieses Konzeptes ist, dass eine Projektgesellschaft die unternehmerische Verantwortung für die vereinbarten Maßnahmen übernimmt - beispielsweise die Aufgaben als Investor und Betreiber. Grundlage der Geschäfte ist ein langfristiger Energieliefervertrag. Die Projektgesellschaft ist unabhängig von Anlagenlieferung und Primärenergieversorgung und schließt hierfür Lieferverträge mit Dritten ab. Grundsätzlich kann sich jeder Kunde an der Betreibergesellschaft beteiligen. Die Konzepte werden auf den Bedarf des jeweiligen Kunden zugeschnitten und münden in ein System von Verträgen, die das Zusammenwirken der beteiligten Partner bis ins Detail regeln.

Bis dahin ist jedoch ein weiter Weg: die Interessenlage ist zu sondieren; Eigentumsverhältnisse und Rahmenbedingungen sind zu klären; Bestandsaufnahmen sind zu machen; Chancen und Risiken sind abzuschätzen; technische Konzepte sind zu entwickeln und mit den Kooperationspartnern, wie Planungsbüros und Lieferfirmen aus der Industrie, abzustimmen; Investitionen sind bau- und betriebsseitig amtlich genehmigen zu lassen; alle erforderlichen Verträge müssen erarbeitet und verhandelt werden. Ein Berg von Arbeit, zig Projekte parallel, nicht endende Wirtschaftli chkeitsrechnungen und Optimierungen und immer wieder Papier. Dazu die gnadenlose Konkurrenz, der Zwang nach schneller, besser, preiswerter…

Alles konnten wir uns als Mittelständler leisten, nur keinen Flop. Qualitätsarbeit war oberstes Gebot. Die eigene Aufgabe gut machen, dem Kunden eine rundum wirtschaftliche Lösung anbieten, die Umwelt von Schadstoffen entlasten und Energie einsparen, darin besteht die Verantwortung und Chance beim Contracting. Wir warben mit den Stärken unseres von Energieversorgern unabhängigen Unternehmens. Zugleich besaß unser Unternehmen eine energiewirtschaftliche Genehmigung, war konzernunabhängig und frei von Lieferinteressen bezüglich Anlagen und Brennstoffe. Wir konnten gute Referenzen vorweisen und brachten technischen und betriebswirtschaftlichen Sachverstand ein. Innovative Lösungen und belastbare Angebote standen an vorderster Stelle.

Wir waren - jedenfalls verstanden wir uns so - ein seriöser und solider Partner, der über das Know-how verfügt, das Kunden im Rahmen einer komplexen Dienstleistung für alle Belange der Versorgungswirtschaft benötigen. Wir boten somit Beratung und Dienstleistungen von der Bedarfsanalyse über die Konzeption bis zur Realisierung, dem sicheren Betrieb und dem Management. Uns lag viel an Professionalität, Fachkompetenz und Vertrauen. In dieser Hinsicht konnten wir von unserer Geschäftsführung in *Essen* lernen, aber auch geben.

Ein ausgegebenes Ziel hieß Teamarbeit. Die Basis unseres Geschäftes: gute Leute; moderne Kommunikationstechniken; sachlich vertraute Geschäftsfelder; beste Bearbeitungsverfahren; Projekte mit guten Ergebnisaussichten und guten Partnern; Flexibilität im Ablauf; kurze Bearbeitungszeiten.

Die Geschäftsfelder unserer Unternehmensgruppe waren Energie (Strom, Wärme), Wasser (Abwasser), Bau, Finanzierung. Zu den lokalen Einsatzbereichen zählten die *Europäische Gemeinschaft, Randländer der EG, China, Indien, Südafrika.* In *Ludwigsfelde* konzentrierten wir uns insbesondere auf die neuen, teilweise aber auch auf die *alten Bundesländer,* auf *Mittel- und Osteuropa (Tschechien, Polen) einschließlich Russland.*

An Projekte kamen wir so wie andere - durch systematische Suche, Ausweitung laufender Aktivitäten oder Zufall. Anfangs beschäftigten uns überwiegend Treuhand-Projekte, insbesondere Ausgliederungen und Privatisierungen. Als diese nach und nach zurückgingen, rückten andere potenzielle Märkte in den Vordergrund: industrielle, kommunale und gewerbliche Unternehmen und Einrichtungen mit eigener Energieversorgung, Wohnungsbaugesellschaften, Gesundheitseinrichtungen und andere.

Insgesamt war es ein Mix an Aufgaben und Projekten, die wir jeweils nach den Erfolgs- und Ergebnisaussichten in einer bestimmten Projektrangfolge bearbeiteten. Richtige Nischen aber mit einem abgegrenzten Markt und unwesentlicher Konkurrenz - Aufgaben also, nach denen Mittelständler immer suchen - blieben eher eine Vision. Projekte der energetischen Reststoffverwertung, rationellen

Energieanwendung, Wärmerückgewinnung, Nahwärmeversorgung und Nutzung regenerativer Energien hatten zum Teil diesen Aspekt. Es gab Phasen, da befassten wir uns sogar recht intensiv mit solchen Projekten. In der Regel waren die Rahmenbedingungen jedoch so, dass sich diese Konzepte ohne Förderung wirtschaftlich kaum rechneten.

Außerdem gab es für Contracting-Leistungen in der Projektphase und Projektentwicklung, wie wir sie anboten, keinen rechtlichen Rahmen. Risiko und Vorleistungen, ohne die es immer weniger ging, hatten nach dem Verständnis der Kunden der Contractor zu tragen. Das konnte und wollte unser Management jedoch so nicht, schließlich waren wir ein mittelständisches Unternehmen.

Schon die Beteiligung an Ausschreibungen konnte recht aufwendig sein. Zum Beispiel dann, wenn Auftraggeber mit unausgereiften Ausschreibungen dem Anbieter das abverlangten, was eigentlich Planungsbüros oder andere im Vorfeld - natürlich gegen Bezahlung durch den Auftraggeber - hätten klären und vorgeben müssen. Aber auch aus objektiven Gründen konnte die Angebotserarbeitung je nach Art und Umfang des Projektes richtig ins Geld gehen. Die Ingenieurleistungen, die dahinter stehen, haben ihren Preis. Und auch die Nebenkosten können bei größeren Vorhaben nicht unerheblich sein.

Bei Entwicklung internationaler Kooperationen (Joint Ventures) sind die Aufwendungen, sofern es sich um nicht bezahlte Leistungen eines anderen Auftraggebers handelt, noch höher. Wir hatten solche Projekte in *Tschechien* und *Polen*, sogar relativ große Vorhaben, echte Herausforderungen für ein mittelständisches Unternehmen. Aus unserer Sicht waren es tragfähige Projekte. Erfolgreich abschließen konnten wir sie im Endeffekt aber nicht.

Auf mein Anraten haben wir uns auch bei der EU-Kommission in *Brüssel* als Consulting-Unternehmen registrieren lassen. Auf dieser Basis wurden wir 1996 in eine europaweite Ausschreibung eines EU-Projektes für *Russland* einbezogen. Dabei ging es um die Verbesserung der Energieversorgung in der *Tver-Region* und die Konsolidierung eines regionalen Ausbildungszentrums. Wir beteiligten uns im Rahmen eines Bieterkonsortiums. Unser

Unternehmen als Konsortialführer, drei große renommierte Energieunternehmen aus Deutschland und eine Consulting-Firma aus *Moskau*. Von der russischen Firma hatten wir im Rahmen eines Training-Programms der EU einst zwei Experten für einige Monate bei uns in *Ludwigsfelde*. Für das *Tver-Projekt* war ich als Projektmanager benannt. Nun stand ich auch als Person dafür ein, dass die Bewerbung ordnungsgemäß und mit Aussicht auf Erfolg abgewickelt wurde. Erfahrungen mit internationalen Projekten hatte ich ja.

Die Projekterarbeitung war äußerst stressig. Alles lief über meinen Tisch. Die Zeit war knapp. Ich hatte, nachdem Aufgabenstellung, Gliederung, Vorgehensweise etc. abgestimmt waren, zunächst unseren Teil auf den Weg zu bringen, also meinen eigenen Beitrag und die koordinierten Beiträge der übrigen Mitstreiter unseres Unternehmens. Und wie sich zeigte, war das mit den „anderen Beiträgen" schon schwer genug, jedenfalls schwieriger als gedacht, denn der Teufel liegt immer im Detail. Die Zuarbeiten der anderen Konsortialpartner mussten so gesteuert werden, dass ein Dokument aus einem Guss entstand. Natürlich alles in Englisch.

An den Zuarbeiten war meistens leicht zu erkennen, wo Profis und wo weniger versierte Leute am Werke waren. Wenn die Zusammenarbeit mit allen beteiligten Partnern insgesamt auch gut funktionierte und die Zuarbeiten, von vereinzelten Engpässen abgesehen, terminlich und fachlich korrekt bei mir eingingen, in sprachlicher Hinsicht blieben Wünsche offen. Was mir veränderungsbedürftig erschien und in meiner Kraft stand, redigierte ich am Schluss selbst. Anders war es nicht zu packen. Aber auch so war es für mich und meine Helfer ein Kampf bis zur physischen Erschöpfung. Vor dem Abgabetermin lag zum Glück noch ein Wochenende, so dass doch noch alles in Tüten und Papier kam. Die letzte Nacht vor dem Flug nach *Brüssel* blieb ich dann, um ganz sicher zu gehen, noch im Büro. Anders war der Termin nicht zu halten. Dann stand alles. Schlafen konnte ich unterwegs.

Der Aufwand hatte sich gelohnt, unser Bieterkonsortium kam schließlich in den Endausscheid der Bewerber, die zum Interview nach *Brüssel* eingeladen wurden. Mit vier Vertretern - von jedem Unternehmen unseres Konsortiums einer - traten wir dort an und verteidigten unser gemeinsames Produkt. Als Projektmanager war ich Wortführer, der unseren Projektvorschlag präsentierte. Die Zusammensetzung unseres Teams, die Vorbereitung auf die Präsentation und die Verteidigung waren nach allem, was wir feststellen konnten, in Ordnung. Fachlich hatten wir die Aufgabenstellung erfüllt. Nun konnten wir nur noch auf die abschließende Entscheidung des Bewertungskomitees warten, die später per Brief nachgereicht werden sollte. In *Brüssel* hielt sich das Komitee, wie immer in solchen Fällen, völlig bedeckt.

Die Antwort war für uns nicht überraschend - über bestimmte Kanäle kannten wir das vermeintliche Ergebnis - aber enttäuscht waren wir schon sehr. Wie im Vorfeld gemunkelt - den Zuschlag hatte das spanische Unternehmen bekommen, das seinen Projektvorschlag in Kooperation mit einem zweiten ausländischen Partner unterbreitet hatte. Gründe dieser Entscheidung wurden, wie allgemein üblich, nicht dargelegt. Die Regeln sehen dies nicht vor. Wer weiß, was letztlich den Ausschlag gegeben haben mag. Inoffiziell sickerte zwar durch, warum die Konkurrenz und nicht wir, doch ohne Kenntnis der offiziellen Auswertungsprotokolle des Bewertungskomitees oder etwaiger Indiskretionen seiner Mitglieder bleibt alles Spekulation.

Wieder mal war eine Schlacht geschlagen und wieder mal waren wir in einer Ausschreibung, jetzt auf internationaler Ebene, gescheitert. „Zweite Sieger" gab es nicht. Auch das Zusammengehen in einem Bieterkonsortium hatte nicht geholfen. Wir hatten aber auf jeden Fall dazugelernt, unsere Möglichkeiten ausgeschöpft und gesehen, wie professionelle Partner, die auf ein viel größeres Potenzial und Know-how zurückgreifen konnten als wir, solche Projekte handhaben und umsetzen.

Wie die Arbeit an diesem EU-Projekt auch gesehen wird, im Lichte unser Gesamtbilanz gab es Erfolge, doch die Erfolgsquote war gering und das, weil in der Regel zu viele Hindernisse aus dem Weg zu räumen waren. Je notleidender der Kunde, je größer die Chance auf Erfolg. Doch das größte Hindernis war oft der Kunde selbst. Und zwar der, der solche Partner wie uns „benutzte", um sich schlau zu machen. Oft waren auch die so genannten „Dumping-Anbieter“ die Zerstörer des Erfolgs. Das sind Konkurrenten, die bar jeder wirtschaftlichen Vernunft, aus strategischen Gründen oder nach anderen, nicht nachvollziehbaren Gesichtspunkten, alles unterboten, was vernünftigerweise noch anbietbar war. Erst mal siegen, dann weitersehen, so oder ähnlich mögen diese Wettbewerber agiert haben, auch wenn die Insolvenz gleich Pate stand.

Mit solchen Anbietern konnten und wollten wir nicht mithalten. So mussten wir manches Projekt, wo wir uns schon oder endlich als Gewinner wähnten, doch noch aus der Hand geben. Und das alles zum Nulltarif, denn nur der Gewinner hat die Chance, aus dem Zuschlag mehr zu machen, alle anderen gehen leer aus und bleiben auf den angefallenen Kosten sitzen. Auch in den Fällen, wo mit einem Kunden exklusiv verhandelt wurde, gab es keine Erfolgsgarantie. Zum Schluss, wenn das Know-how gewissermaßen abgeflossen ist, wenn dem schlitzäugigen oder wie auch immer gearteten Kunden nach zig Gesprächen und Präsentationen klar ist, welches technische und betriebswirtschaftliche Konzept die Lösung bringt, kann dieser immer noch sagen: „Nein Danke, ich mache es selbst.“

Eins ist natürlich richtig: Die Physik ist und bleibt die gleiche, ob nun ohne oder mit Dienstleister. Da bei letzterem ein Dritter hinzukommt und dieser auch eine Marge verdienen muss, führt ein formaler Ansatz - gleiches Projekt und gleicher Standard vorausgesetzt - zunächst zu höheren kalkulatorischen Kosten. Diese können nur durch Know-how und Mobilisierung von zusätzlichem Einsparpotenzial kompensiert werden. So wird es in der Regel nur zu einem gemeinsamen Deal kommen, wenn Anbieter und Kunde wirklich das Gefühl haben, dass beide von einer Zusammenarbeit profitieren.

Auf jeden Fall muss sich Akquisition und Projektentwicklung, zumindest langfristig gesehen, rechnen. Letztlich aber, denke ich, muss sich ein Unternehmen, wenn es sich im Markt behaupten und expandieren will, diesen „Luxus“ auch leisten können und wollen. Die Alternative heißt aufgeben, weichen statt wachsen, sich auf das operative Geschäft zurückziehen. Unter bestimmten Rahmenbedingungen ist das zwingend und in unserer Firma schien sich so etwas anzubahnen…

Was haben wir nicht alles versucht, um erfolgreicher zu akquirieren. Wir kannten die Entscheidungskriterien der Kunden - Vertrauen, Know-how-Vorsprung, Preiswürdigkeit der Angebote -, aber auch die häufigsten Gründe für nicht realisierte Projekte: Preisangebot zu hoch, Contracting zurückgestellt, Investitionen nicht oder anders realisiert, Realisierung in Eigenregie. Das warf natürlich Fragen auf:

Machen wir falsche Projekte? Setzen wir die Prioritäten richtig? Sind wir vertrauenswürdig? Fehlt es an Fachkompetenz, Professionalität, Know-how? Haben wir die richtigen Finanzierungskonzepte? Schöpfen wir Verhandlungsspielräume aus? Waren wir zu honorig, zu sanft, nicht aggressiv genug? Wir analysierten wieder und wieder unsere Arbeit, unsere Stärken und Schwächen, Trends am Markt, zogen Schlussfolgerungen, entwickelten Strategien für unser Vorgehen, schmiedeten an Kooperationen, am Aufbau strategischer Allianzen und anderes mehr. Der Erfolg stellte sich trotzdem nicht ein. Die Gründe waren sicherlich vielschichtig, „kriegsentscheidend" aus meiner Sicht zwei:

Erstens - zunehmend fehlende eigene Finanzierungsspielräume, was wiederum die Handlungs- und Entscheidungsspielräume einschränkte und so bestimmte Lösungsansätze blockierte.

Man kann sich vorstellen, was möglich ist, wenn im Grunde alles erlaubt ist, im Kern aber alles möglichst auch nichts kosten darf. Und das in einer Phase, in welcher der Stellenwert von Liquidität und Finanzierungsbedarf für Vorleistungen stieg und die Konkurrenz noch größer und aggressiver wurde. Ich hatte auch den Eindruck, dass sich unser Management in Finanzierungsfragen zunehmend restriktiver verhielt. So fiel es uns offenbar immer schwerer, für die angestrebten Projektfinanzierungen das erforderliche Eigenkapital bereitzustellen und Fremdkapital von Kreditinstituten zu beschaffen. Die erforderliche Eigenkapitalquote lag in der Regel bei 15 bis 25 Prozent der Gesamtinvestition. Wohlgemerkt - es war mein Eindruck. Was genau dahinter stand und worauf das Management abzielte, wusste und weiß sicherlich der Eigentümer des Unternehmens nur allein. Für mich war deutlich, dass eigentlich nichts mehr ging und ich mir manchmal vorkam wie beim Schattenboxen oder in Cervantes Don Quichotte.

Zweitens - die Kleinheit unseres Teams. Wir verfügten über einen kleinen Stamm motivierter und erfahrener Ingenieure. Jeder war Spezialist auf seinem Gebiet, aber vermarktungsfähige Spezialkenntnisse, Know-how über die „klassische" Energieversorgung hinaus, wirkliche Beraterpraxis und sprachliche Disponibilität für internationale Joint Ventures gab es einfach zu wenig.

Hinzu kamen operative Zwänge aus den Aufgaben vor Ort. Produktion kam vor Akquisition und Projektentwicklung, was denn sonst. Wie auch immer, wir waren zu klein, behaupte ich. Ohne Verstärkung des eigenen Personals und/oder ohne das Eingehen einer strategischen Allianz mit einem potenziellen Partner bzw. ohne Ausbau der Kooperation auf vertraglicher Grundlage bis hin zum Kauf eines ganzen Ingenieurbüros mit allem Know-how war eine erfolgreichere Projektarbeit nicht zu machen. Vorschläge gab es. Zu wirklichen Lösungen kam es nicht. Unser Potenzial war für nachhaltige Spitzenleistungen zu klein und es fehlte der Mut, zur rechten Zeit den notwendigen nächsten Schritt nach vorn zu tun. Entweder gab es finanzielle Barrieren oder andere Störfaktoren - vorgeschoben oder nicht.

Ich saß mit meiner Aufgabe als Projektleiter, später dann Leiter Projekt- und Unternehmensentwicklung, zwischen allen Stühlen unserer Firma. Ich hatte mich stets voll engagiert und war mit meiner Arbeit lange Zeit zufrieden. Aber im Endeffekt habe ich mich an den Problemen zerrieben und versäumt, mich mit gebotenem Ernst um einen anderen Job zu kümmern. Signale zur wirtschaftlichen Entwicklung unseres Unternehmens und zu strategischen Überlegungen gab es genug. Was mich von einem Jobwechsel wirklich abhielt, weiß ich bis heute nicht. Vielleicht war es das Prinzip Hoffnung. Jedenfalls blieb der notwendige Befreiungsschlag aus.

Somit duldete ich den Frust der unbefriedigenden Gesamtsituation bis zum bitteren Ende. Und das ließ nicht ewig auf sich warten.

Beim Abwägen aller Aspekte hat das Management dann irgendwann entschieden, die übergreifende Projektarbeit des Unternehmens einzustellen. Ich wurde aus betriebsbedingten Gründen entlassen, erhielt an dem besagten Tag den offiziellen Brief und erlitt kurz danach den Herzinfarkt. Die Firma bedauerte mein Ausscheiden. Ich hatte meine Aufgabe stets zur vollsten Zufriedenheit erfüllt, steht im Arbeitszeugnis. Aber das konnte mir alles nicht mehr helfen. Der jahrelange Stress hatte seinen Tribut gefordert. Das Fass war übergelaufen. Es begann eine Odyssee des Leidens und der Rehabilitation. Doch das ist eine andere Geschichte…

Epilog

38 Risiken

Mein Herzinfarkt - heftigste Brustkorbschmerzen mit nicht nachlassendem Druckgefühl, Todesangst, Übelkeit und Schweißausbrüche - und die Folgen stürzten mich in ein tiefes Loch. Niemals hätte ich gedacht, dass mir so etwas passieren könnte. Alarmzeichen gab es, aber ernst genommen wurden sie nicht. Auch bei Belastungs-EKGs blieben solche Anzeichen unerkannt. Ich fühlte mich, subjektiv betrachtet, körperlich noch immer fit. Schließlich hatte ich viel Sport getrieben. Vor einem Infarkt, nahm ich an, sei ich deshalb bestens geschützt. Na ja, meinten die Ärzte, hinausgeschoben vielleicht, aber eben nicht verhindert. Ohne den Sport in früheren Jahren wäre es wahrscheinlich schon eher passiert. So aber hat mein Herz trotz der hochgradigen *Stenosen* und des Totalverschlusses nur länger funktioniert, mehr nicht.

Die Risiken eines Herzinfarktes sind vielschichtig. Jeder weiß das: Bewegungsmangel, Übergewicht, falsche Ernährung, Cholesterin, Bluthochdruck, Rauchen, Alkohol, Veranlagung, Stress... Wahrscheinlich haben bei mir mehrere Faktoren zum Infarkt beigetragen. Indes sei Folgendes gesagt:

Mein Ausgleich an Bewegung und körperlicher Betätigung beschränkte sich zunehmend auf die Wochenenden. Das ist wahr. Aber ganz untätig war ich deshalb nicht. Immerhin haben wir einen Garten und dort gibt es immer etwas zu tun. Was die Ernährung angeht, können meine Essgewohnheiten nicht so extrem verkehrt gewesen sein, finde ich. Zwar schien mir die Zeit für wichtigere Dinge da zu sein als zum Essen und manchmal sündigte ich auch bei meinen Lieblingsspeisen. Aber wer macht das nicht. Gemeinschaftsküchen und Kantinen, Hotels und Restaurants haben mein Leben im In- und Ausland begleitet. Eine Alternative gab es dazu, genau genommen, für mich nicht. In der heutigen Zeit der *Fast-Food-Ketten*, in der man den versteckten Fetten noch weniger ausweichen kann, wird einer ungesunden Lebensweise vermutlich noch mehr Vorschub geleistet. Zu cholesterinreiche, zu fette, mit schädlichen Fetten zubereitete Kost ist gefährliches Gift für die Gefäße.

Meine Blutfettwerte waren zum Zeitpunkt des Infarktes zwar außerhalb der Norm, aber das eigentliche Risiko ist bei mir wohl weniger die Höhe als vielmehr das unstimmige Verhältnis vom „guten“ zum „schlechten“ Cholesterin: vom „guten“ zu wenig und vom „schlechten“ zu viel - das ist mein Problem! Offenbar eine Veranlagung, wie ich heute weiß. Ansonsten keine Anhaltspunkte für eine genetische Disposition zum Herzinfarkt. An Bluthochdruck leide ich auch nicht. Dem Rauchen hatte ich seit zirka fünfundzwanzig Jahren entsagt. Alkohol spielte keine Rolle. Und dann trotzdem Herzinfarkt. Wer soll das verstehen? Oder waren eventuell Bakterien oder ein Virus als Gefäßkiller beteiligt? Vielleicht die Tropen? Auszuschließen ist es nicht.

Welche Faktoren auch immer eine Rolle gespielt haben mögen, der Hauptgrund war, ohne Frage, Dauerstress: eine erdrückende Arbeitslast, wachsende Arbeitsunzufriedenheit, fehlende Erfolgsaussichten und eine zunehmende Kluft zwischen Erwartungsdruck und Machbarkeit. Außerdem schlechte Karten für die Projektarbeit, bei der Aufgaben- und Kompetenzzuweisung fast immer konfliktträchtig sind. Projektleitung steht in Konkurrenz zur Hierarchie und erfordert eine differenzierte Teamarbeit. Da können Projekt- und Ressortdenken, Projekt- und Linieninstanzen schnell kollidieren, wenn das operative Tagesgeschäft das notwendige Engagement für die Projektarbeit aushebelt. Die Gründe können unterschiedlich sein. Die Folge ist, dass Effektivität, Kreativität und Motivation der Arbeit sinken. Frustration kann sich ausbreiten, die Seele aus dem Gleichgewicht bringen und krank machen. Ein Teufelskreis. Und der Projektleiter mittendrin. Noch dazu, wenn dieser zum Perfektionismus neigt, sich für alles verantwortlich fühlt, schlecht abschalten kann und somit die Probleme ohne Aussicht auf Lösungen mit sich herumträgt.

Nicht produktiver Stress, sondern der frustrierende Dauerstress ist es, der einen umwirft - ein Erosionsprozess, der ein zerstörerisches Werk zur Folge hat. Auf Dauer geht das nicht gut. Ich habe es selbst erfahren. Mögen wenigstens andere daraus lernen. „Denken Sie doch endlich mal an sich“, sagte mir mein Arzt, als er mich nach der Operation wieder sah. Und er hat Recht. Das klang ein wenig wie der Mut machende *Rat vom schönen Leben*, den mir die Notärztin im Rettungswagen gab.

Ich weiß nicht, wie viele Jahre die Bypässe bei mir halten. Sie neigen ja dazu, sich wieder zu verschließen. Irgendwo las ich, durch eine gesunde Lebensführung ließen sich Risikofaktoren ausschalten. Wirklich ausschalten? Zurückdrängen vielleicht. Aber das wäre ja auch schon etwas. Ich habe mir seit dem Infarkt einen gesünderen Lebensstil vorgenommen und will künftig mehr auf meine Gesundheit achten. Mehr kann ich nicht tun.

Hoffentlich hält dieser Vorsatz und wird nicht zur leeren Floskel wie manches Versprechen zu Silvester. Ab und zu ertappe ich mich nämlich schon wieder dabei, wie ich mir zu viel zumute, wenn es mir besser geht. Irgendwann noch einmal operieren? Wer weiß. Vielleicht macht der medizinische Fortschritt dann schon ganz anderes möglich. Ich bin jedenfalls froh, (m)eine Lebensgeschichte hier erst einmal abschließen zu können. Eigentlich habe ich ja noch einiges vor. Ob das aber zu schaffen ist, steht in den Sternen.

Literaturhinweise

Hanzelka / Zikmund, Afrika.Traum und Wirklichkeit, Verlag Volk und Welt, Berlin 1957

Frank Grube / Gerhard Richter, Flucht und Vertreibung, Deutschland zwischen 1944 und 1947, Hoffmann und Campe, 1980, ISBN 3-455-08845-7

Christian Graf von Krockow, Die Reise nach Pommern, Bericht aus einem verschwiegenen Land; Die Stunde der Frauen, Bericht aus Pommern 1944 bis 1947; Lizenzausgaben der RM Buch und Medien Vertrieb GmbH, 2001, Buch-Nr. 10304 4 (1) und Buch-Nr. 10304 4 (2), www.derclub.de

Jostein Gaarder, Sofies Welt, Roman über die Geschichte der Philosophie, 3. Auflage 2000, Deutscher Taschenbuch Verlag GmbH & Co. KG, München, ISBN 3-423-08516-9

Hoimar v. Ditfurth, Im Anfang war der Wasserstoff, Hoffmann und Campe, 1992, Lizenzausgabe für KOMET, ISBN 3-933366-79-8

Stephen Hawking, Das Universum in der Nußschale, Hoffmann und Campe, 2001, www.hoffmann-und-campe.de, ISBN 3-455-09345-0

Brian Greene, Das elegante Universum, BvT Berliner Taschenbuch Verlags GmbH, Februar 2002,
ISBN 3-442-76026-7

Michael Baigent / Richard Leigh, Verschlußsache Jesus . Die Qumranrollen und die Wahrheit über das frühe Christentum, Droemersche Verlagsanstalt Th. Knaur Nachf., München 1991

Sabine Rückert, Ans Licht der Welt, Dossier über die Qumranrollen in der Zeitschrift Die Zeit, 25. Dezember 1992

Ahmed Osman, Wer war Jesus wirklich? Deutsche Erstausgabe April 1994, Droemersche Verlagsanstalt Th. Knaur Nachf., München

Helmuth von Glasenapp, Die fünf Weltreligionen: Hinduismus, Buddhismus, chinesischer Universismus, Christentum, Islam. Diederichs Gelbe Reihe, 2001 (Diederichs), ISBN 3-89631-415-7

Dr. Heinz Odermann, Palästina und der Zionismus, Zeitschrift horizont Nr.46/1982 (Sonderteil)

Uri Avnery, Woher die Nahostkriege kommen und wie ein Friede zu haben wäre, Zeitschrift profil 17/2001

Anmerkung:

Daten und Zahlen basieren auf Angaben aus handelsüblichen Nachschlagewerken, Enzyklopädien, Zeitschriften und Zeitungen und sonstigen offiziellen Hintergrundmaterialien, die sich im Besitz des Autors befinden.